# 자료통역사의
# 통하는 자료해석
## ①권 세팅편

김은기(자료통역사)

도서 **오스틴북스**
출판

# 일별 학습 진도

## Day 7

| 1교시 | 01. 연습문제 LV.1 | P.96~P.113 |
|---|---|---|
| 2교시 | 01. 연습문제 LV.1 | P.96~P.113 |
| 3교시 | 계산 연습 Day.7 | P.188~P.191 |

## Day 8

| 1교시 | 02. 연습문제 LV.2 | P.114~P.131 |
|---|---|---|
| 2교시 | 02. 연습문제 LV.2 | P.114~P.131 |
| 3교시 | 계산 연습 Day.8 | P.192~P.195 |

## Day 9

| 1교시 | 03. 연습문제 LV.3 | P.132~P.147 |
|---|---|---|
| 2교시 | 03. 연습문제 LV.3 | P.132~P.147 |
| 3교시 | 계산 연습 Day.9 | P.196~P.199 |

## Day 10

| 1교시 | 04. 연습문제 LV.4 | P.148~P.163 |
|---|---|---|
| 2교시 | 04. 연습문제 LV.4 | P.148~P.163 |
| 3교시 | 계산 연습 Day.10 | P.200~P.203 |

| 7급 학습 플래너 | |
|---|---|
| 11월~12월 | ①권 기초편 학습 + 계산 연습 |
| 1월~2월 | ②권 풀이편 학습 + 드릴에 풀이편 적용 연습 |
| 3월~5월 | ③권 전략편 학습<br>기출문제에 전략편 적용 연습 |
| 6월 | 모의고사에 전략편 적용 |
| 7월 | 파이널로 최종 정리 + 딱 두장으로 시험장 최종 정리 |

※ 자료통역사 카페 : 관통하는 자료해석
　[https://cafe.naver.com/7psatdata]
※ 강의 수강 사이트 : 메가피셋
　[https://www.megapsat.co.kr]

# 자료통역사의
# 통하는 자료해석

## ①권 세팅편

# I. 목표

01. 학습 목표

02. 학습의 방향성

03. 자료해석 문제의 구성

# Ⅰ 목표 [Day 1]

## 01 학습 목표

학습 목표는 무엇입니까?

**"노 베이스도 안정적인 합격점으로"**가 우리가 성취할 학습 목표입니다.
여러분이 현재 어떠한 상태이건, 수능이 9등급이 나왔건, 숫자와 친하건, 친하지 않건 상관없습니다.
안정적인 합격점을 만드는 것, 그것이 우리가 성취할 학습 목표입니다.

안정적인 합격점은 어떻게 성취 할 수 있나요?

안정적인 합격점을 성취하기 위해서는 "올바른 훈련을 통한 습관 교정"을 해야 합니다.
여러분이 해야 할 것이 습관 교정이기에 많은 의지력이 필요합니다.
안타깝게도, 인간은 의지력은 제한적입니다. 그래서 한번에 모든 것을 습관을 고칠 수 없습니다.
역설적으로 모든 습관을 한번에 고치려는 욕심을 버리면, 여러분은 모든 습관을 고칠 수 있습니다.
이제 우리는 모든 습관을 고치기 위해, 3단계(세팅편 - 풀이편 - 전략편)로 이루어진 올바른 훈련을 할 겁니다.
이것을 통해서 우리의 성취 목표인 **"노 베이스도 안정적인 합격점"**을 달성시켜 드릴 것입니다.

여러분이 교정 해야할 것은 총 4가지입니다.
1) 풀이법 2) 풀이 순서 3) 실수 4) 숫자 감각
위의 4가지를 다음의 방법으로 교정 시켜 드릴 예정입니다.

**첫 번째로, 풀이법을 교정하기 위한 "최적화된 풀이"를 알려 드립니다.**
시험장에서 누구나 적용 가능한 일관된 형태의 "최적화된 풀이"를 알려 드립니다.
반면, 각각의 문제에 따라 풀이의 방법이 달라 적용하기 힘든 "문제별 맞춤형 풀이"를 제공하지도 않을 것이고,
시험장에서 적용이 가능하지만 풀이의 시간이 너무 오래 걸리는 "정석적인 풀이"를 제공하지도 않을 겁니다.
여러분은 "최적화된 풀이"를 통해 풀이법이 교정된 사람이 돼야 합니다.

**두 번째로, 풀이 순서를 교정하기 위한 "접근 순서"를 알려 드립니다.**
최적화된 풀이를 적용하기 위해서 필요한 위한 "접근 순서"를 알려 드립니다.
오직 문제 풀이법 자체에만 집중하고 풀이 순서를 무시한다면, 어느 순간 '벽'에 막히게 됩니다.
'벽'에 막히지 않기 위해서는 풀이법과 함께 "접근 순서"에도 집중해야 합니다.
여러분은 "접근 순서"를 통해 풀이 순서가 교정된 사람이 돼야 합니다.

**세 번째로, 실수를 교정하기 위한 "사고의 방식"을 알려 드립니다.**
'실수'가 발생하게 되는 이유를 알려 드릴 것이고, 그것을 방지하기 위한 "사고의 방식"을 알려 드립니다.
공부를 한적이 있다면 아시겠지만, 생각보다 '실수'라고 생각되는 부분이 많이 발생합니다.
그러나, 그것을 단순히 '실수'라고 생각 한다면, 변할 수 없습니다.
실수가 왜 발생하는지를 알고 그것을 방지하기 위한 사고의 방식을 알아야만 합니다.
여러분은 "사고의 방식"을 통해 실수가 교정된 사람이 돼야합니다.

**네 번째로, "숫자감각"이 무엇인지 알려드리고 그것을 익힐 수 있는 방법을 알려 드립니다.**
숫자감각이란 무엇인지 명확하게 알려 드릴 것이고, 그것을 얻을 수 있는 방법을 알려 드립니다.
자료해석은 계산을 잘해야한다. 그래서 숫자감각이 중요하다. 라는 이야기가 많이 나옵니다.
그런데 도대체 숫자감각이 무엇인지, 그것을 어떻게 얻을 수 있는지가 막연 하실겁니다.
더 이상은 막연하지도 않을 것이며, 숫자감각을 지닌 사람으로 만들어 드리겠습니다.
여러분은 "숫자감각"이 무엇인지 알고, 숫자감각이 교정된 사람이 돼야 합니다.

**Q** 각각의 단계에서 무엇을 배우나요?

커리큘럼은 Step ① 세팅편 → Step ② 풀이편 → Step ③ 전략편
총 3개의 단계로 구성됐으며 다음의 것을 학습합니다.

**Step ① 세팅편에서는**
1. 자료가 무엇인지 학습하고, 자료에 담긴 정보를 파악하는 연습
2. 설명의 구성을 학습하고, 설명을 '재구성'하여 사고의 방식과 접근 순서의 교정
3. 사칙연산에 대해서 학습하고, 숫자감각 익히기
4. 실제 문제를 통해 1~3을 적용하며 풀이 습관의 교정

**Step ② 풀이편에서는**
1. 설명의 정오를 판단할 때 가져야 할 4가지 관점에 대한 학습
2. 4가지 관점을 적용한 사칙연산 연습
3. 설명의 유형에 따라 4가지 관점 적용한 풀이법
4. 자료의 특성을 이용한 설명의 풀이법
5. 배경 지식을 활용한 설명의 풀이법
6. 실제 문제를 통해 1~5을 적용하며 풀이법의 교정

**Step ③ 전략편에서는**
1. 발문을 통한 문제의 유형 분류
2. 일반형의 특징 및 문제 접근 전략
3. 매칭형의 특징 및 문제 접근 전략
4. 기타형의 특징 및 문제 접근 전략
5. 실제 문제를 통해 1~4를 적용하며 풀이 습관의 교정

 **Q** 세팅편의 학습 목표는 무엇입니까?

세팅편의 학습 목표는 딱 1가지 '최적화된 풀이를 익히기 위한 초석을 만드는 것'입니다.
초석을 만들기 위해서 아래의 3가지가 능숙해져야 합니다.
1. 벽에 막히지 않기 위해 접근 순서를 교정하는 것
2. 실수가 발생하지 않도록 사고의 방식을 교정하는 것
3. 숫자를 암기하고, 활용법을 체화하여 숫자감각을 만드는 것

 **Q** 세팅편 요약으로 미리 보기

| 자료를 통한<br>정보 확인<br><br>(지도 확인) | 설명을 읽고<br>목적 잡기<br><br>(동선 만들기) | 목적을 잡고<br>필요한 정보 찾기<br><br>(실제 이동하기) | 정보를 찾아<br>정오의 판단<br><br>(정오 판단) |
|---|---|---|---|

**M·E·M·O**

# 02 공부의 방향성

 도대체 어떻게 공부해야하나요?

자료해석을 공부한다는 것은 옳은 방법을 익히고 훈련하여 습관화하는 과정, 이른바 "훈련을 통한 습관화"입니다.

"훈련을 통한 습관화"가 무엇인지 이해하기 위해서 하나의 예시를 들어보겠습니다.
운동을 처음 시작하는 헬린이 자통이는 욕심이 많습니다. 헬스장에 간 첫날부터 자통이는 마치 자신이 마동석이라도
된 듯 스쿼트 100kg를 시도 했습니다.
자통이는 과연 스쿼트 100kg를 성공 했을까요?
미련한 자통이는 목표를 이루기 위해서 매일같이 오로지 100kg 바벨을 드는 시도에 온갖 노력을 다합니다.
물론, 정말 '행운'이 깃든다면, 자통이는 언젠가는 혹은 두번째날부터라도 100kg을 들 수 있을지도 모르겠습니다.
다만, 여러분이 자통이라면 '행운'이 깃들길 기대하며, 매일매일 100kg 바벨을 드는데 시간을 보내시겠습니까?
아니면 목표를 '행운'에 맡기지 않으실 껀가요?
여러분이 '행운'에 맡기지 않는 것을 선택했다면, 여러분이 해야할 것은 바로 '훈련을 통한 습관화'입니다.

1) 동작 수행 방법에 대한 지식을 습득 해야합니다.
　기본 동작인 바벨 짊어지기, 내려갈 때 신체의 움직임, 올라갈 때 신체의 움직임 등을 습득해야 합니다.

2) 자신이 알게 된 수행 방법을　반복하며 숙달해서 습관화 해야합니다.
　초기에는 배운대로 몸이 움직여주지 않을 겁니다. 그러나, '의지력'을 가지고 반복하며 숙달해야 합니다.
　의지적인 반복 숙달은 결국 습관화로 이뤄집니다.
3) 습관의 지속적인 교정
　올바른 스쿼트의 습관화에 성공 했다면, 그때부터 무게를 차근차근 올리며 자신의 목표로 나아가야 합니다.
　그러나 무게가 변화함에 따라서 자신이 초기에 만들었던 올바른 자세가 조금씩 흐트러질 수 있습니다.
　그렇기에 자신의 동작에 대한 지속적인 교정을 하며 계속 훈련한다면 누구나 100kg을 들 수 있게 됩니다.

　"훈련을 통한 습관화"는 총 3단계로 구성됩니다.
　1) 필요한 지식의 습득 → 2) 의지 반복 숙달을 통한 습관화 → 3) 습관의 지속적인 교정

**Q** 자료해석에 "훈련을 통한 습관화"를 어떻게 적용하나요?

자료해석의 "훈련을 통한 습관화"는 총 3단계로 구성됩니다.
1) 자료해석에 필요한 지식의 습득 → 2) 의지적인 반복 숙달을 통한 습관화 → 3) 습관의 지속적인 교정

1) 자료해석에 필요한 지식의 습득
　　발문을 통해 나누어지는 문제의 유형을 습득하고, 유형에 따른 풀이 전략을 습득해야 합니다.
　　자료를 보는 방법에 대해서 습득하고, 자료의 특징에 따른 함정에 대해서 습득해야 합니다.
　　설명에 나오는 단어의 뜻과 문장 구성에 대해서 습득해야 합니다.
　　설명의 유형을 습득하고 유형에 따른 풀이법을 습득해야 합니다.
　　풀이법의 정오를 해결하기 위해서 필요한 사칙연산 방법에 대해서 습득이 필요합니다.
　　다만, 모든 것을 한번에 달성하려면 우리는 그것들을 성공적으로 해내기 어렵습니다.
　　그렇기에, 과한 욕심을 부리지 않고 하나씩 하나씩 습관화 해야합니다.

2) 의지적인 반복을 통한 숙달
　　PSAT은 과목당 주어진 시간이 길지 않은 시험입니다.
　　그렇다고 해도 우리는 두 번째 단계에서 절대로 '시간'이라는 요소를 생각해서는 안됩니다.
　　인간의 사고는 빠른 사고(기존의 습관 - 시스템1)과 느린 사고(새로운 지식 - 시스템2)로 구성이 된다고 합니다.
　　간단히 말해서,
　　느린 사고란 새로운 것을 배우고 아직 체화되지 않은 내용을 인출·적용할때 쓰는 사고 매커니즘을 말하고,
　　빠른 사고란 이미 충분히 체화된 내용을 인출·적용할때 활용되는 자동적인 사고 매커니즘을 말한다고 보면 됩니다.
　　따라서 어떤 생소한 유형의 문제를 풀때는 빠른 사고보다는 느린 사고의 영역에서 문제를 풀게 될 것입니다.
　　하지만 여기서 여러분이 빨리 풀겠다고 마음먹는 순간 느린 사고가 아닌 빠른 사고 영역에서 문제를 풀게 됩니다.
　　우리는 새로운 것을 배우고 익히기 위해서 공부를 하는 것입니다.
　　그렇기에 절대로 빨리 풀겠다는 욕심을 부려서는 안됩니다.
　　새로운 지식을 의지적으로 반복 숙달하여 느린 사고를 빠른 사고로 만드는 것입니다.

3) 습관의 지속적인 교정
　　새롭게 배운 지식을 2단계를 통해서 충분히 반복하고 반복해서 습관화를 하셨다면,
　　다음에 배울 지식을 습관화 할 때 앞에서 만든 습관이 유지될 수 있도록 노력해야합니다.

　　이렇게 1, 2, 3단계를 통해 "훈련을 통한 습관화"를 이뤄 낸다면,
　　학습 목표인 **"노 베이스도 안정적인 합격점"**을 성취하게 될 것입니다.

## 03 자료해석 문제의 구성

 자료해석 문제는 어떻게 구성되나요?

자료해석은 아래에 보이듯이 발문, 자료, 설명 총 3개의 파트로 구성된다.
각 파트는 제 각기 역할이 정해져 있다. (※ 하단 참고.)
따라서 우리는 각 파트의 역할을 명확하게 인지해야 하며 이를 통해 문제를 풀어낼 수 있다.
1) 발문 = 문제 전체적인 유형에 대한 정보를 제공하며, 가끔 추가적인 정보를 제공함.
2) 자료 = 설명을 풀기 위한 정보를 제공함.
3) 설명 = 문제의 답을 구하기 위해 풀어야 할 문장을 의미하며, 주로 〈보기〉, 〈선지〉, 〈조건〉등의 형태로 제공됨.

### 예시

다음 〈표〉는 2012 ~ 2014년 A국 농축수산물 생산액 상위 10개 품목에 대한 자료이다. 이에 대한 〈보기〉의 설명 중 옳은 것만을 모두 고르면?

〈표〉 A국 농축수산물 생산액 상위 10개 품목

(단위 : 억원)

| 순위 \ 연도 구분 | 2012 | | 2013 | | 2014 | |
|---|---|---|---|---|---|---|
| | 품목 | 생산액 | 품목 | 생산액 | 품목 | 생산액 |
| 1 | 쌀 | 105,046 | 쌀 | 85,368 | 쌀 | 86,800 |
| 2 | 돼지 | 23,720 | 돼지 | 37,586 | 돼지 | 54,734 |
| 3 | 소 | 18,788 | 소 | 31,479 | 소 | 38,054 |
| 4 | 우유 | 13,517 | 우유 | 15,513 | 닭 | 20,229 |
| 5 | 고추 | 10,439 | 닭 | 11,132 | 우유 | 17,384 |
| 6 | 닭 | 8,208 | 달걀 | 10,853 | 달걀 | 13,590 |
| 7 | 달걀 | 6,512 | 수박 | 8,920 | 오리 | 12,323 |
| 8 | 감귤 | 6,336 | 고추 | 8,606 | 고추 | 9,913 |
| 9 | 수박 | 5,598 | 감귤 | 8,108 | 인삼 | 9,412 |
| 10 | 마늘 | 5,324 | 오리 | 6,490 | 감귤 | 9,065 |
| 농축수산물 전체 | | 319,678 | | 350,889 | | 413,643 |

─────〈보 기〉─────

ㄱ. 2013년에 비해 2014년에 감귤 생산액 순위는 떨어졌으나 감귤 생산액이 농축수산물 전체 생산액에서 차지하는 비중은 증가하였다.
ㄴ. 쌀 생산액이 농축수산물 전체 생산액에서 차지하는 비중은 매년 감소하였다.
ㄷ. 상위 10위 이내에 매년 포함된 품목은 7개이다.
ㄹ. 오리 생산액은 매년 증가하였다.

① ㄱ, ㄴ      ② ㄱ, ㄹ
③ ㄴ, ㄷ      ④ ㄴ, ㄹ
⑤ ㄷ, ㄹ

**발문**

문제의 유형을 제시함.
유형은 ① 일반형, ② 매칭형, ③ 기타형으로 분류됨.
유형마다 알맞은 풀이 전략 존재하며,
풀이 전략에 따라 풀이의 난이도와 시간이 크게 달라짐.

**자료**

설명 부분을 풀기 위한 정보를 제공함.
자료는 ① 외적구성, ② 내적구성, ③ 추가정보로 구성됨.
① 외적구성 : 표의 제목을 의미하며,
　　　　　　　포장지와 같은 역할을 함.
② 내적구성 : 표의 내부의 내용을 의미하며,
　　　　　　　실질적으로 담고 있는 내용을 의미함.
　　　　　　　내적구성은 특히 '구분'에 집중해야함.
③ 추가정보 : ①과 ②를 제외한 곳에서의 정보를 의미함.
　　　　　　　주로 '각주'를 통하여 정보를 제공하며,
　　　　　　　복수의 자료간의 관계를 통한 정보추론,
　　　　　　　발문을 통해 제공되는 정보 등이 있음.

**설명**

답을 구하기 위해 풀어내야 하는 문장을 의미함.
〈보기〉, 〈선지〉, 〈조건〉 등으로 다양한 형태로 주어짐.
발문이 설명을 대체하는 경우도 존재함.

# 감사의 편지

**Q** 갑자기 감사의 편지라뇨? 이건 뭔가요?

가독성을 최우선하여 교재를 편집하다 보니,
운이 좋게 하나의 페이지가 남게 되었습니다.
그래서 하나의 이스터 에그를 남기고 싶어 감사하고 싶은 분들에게 편지를 쓰려 합니다.

가장 먼저 감사 인사를 드리고 싶은 분들은
컨텐츠가 정확히 무엇인지도 모름에도 저라는 사람을 믿고 베타 테스터가 되어주신
율무, 준구, 둥보, 합기, 매달, 동산, 초코, 정봉, 합격, 끼얏,
습책, 푸른, 심뚜, 두빙, 사령관, 링턴, 평행, 헤이, 펭귄, 채소, 그누애
총 21분에게 감사의 인사를 올립니다.
여러문늘 덕분에 제가 원하던 목표인 독학 가능한 교재에 필요한 포인트를 모두 잡아 낼 수 있었습니다.

두 번째로는 저를 믿고 직접 만나로 와주신 분들에게 감사의 인사를 올립니다.
무소님, 가을님, 강호님, 전모님, 피가나님, 꽃게님, 이슬님, 우정님, 경영님, 도토리님, 기니님등
100여분에게 모두 감사 드립니다.

여러분들과의 만남 덕분에 학생분들이 정말로 모르고 있는 부분이 어디인지 더 명확하게 알 수 있었고,
그것을 통해서 현재의 세팅편을 제작할 수 있었습니다.

세 번째로는 2021년 7급 자료해석 커리큘럼을 따라와주신 모든 수강생분들 감사드립니다.
여러분들께서 수업을 열심히 따라와주신 덕분에 수강생 평균점수 80점 이상을 달성 할 수 있었습니다.

마지막으로는 저라는 사람을 믿고 예약구매를 신청해주신분 모든 분들게 감사의 인사를 올립니다.

# 자료통역사의
# 통하는 자료해석

## ①권 세팅편

# II. 자료

# II 자료

## 01 자료란?

 **자료란 무엇인가요?**

자료라는 것은, 원 데이터(raw data)를 보기 편한 형태로 가공하여 제공된 정보를 의미한다.
보기 편한 형태로 가공하는 과정에서 일부 데이터의 탈락이 발생하기도 한다.
다양한 형태로 가공이 가능하기 때문에 제작자의 의도에 따라 그 형태가 달라질 수 있다.

**데이터**

### 〈표〉 '갑'국의 연도별 인구 현황

(단위 : 만명,%)

| 구분 \ 연도 | 2011 | 2012 | 2013 | 2014 |
|---|---|---|---|---|
| 15세 이상 인구 | 4,800 | 4,900 | 5,000 | 5,100 |
| 경제활동 인구 | 3,400 | 3,450 | 3,500 | 3,550 |
| 취업자수 | 3,250 | 3,305 | 3,360 | 3,410 |
| 실업자수 | 150 | 145 | 140 | 140 |

**자료 1**

### 〈표〉 '갑'국의 연도별 실업률

(단위 : %)

| 구분 \ 연도 | 2011 | 2012 | 2013 | 2014 |
|---|---|---|---|---|
| 실업률 | 4.41 | 4.20 | 4.00 | 3.94 |

$$※ \text{실업률(\%)} = \frac{\text{실업자 수}}{\text{경제활동 인구}} × 100$$

**자료 2**

### 〈표〉 '갑'국의 연도별 고용률

(단위 : %)

| 구분 \ 연도 | 2011 | 2012 | 2013 | 2014 |
|---|---|---|---|---|
| 고용률 | 67.71 | 67.45 | 67.20 | 66.86 |

$$※ \text{고용률(\%)} = \frac{\text{취업자 수}}{\text{15세 이상 인구}} × 100$$

---

※ 데이터의 탈락
원 데이터를 통해서는 실업률, 고용률 뿐만 아니라 15세 이상 인구, 경제활동인구 등, 더 다양한 정보를 담고 있으나,
데이터가 가공되면서, 일부 데이터가 탈락됨.

---

※ 제작자의 의도
→ 제작자가 자료1의 형태로 자료를 제작했다면, 제작자는 '갑'국은 현재 취업이 잘 되고 있다는 것을 보여주려 한 것.
→ 제작자가 자료2의 형태로 자료를 제작했다면, 제작자는 '갑'국은 현재 취업이 어렵다는 것을 보여주려 한 것.

## 01

데이터를 가공하여 표를 채우고, 아래의 문제를 해결하라.

〈데이터〉 '갑'대학 학생의 조사결과

| 성명 | 성별 | 흡연 여부 | 음주 여부 |
|---|---|---|---|
| 김민준 | 남성 | O | O |
| 이서연 | 여성 | O | X |
| 박서윤 | 여성 | X | O |
| 최도윤 | 남성 | X | O |
| 정하준 | 남성 | O | O |
| 강하은 | 여성 | X | X |
| 조수아 | 여성 | X | O |
| 윤수빈 | 여성 | O | O |
| 장우진 | 남성 | X | X |
| 임지민 | 여성 | O | X |

↓

〈표〉 '갑'대학 학생의 성별, 흡연, 음주 인원

(단위: 명)

| 성별 | | 흡연여부 | | 음주여부 | |
|---|---|---|---|---|---|
| 남성 | 여성 | O | X | O | X |
| ( ) | ( ) | ( ) | ( ) | ( ) | ( ) |

─── 〈문 제〉 ───

Q1. 〈데이터〉를 통해 남성의 수를 알 수 있는가?

(O, X)

Q2. 〈표〉를 통해 남성의 수를 알 수 있는가?

(O, X)

Q3. 〈데이터〉를 통해 흡연하는 여성의 수를 알 수 있는가?

(O, X)

Q4. 〈표〉를 통해 흡연하는 여성의 수를 알 수 있는가?

(O, X)

A. (O, O, O, X)

## 02

데이터를 가공하여 표를 채우고, 아래의 문제를 해결하라.

〈데이터〉 '3'반 학생의 과목별 성적현황

| 성명 | 국어 | 영어 | 수학 |
|---|---|---|---|
| 박보미 | 100 | 95 | 95 |
| 김여름 | 90 | 95 | 100 |
| 이가을 | 95 | 100 | 70 |
| 오겨울 | 80 | 80 | 90 |
| 여은정 | 95 | 85 | 80 |
| 김한수 | 80 | 75 | 85 |
| 고진우 | 75 | 70 | 75 |
| 임무진 | 85 | 70 | 70 |
| 장진호 | 90 | 80 | 75 |
| 최정윤 | 90 | 85 | 70 |

↓

〈표〉 '3'반 학생의 과목별 성적분포

(단위: 명)

| | 70 | 75 | 80 | 85 | 90 | 95 | 100 |
|---|---|---|---|---|---|---|---|
| 국어 | ( ) | ( ) | ( ) | ( ) | ( ) | ( ) | ( ) |
| 영어 | ( ) | ( ) | ( ) | ( ) | ( ) | ( ) | ( ) |
| 수학 | ( ) | ( ) | ( ) | ( ) | ( ) | ( ) | ( ) |

─── 〈문 제〉 ───

Q1. 〈데이터〉를 통해 국영수 점수의 합이 가장 큰 3반 학생이 누구인지 알 수 있는가?

(O, X)

Q2. 〈표〉를 통해 국영수 점수의 합이 가장 큰 3반 학생이 누구인지 알 수 있는가?

(O, X)

Q3. 〈데이터〉를 통해 3반의 국어 성적의 평균점수를 알 수 있는가?

(O, X)

Q4. 〈표〉를 통해 3반의 국어 성적의 평균점수를 알 수 있는가?

(O, X)

A. (O, X, O, O)

## 03

데이터를 가공하여 표를 채우고, 아래의 문제를 해결하라.

〈데이터〉 기업별 평가 지표

| 기업명 | 품질점수 | 서비스점수 |
|---|---|---|
| A사 | 100 | 80 |
| B사 | 95 | 80 |
| C사 | 90 | 80 |
| D사 | 85 | 80 |
| E사 | 55 | 90 |
| F사 | 45 | 95 |
| G사 | 35 | 100 |

※ 총점은 품질점수와 서비스점수의 합으로 구성됨.
↓
〈표〉 기업 평가지표 순위 자료

| 품질점수 | | | 서비스점수 | | |
|---|---|---|---|---|---|
| 순위 | 기업명 | 점수 | 순위 | 기업명 | 점수 |
| 1위 | | | 1위 | | |
| 2위 | | | 2위 | | |
| 3위 | | | 3위 | | |

───── 〈문 제〉 ─────

Q1. 〈데이터〉를 통해 총점이 가장 높은 기업을 알 수 있는가?
(O, X)

Q2. 〈표〉를 통해 총점이 가장 높은 기업을 알 수 있는가?
(O, X)

Q3. 〈데이터〉를 통해 품질 점수 순위 1위를 알 수 있는가?
(O, X)

Q4. 〈표〉를 통해 품질 점수 순위 1위를 알 수 있는가?
(O, X)

A. (O, X, O, O)

## 04

데이터를 가공하여 표를 채우고, 아래의 문제를 해결하라.

〈데이터〉 '갑' 계열사의 임원

| 업체명 | 남성 | 여성 |
|---|---|---|
| 테라쎔 | 3명 | 2명 |
| 텔콘제약 | 5명 | 1명 |
| 테슬라임 | 1명 | 3명 |
| 카테아 | 2명 | 4명 |
| 신라멘 | 2명 | 1명 |
| 코스온 | 3명 | 2명 |
| 해덕웨이 | 1명 | 5명 |
| 전모시스터즈 | 4명 | 0명 |

↓
〈표〉 '갑' 계열사의 임원 인원별 업체 수

(단위: 개)

| | 남성 | 여성 |
|---|---|---|
| 0명 | | |
| 1명 | | |
| 2명 | | |
| 3명 | | |
| 4명 | | |
| 5명 | | |

───── 〈문 제〉 ─────

Q1. 〈데이터〉를 통해 임원이 가장 적은 '갑' 계열사를 알 수 있는가?
(O, X)

Q2. 〈표〉를 통해 임원이 가장 적은 '갑' 계열사를 알 수 있는가?
(O, X)

Q3. 〈데이터〉를 통해 '갑' 계열사의 전체 남성 임원수를 알 수 있는가?
(O, X)

Q4. 〈표〉를 통해 '갑' 계열사의 전체 남성 임원수를 알 수 있는가?
(O, X)

A. (O, X, O, O)

## 05

데이터를 가공하여 표를 채우고, 아래의 문제를 해결하라.

〈원 데이터〉 '갑'학교 1학기 점수

| 학생명 | 중간고사 | 기말고사 |
|---|---|---|
| 갑 | 100 | 100 |
| 을 | 80 | 65 |
| 병 | 85 | 80 |
| 정 | 95 | 80 |
| 무 | 80 | 90 |
| 기 | 85 | 100 |

↓

〈표〉 중간고사와 기말고사의 성적 증감폭

(단위: 점)

| 학생명 | 증감 점수 |
|---|---|
| 갑 | |
| 을 | |
| 병 | |
| 정 | |
| 무 | |
| 기 | |

— 〈문 제〉 —

Q1. 〈데이터〉를 통해 1학기의 중간, 기말고사 점수의 합이 가장 높은 학생을 알 수 있는가?

(O, X)

Q2. 〈표〉를 통해 1학기의 중간, 기말고사 점수의 합이 가장 높은 학생을 알 수 있는가?

(O, X)

Q3. 〈데이터〉를 통해 성적이 가장 많이 증가된 학생을 알 수 있는가?

(O, X)

Q4. 〈표〉를 통해 성적이 가장 많이 증가된 학생을 알 수 있는가?

(O, X)

A. (O, X, O, O)

## 06

데이터를 가공하여 표를 채우고, 아래의 문제를 해결하라.

〈원 데이터〉 3월 SIC 논문별 저자 현황

| 논문명 | 저자 현황 |
|---|---|
| A라는 한숨 | 강보미, 김테라, 한겨울 |
| B금속의 대해 | 감자통, 김테라, 최기가 |
| C뿌리기의 중요성 | 조가을 |
| D지몬과 P켓몬 | 강보미, 감자통, 공여름, 김테라, 차이슬 |
| E러 것이 삶인가? | 감자통, 조가을, 최기가 |
| F킬라의 안전성 | 김테라, 이분권, 오메가 |
| G7의 정치적 관계 | 감자통, 고밀리, 이분권, 조가을, 차이슬 |
| H라는 기침소리 | 한겨울 |

↓

〈표〉 저자별 3월 논문 등록편수

| | 저자 |
|---|---|
| 1편 | |
| 2편 | |
| 3편 | |
| 4편 | |

— 〈문 제〉 —

Q1. 〈데이터〉를 통해 저자의 수가 가장 적은 논문을 알 수 있는가?

(O, X)

Q2. 〈표〉를 통해 저자의 수가 가장 적은 논문을 알 수 있는가?

(O, X)

Q3. 〈데이터〉를 통해 감자통이 등록한 논문의 편수를 알 수 있는가?

(O, X)

Q4. 〈표〉를 통해 감자통이 등록한 논문의 편수를 알 수 있는가?

(O, X)

A. (O, X, O, O)

## 07

데이터로 제작된 2개의 자료의 의도를 고민하라.

〈데이터〉 A우동의 분기별 매출액

(단위: 백만원)

| 연도＼분기 | 1분기 | 2분기 | 3분기 | 4분기 |
|---|---|---|---|---|
| 2020년 | 200 | 150 | 150 | 300 |
| 2021년 | 240 | 180 | 180 | 360 |

〈표 1〉 2021년 매출액 전년동기 대비 증가율

(단위: %)

| 1분기 | 2분기 | 3분기 | 4분기 |
|---|---|---|---|
| 20 | 20 | 20 | 20 |

〈표 2〉 2021년 매출액 전분기 대비 증가율

(단위: %)

| 1분기 | 2분기 | 3분기 | 4분기 |
|---|---|---|---|
| −20 | −25 | 0 | 100 |

─── 〈문 제〉 ───

Q. 〈표 1〉과 〈표 2〉의 의도는 무엇일까?

## 08

데이터로 제작된 2개의 자료의 의도를 고민하라.

〈데이터〉 '갑'국의 7급공무원 지원자 및 합격자 현황

(단위: 명)

| 구분＼연령 | 20대 | 30대 |
|---|---|---|
| 지원자 | 1200 | 150 |
| 합격자 | 120 | 30 |

$$※ \ 합격률(\%) = \frac{합격자}{지원자}$$

↓

〈표 1〉 연령대별 합격자 비중

(단위: %)

| 20대 | 30대 |
|---|---|
| 80% | 20% |

〈표 2〉 연령대별 합격률

(단위: %)

| 20대 | 30대 |
|---|---|
| 10% | 20% |

─── 〈문 제〉 ───

Q. 〈표 1〉과 〈표 2〉의 의도는 무엇일까?

## 09

데이터로 제작된 2개의 자료의 의도를 고민하라.

### 〈데이터〉 'A' 채용시험 연도별 합격컷

| 연도 | 국어 | 영어 | 헌법 | 민법 | 형법 | 평균 |
|------|------|------|------|------|------|------|
| 2015 | 90 | 95 | 95 | 85 | 95 | 92 |
| 2016 | 95 | 90 | 95 | 80 | 95 | 91 |
| 2017 | 80 | 75 | 80 | 55 | 55 | 69 |
| 2018 | 70 | 75 | 75 | 60 | 50 | 66 |
| 2019 | 75 | 75 | 70 | 50 | 60 | 66 |

↓

### 〈표 1〉 과목별 3개년(2017년 ~ 2019년) 합격 평균점수
(단위: 점)

| 과목명 | 평균점수 | 과목명 | 평균점수 |
|--------|----------|--------|----------|
| 국어 | 75 | 민법 | 55 |
| 영어 | 75 | 형법 | 55 |
| 헌법 | 75 | 평균 | 67 |

### 〈표 2〉 과목별 5개년(2015년 ~ 2019년) 합격 평균점수
(단위: 점)

| 과목명 | 평균점수 | 과목명 | 평균점수 |
|--------|----------|--------|----------|
| 국어 | 82 | 민법 | 66 |
| 영어 | 82 | 형법 | 71 |
| 헌법 | 83 | 평균 | 77 |

── 〈문 제〉 ──

Q. 〈표 1〉과 〈표 2〉의 의도는 무엇일까?

## 10

데이터로 제작된 2개의 자료의 의도를 고민하라.

### 〈데이터〉 '갑' 국의 2020년 월별 출생아 수
(단위: 천명)

| 1월 | 2월 | 3월 | 4월 | 5월 | 6월 |
|------|------|------|------|------|------|
| 358 | 359 | 357 | 353 | 357 | 352 |
| 7월 | 8월 | 9월 | 10월 | 11월 | 12월 |
| 356 | 356 | 352 | 372 | 375 | 376 |

↓

### 〈그림 1〉 2020년 월별 출생아 수
(단위: 천명)

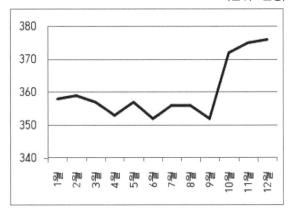

### 〈그림 2〉 2020년 월별 출생아 수
(단위: 천명)

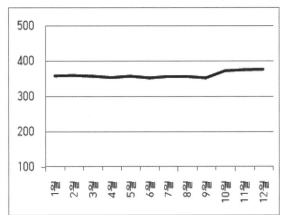

── 〈문 제〉 ──

Q. 〈표 1〉과 〈표 2〉의 의도는 무엇일까?

# 02 자료의 구성

**Q** 자료는 어떻게 구성되나요?

자료란, 정보를 제공하기 위한 요소이며, 그 구성은 외적구성과 내적구성과 추가정보로 구성된다.
① **외적 구성**: 자료가 담고 있는 내용과 정보의 한계를 정해줌. 쉽게 말하자면 포장지의 역할
② **내적 구성**: 자료의 실제 내용을 제공함. 쉽게 말하자면 실제 내용물의 역할
③ **추가 정보**: 외적구성과 내적구성를 제외하고 제공된 정보를 의미함.
　주로 '각주'를 통해서 추가정보를 제공하며, 그 외로는 발문을 통하여 제공하는 추가정보,
　자료간의 관계를 통한 추론이나, 그 외의 정보간의 관계 추론을 통한 추가정보가 있음.

예시

〈표 1〉 '갑' 기업 사원 A ~ D의 연봉

(단위 : 천원)

| 연도<br>사원 | 2013 | 2014 | 2015 | 2016 |
|---|---|---|---|---|
| A | 24,000 | 28,800 | 34,560 | 38,016 |
| B | 25,000 | 25,000 | 26,250 | 28,875 |
| C | 24,000 | 25,200 | 27,720 | 33,264 |
| D | 25,000 | 27,500 | 27,500 | 30,250 |

〈표 2〉 '갑' 기업의 성과평가등급별 연봉인상률

(단위 : %)

| 성과평가등급 | I | II | III | IV |
|---|---|---|---|---|
| 연봉인상률 | 20 | 10 | 5 | 0 |

※ 1) 성과평가는 해당연도 연말에 1회만 실시하며, 각 사원은
　　 I, II, III, IV 중 하나의 성과평가등급을 받음.
　2) 성과평가등급을 높은 것부터 순서대로 나열하면 I, II, III,
　　 IV의 순임.
　3) 당해년도 연봉 = 전년도 연봉 × (1 + 전년도 성과평가등급에 따른
　　 연봉인상률)

① **외적 구성**

자료가 담고 있는 내용과 정보의 한계를 정해줌.
〈표 1〉 = '갑' 기업 사원 A~D의 연봉
〈표 2〉 = '갑' 기업의 성과등급에 따른 연봉 인상률

② **내적 구성**

자료의 실제 내용을 제공함.
〈표 1〉 = '갑'기업의 직원들의 연도별 연봉
〈표 2〉 = '갑'기업의 성과등급에 따른 연봉인상률

③ **추가 정보**

외적구성과 내적구성를 제외하고 제공된 정보를 의미함.
〈표 1〉에서 사원들의 연봉 인상률과
〈표 2〉의 연봉인상률에 따른 성과평가등급을 이용하면,
각 사원이 받은 성과평가등급을 알 수 있다.

**Q** 자료를 통해서 무엇을 파악해야 하나요?

자료에서 가장 중요한 부분은 '숫자' 아닌, '명사'이다.
예를 들어 위의 예시에서 우리가 봐야할 것은 1) 사원 2) 연도 3) 성과평가등급에 따른 연봉 인상률이다.

두 번째로 중요한 것은 주어진 정보를 통해 추론할 수 있는 추가정보에 대한 파악이다.
예를 들어 위의 예시에서 연봉 인상률은 전년도 연봉 대비 당해년도의 연봉의 증가율을 의미하기 때문에,
〈표 1〉의 사원의 연봉 인상률을 통해 성과평가등급을 알 수 있다.

## 01

다음 〈표〉를 통해서 주어진 문제를 해결하라.

〈표〉 연도별 세계 반도체 시장규모

(단위: 억 달러)

| 구분 \ 연도 | 2014 | 2015 | 2016 | 2017 |
|---|---|---|---|---|
| 메모리 반도체 | 1,240 | 1,568 | 1,625 | 1,677 |
| 비메모리 반도체 | 2,882 | 3,066 | 3,212 | 3,348 |
| 합계 | 4,122 | 4,634 | 4,837 | 5,025 |

─── 〈문제〉 ───

Q. 한국 반도체 시장규모의 증감에 대해서 알 수 있을까?

A. (X)

## 02

다음 〈표〉를 통해서 주어진 문제를 해결하라.

〈표〉 2022년 국가별 소비자 물가 전년동월 대비 상승률

(단위: %)

| 국가 \ 월 | 5월 | 6월 | 7월 | 8월 |
|---|---|---|---|---|
| A | 6.2 | 5.8 | 7.3 | 8.2 |
| B | 5.2 | 6.6 | 8.2 | 8.9 |
| C | 2.2 | 3.2 | 10.2 | 13.2 |

─── 〈문제〉 ───

Q. 주어진 국가 중 8월 물가가 가장 높은 국가를 알 수 있을까?

A. (X)

## 03

다음 〈표〉를 통해서 주어진 문제를 해결하라.

〈표〉 지역별 청소년 흡연율

(단위: %)

| 구분 \ 지역 | 갑 | 을 | 병 | 정 |
|---|---|---|---|---|
| 흡연율 | 18.3 | 21.3 | 19.3 | 15.2 |
| 남학생 | 22.5 | 23.5 | 22.5 | 27.2 |
| 여학생 | 14.1 | 19.1 | 16.1 | 3.1 |

─── 〈문제〉 ───

Q. 남성 흡연율이 가장 높은 지역을 알 수 있을까?

A. (X)

## 04

다음 〈표〉를 통해서 주어진 문제를 해결하라.

〈표〉 OECD 주요 5개국의 재생에너지 생산량

(단위: MW, %)

| 국가명 \ 구분 | 생산량 | 태양열비중 |
|---|---|---|
| 미국 | 229,913 | 11.0 |
| 일본 | 106,282 | 4.9 |
| 독일 | 113,058 | 10.9 |
| 영국 | 40,789 | 3.3 |
| 프랑스 | 46,678 | 2.1 |

$$※ 태양열 비중 (\%) = \frac{태양열\ 에너지\ 생산량}{재생\ 에너지\ 생산량} \times 100$$

─── 〈문제〉 ───

Q. OECD국가 중 영국보다 재생에너지를 더 많이 생산한 국가는 4개뿐인가?

A. (X)

## 05

다음 〈표〉를 이용해서 주어진 〈문제〉를 해결하라.

〈표〉 A대회의 최종순위 및 메달수

(단위: 개)

| 순위 | 국가 | 금메달 | 은메달 | 동메달 |
|------|------|--------|--------|--------|
| 1위 | 미국 | 39 | 41 | 33 |
| 2위 | 중국 | 38 | 32 | 18 |
| 3위 | 일본 | 27 | 14 | 17 |
| 4위 | 영국 | 22 | 21 | 22 |
| 5위 | 러시아 | 20 | 28 | 23 |

※ 1) 순위는 금메달의 수를 기준으로 함.
   2) 단, 금메달의 수가 동일하다면, 은메달의 수를 기준으로 함.
   3) 단, 은메달의 수도 동일하다면, 동메달의 수를 기준으로 함

─── 〈문 제〉 ───
Q. 6등 미만의 국가의 금메달 개수는?
Q. 6등 미만의 국가의 은메달 개수는?

A. (20개 이하, 알 수 없음)

## 06

다음 〈표〉를 이용해서 주어진 〈문제〉를 해결하라.

〈표〉 2021년 '갑'대학 졸업생 학점 현황

(단위: 명)

| 학점 | 인원 | 인원 |
|------|------|------|
| A+ | 이상 | 185 |
| A0 | 이상 | 415 |
| B+ | 이상 | 620 |
| B0 | 이상 | 785 |
| C+ | 이상 | 900 |
| C0 | 이상 | 970 |
| F | 이상 | 1,000 |

※ '갑'대학의 학점은 주어진 학점뿐이며 F학점 이하는 졸업할 수 없음

─── 〈문 제〉 ───
Q. '갑'대학을 졸업한 인원은 몇 명일까?
Q. B+ 이상 A0 미만의 학점을 받은 인원은 몇 명일까?

A. (970명, 205명)

## 07

다음 〈표〉를 이용해서 주어진 〈문제〉를 해결하라.

〈표〉 '갑' 치킨집의 8월 매출 현황

(단위: 천원, 개)

| 메뉴 \ 구분 | 매출액 | 판매량 |
|------|--------|--------|
| 후라이드 치킨 | 22,815 | 1,521 |
| 양념 치킨 | 36,576 | 2,286 |
| 음료 및 주류 | 24,894 | ( ) |
| 기타 | 4,225 | 325 |
| 합계 | 88,510 | 9,664 |

─── 〈문 제〉 ───
Q. 주어진 메뉴의 합과 합계 값은 같을까?
Q. 음료 및 주류의 판매량을 구할 수 있을까?

A. (O, O)

## 08

다음 〈표〉를 이용해서 주어진 〈문제〉를 해결하라.

〈표〉 하삼도 인구 현황

(단위: 천명, 명/㎢)

| 지역 | 구분 | 인구 | 인구 밀도 |
|------|------|------|-----------|
| 충청권 | 충청남도 | 1,632 | 220 |
| | 충청북도 | 2,177 | 264 |
| | 소계 | 3,809 | 243 |
| 전라권 | 전라남도 | 1,794 | 222 |
| | 전라북도 | 1,783 | 144 |
| | 소계 | 3,577 | 175 |
| 경상권 | 경상남도 | 2,641 | 139 |
| | 경상북도 | 3,318 | 315 |
| | 소계 | 5,959 | 202 |
| 합계 | | 46,678 | 203 |

─── 〈문 제〉 ───
Q. 소계는 무엇을 의미할까?
Q. 합계의 의미는 무엇일까?

A. (일부의 합, 전체의 합)

## 09

다음 〈표〉를 이용해서 주어진 〈문제〉를 해결하라.

〈표〉 '갑'학과의 성별의 흡연, 음주현황

(단위: 명)

| 구분 | 성별 | 남성 | 여성 |
|---|---|---|---|
| 흡연 | O | 17 | 9 |
| | X | 33 | 41 |
| 음주 | O | 38 | 31 |
| | X | 12 | 19 |
| 합계 | | 50 | 50 |

───── 〈문제〉 ─────

Q. 흡연여부와 음주여부는 서로 어떤 관계일까?

A. (서로 독립된 관계)

## 10

다음 〈표〉를 이용해서 주어진 〈문제〉를 해결하라.

〈표〉 전세계 상위 5개국 곡물 생산량

(단위: 백만톤, %)

| 구분 국가 | 생산량 | 시장점유율 |
|---|---|---|
| 중국 | 583 | 20.5 |
| 미국 | 476 | 16.7 |
| 인도 | 295 | 10.4 |
| 러시아 | 118 | 4.1 |
| 인도네시아 | 98 | 3.4 |
| 전세계 | ( ) | 100.0 |

───── 〈문제〉 ─────

Q. 주어진 표에서 시장점유율의 식은 무엇일까?

A. (해당국가 생산량 / 전세계 생산량)

## 11

다음 〈표〉를 이용해서 주어진 〈문제〉를 해결하라.

〈표〉 동북아시아의 GDP 및 인구당 GDP

(단위: 백만달러, 달러)

| 구분 국가 | GDP | 인구당 GDP |
|---|---|---|
| 중국 | 19,911,593 | 12,568 |
| 일본 | 4,912,147 | 39,243 |
| 한국 | 1,804,680 | 34,994 |
| 대만 | 841,209 | 36,051 |

───── 〈문제〉 ─────

Q. 인구당 GDP의 식은 무엇일까?

A. (GDP / 인구)

## 12

다음 〈표〉를 이용해서 주어진 〈문제〉를 해결하라.

〈표〉 고릴라표 새우볶음밥의 영양 성분표

(단위: g, %)

| 구분 영양 성분 | 제공량 | 일일 권장섭취 비율 |
|---|---|---|
| 탄수화물 | 76.0 | 42.2 |
| 당류 | 3.0 | 23.1 |
| 지방 | 7.0 | 13.4 |
| 포화지방 | 1.2 | 8.0 |
| 단백질 | 8.0 | 15.1 |

※ 일일 권장 섭취 비율 (%) = $\dfrac{제공량}{일일\ 권장\ 섭취량} \times 100$

───── 〈문제〉 ─────

Q. 새우볶음밥에는 당류를 제외한 탄수화물은 얼마나 있을까?

A. (73.0g)

## 13

다음 〈표〉를 이용해서 주어진 〈문제〉를 해결하라.

### 〈표 1〉 '갑' 서점의 분기별 판매 비중

(단위: %)

| 구분＼분기 | 1분기 | 2분기 | 3분기 | 4분기 |
|---|---|---|---|---|
| 수험서 | 44.3 | 44.7 | 45.1 | 46.3 |
| 문학 | 15.3 | 13.2 | 14.5 | 13.8 |
| 비문학 | 28.6 | 29.8 | 30.8 | 31.9 |
| 기타 | 11.8 | 12.3 | 9.6 | 8.0 |
| 합계 | 100.0 | 100.0 | 100.0 | 100.0 |

### 〈표 2〉 '갑' 서점의 분기별 전체 판매량

(단위: 권)

| 1분기 | 2분기 | 3분기 | 4분기 |
|---|---|---|---|
| 188,233 | 192,182 | 202,518 | 221,583 |

─── 〈문 제〉 ───

Q. 〈표 1〉과 〈표 2〉는 어떤 관계가 있을까?

## 14

다음 〈표〉를 이용해서 주어진 〈문제〉를 해결하라.

### 〈표 1〉 '갑'국의 규모별 인구 구성

(단위: 천명)

| 도시 | | 농촌 |
|---|---|---|
| 대도시 | 중소도시 | |
| 55,751 | 22,545 | ( ) |

※ '갑'국은 도시와 농촌만으로 구성됨.

### 〈표 2〉 '갑'국의 성별 인구 구성

(단위: 천명)

| 남성 | 여성 |
|---|---|
| 45,481 | 43,815 |

─── 〈문 제〉 ───

Q. 〈표 1〉과 〈표 2〉는 어떤 관계가 있을까?

## 15

다음 〈표〉를 이용해서 주어진 〈문제〉를 해결하라.

〈표 1〉 A~D국의 월별 환율

| 구분<br>국가 | 1월 | 2월 | 3월 | 4월 |
|---|---|---|---|---|
| A국 (A/달러) | 100 | 110 | 120 | 130 |
| B국 (B/달러) | 50 | 45 | 50 | 55 |
| C국 (C/달러) | 200 | 220 | 200 | 180 |
| D국 (D/달러) | 150 | 180 | 180 | 200 |

〈표 2〉 월별 에너지 가격

(단위: 달러)

| 구분<br>에너지 | 1월 | 2월 | 3월 | 4월 |
|---|---|---|---|---|
| 천연가스 | 5.33 | 6.12 | 7.25 | 6.58 |
| 석유 | 108.33 | 104.57 | 88.25 | 94.32 |
| 석탄 | 78.32 | 78.54 | 79.11 | 78.38 |

─── 〈문 제〉 ───

Q. 〈표 1〉과 〈표 2〉는 어떤 관계가 있을까?

## 16

다음 〈표〉를 이용해서 주어진 〈문제〉를 해결하라.

〈표 1〉 '갑'국 신축 아파트 청약 조건별 등급

| 구분<br>등급 | 부양<br>가족 수 | 무주택<br>기간 | 청약통장<br>가입기간 |
|---|---|---|---|
| 1등급 | 6명 이상 | 20년 이상 | 10년 이상 |
| 2등급 | 5명 이상 | 15년 이상 | 7년 이상 |
| 3등급 | 4명 이상 | 10년 이상 | 3년 이상 |
| 등급 외 | 4명 미만 | 10년 미만 | 3년 미만 |

※ 다수의 등급에 만족 시, 가장 높은 등급임.

〈표 2〉 청약 신청자별 청약 조건 현황

(단위: 명, 년)

| 구분<br>청약 신청자 | 부양<br>가족 수 | 무주택<br>기간 | 청약통장<br>가입기간 |
|---|---|---|---|
| 갑 | 6 | 18 | 11 |
| 을 | 5 | 15 | 11 |
| 병 | 7 | 12 | 4 |
| 정 | 3 | 25 | 15 |
| 무 | 5 | 11 | 8 |

※ 1) 최종 등급은 조건들의 등급 합으로 구성됨.
　 2) 청약은 최종등급이 가장 작은 2명이 당첨됨.
　　 단, 등급 외가 있으면, 당첨 될 수 없음.

─── 〈문 제〉 ───

Q. 〈표 1〉과 〈표 2〉는 어떤 관계가 있을까?

# 자료통역사의
# 통하는 자료해석

## ①권 세팅편

# III. 설명

## 01 설명이란?

 설명은 무엇인가요?

설명이란, 문제의 답을 구하기 위해 풀어내야 하는 문장을 의미한다.
문제의 유형에 따라서 다양한 형태로 등장하며 주로 〈선지〉, 〈보기〉, 〈조건〉등의 형태로 등장한다.

※ 선지: 일반형(①~⑤형)에서 등장하는 형태로, 설명 문장의 정오를 판단해야 하는 형태
　보기: 일반형(ㄱ~ㄹ형)에서 등장하는 형태로, 설명 문장의 정오를 판단해야 하는 형태
　조건: 주로 매칭형에서 등장하는 형태로, 주어진 설명이 옳은 문장으로 등장하는 형태

설명은 한국어로 서술됐기 때문에, 한국어의 문법적 특성을 그대로 따라가기 때문에
문장을 구성하는 어구의 위치가 꽤나 자유롭다는 특성이 있다.

| 인터넷 유머 | |
|---|---|
| 영어는 이런거 안되자나 | 영어는 안되자나 이런거 |
| 이런거 영어는 안되자나 | 안되자나 영어는 이런거 |
| 이런거 안되자나 영어는 | 안되자나 이런거 영어는 |

그렇기 때문에, 설명을 주어진 순서 그대로 보는 것은 좋은 선택 일 수 없다.

| 쇼핑 목록 : 소고기, 카페라떼, 스킨로션, 닭고기 | | | |
|---|---|---|---|
| 집<br>(출발지, 도착지) | 카페<br>(카페라떼) | 정육점<br>(소고기, 닭고기) | 로드샵<br>(스킨로션) |

주어진 설명을 있는 순서 그대로 본다는 것은, 위에 제시된 쇼핑 목록을 구매할 때의 동선을
집 → 정육점(소고기) → 카페(카페라떼) → 로드샵(스킨로션) → 정육점(닭고기) → 집으로 짜는 것과 같다.
아무도 저런 비 효율적인 동선으로 이동하지는 않을 것이다.
대부분은 쓸모없는 움직임이 없는 아래의 효율적인 2개의 동선 중 하나를 선택하여 쇼핑을 할 것이다.
① 집 → 로드샵(스킨로션) → 정육점(소고기, 닭고기) → 카페(카페라떼) → 집
② 집 → 카페(카페라떼) → 정육점(소고기, 닭고기) → 로드샵(스킨로션) → 집
이처럼 효율적인 동선을 만들기 위해서 아래의 2가지를 꼭 지켜야한다.

1) 주어진 자료의 먼저 가볍게 훑어 봐야한다. → 자료는 효율적인 동선을 만들기 위한 지도.
2) 설명을 풀때 재구성하여 접근 해야한다.　 → 재구성은 효율적인 동선을 만드는 계획.

만약 자료를 훑어보지 않거나 재구성을 하지 않는다면, 효율적인 동선으로 쇼핑을 할 수 없게 된다.

## 02 설명의 구성

 설명은 어떻게 구성됐나요?

설명은 총 4개의 파트로 구성된다.
① 목적 파트, ② 정보 파트, ③ 정오 파트, ④ 가정 파트
이중 ④ 가정 파트의 경우 가정형 설명에서만 등장하는 특수한 파트이므로, 우선 ①, ②, ③에 집중 해보자.

예시문장을 목적 파트, 정보 파트, 정오 파트로 나누어 보며 각 파트에 대해 알아보자.
Ex) 2013년 이후 한국의 인구는 매년 증가하였다.

① 목적 파트: 한국의 인구
목적 파트란, 설명에서 요구하는 정보의 시작점이다.
목적 파트를 잡아서 목적을 구하기 위한 방법을 떠올리는 것으로 풀이가 시작된다.
만약, 주어진 자료에 한국의 인구가 직접 주어져 있다면, 한국의 인구를 찾는 것으로 끝나겠지만,
만약, GDP와 1인당 GDP가 주어져있다면, GDP ÷ 1인당 GDP를 이용해야 풀이가 시작되고,
만약, 전세계 인구와 한국의 비중이 주어져 있다면, 전세계 인구 × 비중을 이용해야 풀이가 시작된다.
만약 목적을 구하기 위한 방법을 떠올리지 못한다면, 풀이의 시작 자체가 불가하게 된다.
따라서, 가장 먼저 해야 하는 것은 목적 파트를 잡는 것이다.
이를 통해 풀이를 시작할 수 있으며, 또한 선지의 유형 판단도 가능해진다.

② 정보 파트: 한국의 인구 2013년 이후 매년
정보 파트란, 자료에서 찾아야 하는 정보의 범위를 만들어 주는 파트이다.
주어진 설명에 의하면 2013년 이후 매년이라고 하였으므로,
2013년 이후 매년 한국의 인구에 대한 정보를 찾으라고 설명에서 안내하고 있다.

③ 정오 파트: 매년 증가하였다.
정오 파트란, 해당 설명의 정오를 결정하는 파트이다. 〈조건〉으로 주어진 경우에는 중요하지 않은 부분이다.
주어진 설명에 의하면 매년 증가하였다고 하였으므로, 정보 부분에서 감소 된 부분이 없는지 확인 한다.

결론적으로 설명을 해결할 때 가장 중요한 것은 "목적 파트"를 잡아내는 것이다.
그래야만, 효율적인 동선을 만들 수 있고, 정보 파트에서 필요한 정보의 범위를 바르게 잡아 낼 수 있다.

가정형이 추가된 예시문장도 한번 확인해보자.
Ex) 매년 인구가 5%씩 증가한다면, 2013년 이후 1인당 GDP는 매년 증가하였다.

① 목적 파트 : 1인당 GDP → 1인당 GDP = $\dfrac{GDP}{인구}$

② 정보 파트 : 2013년 이후 매년 GDP와 인구 (※ ④ 가정 파트 : 인구는 가정을 통해서 주어져있다.)
③ 정오 파트 : 매년 증가하였다.

가정형 설명이 등장하면, 문장이 너무 길다는 이유만으로 겁을 먹는다.
그러나, 가정형 설명과 일반적인 설명은 다를 바가 없다.
단지, 자료에 없는 정보를 추가하기 위해 가정 파트가 추가되는 것이다.
따라서, 설명의 길이나 형태와 상관없이, 우리는 "목적 파트"를 찾자.

◆ 목적 파트에 등장하는 요소들
1) 다양한 명사
정의 : 자료(표나 그림)에 나오는 다양한 명사들이며, 크게 2가지로 나누어진다.

1) 주어진 자료에 이미 주어진 형태로 특별한 추론이 필요 없는 형태
2) 주어진 자료에 주어진 형태가 아니기에 추론이 필요한 형태
ex) 목적: GDP, 자료에 1인당 GDP와 인구가 나온다면? → GDP = 1인당 GDP × 인구

◆ 알아 두기 – 이항

덧셈과 뺄셈의 이항
A+B = C → 만약 B를 이항하고 싶다면, 좌항에 B를 없애기 위해 양변 모두 B를 빼준다.
       → A+B−B = C−B → A = C−B → 결과적으로 좌항에 B가 사라진다.
A−B = C → 만약 B를 이항하고 싶다면, 좌항에 B를 없애기 위해 양변 모두 B를 더한다
       → A−B+B = C+B → A = C+B → 결과적으로 좌항에 B가 사라진다.
(※ 앞에 사칙연산 기호가 없는 A나 C의 앞에는 +있다고 생각하자. 따라서 이항시에 빼줘야 한다.)

곱셈과 나눗셈의 이항
A×B = C → 만약 B를 이항하고 싶다면, 좌항에 B를 없애기 위해 양변에 모두 B 나눠준다.
       → A×B÷B = C÷B → A = C÷B → 결과적으로 좌항에 B가 사라진다.
A÷B = C → 만약 B를 이항하고 싶다면, 좌항에 B를 없애기 위해 양변에 모두 B 곱해준다.
       → A÷B×B = C×B → A = C×B → 결과적으로 좌항에 B가 사라진다.
(※ 앞에 사칙연산 기호가 없는 A나 C의 앞에는 ×있다고 생각하자. 따라서 이항시에 나눠줘야 한다.)

2) 분수구조 3형제
   정의 : $\dfrac{B}{A}$

| 1) A당 B = $\dfrac{B}{A}$ | 2) A대비 B의 비율 = $\dfrac{B}{A}$ | 3) A중 B의 비율 = $\dfrac{B}{A}$ |
|---|---|---|
| → 인구당 GDP | → 가성비 | → 인구 중 남성비율 |

3) 폭폭폭 ( 과거값($t_1$) → 현재값($t_2$) )
   정의 : 과거값과 현재값 사이의 차이

| 1) 증가폭 | 2) 감소폭 | 3) 변화(증감)폭 |
|---|---|---|
| = 현재값($t_2$)−과거값($t_1$) | = 과거값($t_1$)−현재값($t_2$) | = \|현재값($t_2$)−과거값($t_1$)\| |

[※ 단, 자료에서 등장하는 변화와 증감에서는 절대값을 의미하지 않는다.]

◆ 목적 파트에 등장하는 요소들

4) 율율율 ( 과거값($t_1$) → 현재값($t_2$) )

정의 : $\dfrac{\text{폭폭폭}}{\text{과거값}}$

| 1) 증가율 | 2) 감소율 | 3) 변화(증감)율 |
|---|---|---|
| $= \dfrac{\text{증가폭}(t_2 - t_1)}{\text{과거값}(t_1)}$ | $= \dfrac{\text{감소폭}(t_1 - t_2)}{\text{과거값}(t_1)}$ | $= \dfrac{\text{변화폭}(|t_2 - t_1|)}{\text{과거값}(t_1)}$ |

[※ 단, 자료에서 등장하는 변화와 증감에서는 절대 값을 의미하지 않는다.]

---

◆ 알아 두기 – % 증가/감소와 %p 증가/감소의 차이

%란, 단순히 단위를 의미한다. ex) X% $= \dfrac{X}{100}$

따라서, 10% 증가했다는 것은, 과거에 비해서 $\times \dfrac{10}{100}$ 만큼이 추가로 커졌다는 것을 의미한다.

%p란, %값의 차이를 의미한다.

따라서, 5%p 증가했다는 것은, 과거에 비해서 $+ \dfrac{5}{100}$ 만큼이 추가로 커졌다는 것을 의미한다.

---

◆ 알아 두기 – 전년 대비의 정보 파트

1) 2013년 이후 매년 증가했다.      →      필요한 정보 : 2013년 이후 매년
2) 2013년 이후 전년대비 매년 증가했다.      →      필요한 정보 : 2012년 이후 매년

※ 2)의 경우 2013년에도 전년대비 증가했는지에 대한 확인이 필요하다.

---

5) 비중/점유율

정의 : $\dfrac{\text{부분}}{\text{전체}} = \dfrac{A}{U}$

---

◆ 알아 두기 – 부분과 전체

전체(U)는 여러 가지의 부분(A, B, C…)들로 구성된다. → U = A + B + C + …

$\dfrac{A}{U} = \dfrac{A}{A + B + C + \cdots}$

(※ 부분들은 상호 배타적인 관계이다. 상호 배타적이란, A∩B = 0)

---

6) 지수

정의 : $\dfrac{\text{해당값}}{\text{기준값}}$

## 03 설명의 재구성

설명은 주어진 순서대로 푸는 것이 아니다. 설명을 재구성하여 아래의 순서로 접근해야 한다.
① 목적 파트 → ② 정보 파트(+④ 가정 파트) → ③ 정오 파트
　또한, 목적 파트를 잡아내고 그것을 식으로 만들기 위해서는 자료를 '꼭' 먼저 가볍게 봐야 한다.
① 목적 파트: 목적을 잡아내어 설명의 유형 판단 + 주어진 정보를 조합하여 목적에 알맞는 방법(공식) 찾기
② 정보 파트: 잡은 목적을 구하기 위해서 찾아야 할 정보 파악하기 (※ 가정 파트도 정보 파트에 포함된다.)
③ 정오 파트: 설명의 정오 확인하기

◆ 쇼핑으로 이해하는 자료해석
자료 보기 : 지도 보기
목적 파트 : 쇼핑 동선 짜기
정보 파트 : 실제로 이동하기

몇가지 예시를 보여주세요.

다음 설명들을 같이 한번 재구성 해보자.
Ex.1) 포장도로에서 고속도로가 차지하는 비율이 가장 큰 지역은 F이다.

① 목적 파트 : 포장도로에서 고속도로가 차지하는 비율 → 식 : $\frac{고속도로}{포장도로}\left(\frac{일부}{전체}\right)$

　(※식의 경우 주어진 자료가 어떠한 정보로 주어졌는지에 따라 달라 질 수 있음)
② 정보 파트 : 주어진 지역들의 포장도로와 고속도로에 대한 정보가 필요함

③ 정오 파트 : 주어진 지역들중 F지역의 $\frac{고속도로}{포장도로}$ 가 가장 큰지 확인 해야함.

Ex.2) 2008년 이후 대형화재 한 건당 부상자수는 매년 감소했다.

① 목적 파트 : 대형화재 한 건당 부상자수 → 식 : $\frac{부상자수}{화재건수}$

② 정보 파트 : 2008년 이후 대형화재 건수와 부상자수에 대한 정보가 필요함

③ 정오 파트 : $\frac{부상자수}{화재건수}$ 가 매년 감소했는지 확인 해야함.

Ex.3) 10원과 500원 주화를 각각 10%씩 증가시킨다면, A지역의 전체 주화 공급량의 증가율은 5% 이상이다.

① 목적 파트 : A지역 전체 주화 공급량의 증가율 → 식 : $\frac{주화량\ 증가폭}{증가\ 전\ 주화량}$

② 정보 파트 : 증가 전 주화량과 주화량 증가폭에 대한 정보가 필요함
④ 가정 파트 : 주화량 증가폭은 가정을 통해서 제공됨. (주화량 증가폭＝10원과 500원 주화를 각각 10%씩 증가)

③ 정오 파트 : $\frac{주화량\ 증가폭}{증가\ 전\ 주화량}$ 이 5% 이상인지 확인 해야함.

Ex.4) 중국의 인구는 매년 인도의 인구보다 10% 이상 많다.

① 목적 파트 : 중국인구와 인도인구의 비율 → 식 : 1) 인구를 구하는 식, 2) $\frac{인도인구}{중국인구}$

② 정보 파트 : 인도와 중국의 인구를 구하는 정보가 필요함.

③ 정오 파트 : $\frac{인도인구}{중국인구}$ 이 1.1 이상인지 확인 해야함.

## 01

〈정보〉를 통해서 주어진 설명을 재구성하라.

〈정보〉 전체 정치자금, 중앙당 지원금, 후원금, 기타 정치자금

─── 〈문 제〉 ───

Q. 1999년 전체 정치자금에서 후원금이 차지하는 비율은 85% 이상이다.
1) 목적 파트는?

2) 정보 파트는?

3) 정오 파트는?

## 02

〈정보〉를 통해서 주어진 설명을 재구성하라.

〈정보〉 국가별 인구, 유소년 인구, 고령 인구
인구＝유소년 인구＋생산가능 인구＋고령 인구

─── 〈문 제〉 ───

Q. 생산가능인구가 가장 많은 국가는 을국이다.
1) 목적 파트는?

2) 정보 파트는?

3) 정오 파트는?

## 03

〈정보〉를 통해서 주어진 설명을 재구성하라.

〈정보〉 연도별 가구수, 주택보급률

$$주택보급률(\%) = \frac{주택수}{가구수} \times 100$$

─── 〈문 제〉 ───

Q. 주택수는 매년 증가하였다.
1) 목적 파트는?

2) 정보 파드는?

3) 정오 파트는?

## 04

〈정보〉를 이용하여 주어진 설명을 재구성하라.

〈정보〉 연도별 '갑'국의 전체 사망률, 사고 사망률, 인구
사망률 ＝ 인구 10만명당 사망자수

─── 〈문 제〉 ───

Q. 2011년 전체 사망자수는 전년도에 비하여 증가하였다.
1) 목적 파트는?

2) 정보 파트는?

3) 정오 파트는?

## 05

〈정보〉를 통해서 주어진 설명을 재구성하라.

〈정보〉 법원별 출석자 수, 출석률(%)

$$출석률(\%) = \frac{출석자\ 수}{소환인원} \times 100$$

────────── 〈문 제〉 ──────────

Q. 가장 많은 인원을 소환한 법원은 C이다.
1) 목적 파트는?


2) 정보 파트는?


3) 정오 파트는?


## 06

〈정보〉를 통해서 주어진 설명을 재구성하라.

〈정보〉 '갑'사의 주주별 주식보유율, 1주당 가격, 총 주식수

$$주식\ 보유율(\%) = \frac{해당주주의\ 보유주식수}{총\ 주식수}$$

$$보유\ 주식가치 = 1주당\ 가격 \times 보유\ 주식수$$

────────── 〈문 제〉 ──────────

Q. 보유 주식가치가 가장 높은 주주는 F이다.
1) 목적 파트는?


2) 정보 파트는?


3) 정오 파트는?


## 07

〈정보〉를 통해서 주어진 설명을 재구성하라.

〈정보〉 국가별 도시 폐기물량, 폐기물 연료화율

$$연료화율(\%) = \frac{연료\ 폐기물량}{도시\ 폐기물량} \times 100$$

────────── 〈문 제〉 ──────────

Q. 도시폐기물량은 미국이 한국의 4.5배 이상이다.
1) 목적 파트는?


2) 정보 파트는?


3) 정오 파트는?


## 08

〈정보〉를 이용하여 주어진 설명을 재구성하라.

〈정보〉 국가별 GDP, 1인당 GDP, 1인당 이산화탄소 배출량

$$1인당\ GDP = \frac{GDP}{인구}$$

$$1인당\ 이산화탄소\ 배출량 = \frac{이산화탄소\ 배출량}{인구}$$

────────── 〈문 제〉 ──────────

Q. 이산화탄소 배출량이 가장 많은 국가는 C국이다.
1) 목적 파트는?


2) 정보 파트는?


3) 정오 파트는?

## 09

다음의 〈표〉를 통해서 주어진 설명을 재구성하여 해결하라.

〈표〉연도별 세계 반도체 시장규모

(단위: 억 달러)

| 구분 \ 연도 | 2014 | 2015 | 2016 | 2017 |
|---|---|---|---|---|
| 메모리 반도체 | 1,240 | 1,568 | 1,625 | 1,677 |
| 비메모리 반도체 | 2,882 | 3,066 | 3,212 | 3,348 |
| 합계 | 4,122 | 4,634 | 4,837 | 5,025 |

―〈문 제〉―

Q. 매년 반도체 시장에서 비메모리 반도체가 차지하는 비중은 65% 이상이다.

1) 목적 파트는?

2) 정보 파트는?

3) 정오 파트는?

## 10

다음의 〈표〉를 통해서 주어진 설명을 재구성하여 해결하라.

〈표〉고릴라표 새우볶음밥의 영양 성분표

(단위: g, %)

| 구분 \ 영양 성분 | 제공량 | 일일 권장섭취 비율 |
|---|---|---|
| 탄수화물 | 76.0 | 42.2 |
| 당류 | 3.0 | 23.1 |
| 지방 | 7.0 | 13.4 |
| 포화지방 | 1.2 | 8.0 |
| 단백질 | 8.0 | 15.1 |

※ 일일 권장 섭취 비율 (%) = $\dfrac{\text{제공량}}{\text{일일 권장 섭취량}} \times 100$

―〈문 제〉―

Q. 탄수화물의 일일 권장 섭취량은 180g이다.

1) 목적 파트는?

2) 정보 파트는?

3) 정오 파트는?

## 11

다음의 〈표〉를 통해서 주어진 설명을 재구성하여 해결하라.

〈표〉 동북아시아의 GDP 및 인구당 GDP

(단위: 백만달러, 달러)

| 국가 \ 구분 | GDP | 1인당 GDP |
|---|---|---|
| 중국 | 19,911,593 | 12,568 |
| 일본 | 4,912,147 | 39,243 |
| 한국 | 1,804,680 | 34,994 |
| 대만 | 841,209 | 36,051 |

― 〈문 제〉 ―

Q. 대만의 인구는 한국의 인구의 2배 이상이다.

1) 목적 파트는?

2) 정보 파트는?

3) 정오 파트는?

## 12

다음의 〈표〉를 통해서 주어진 설명을 재구성하여 해결하라.

〈표〉 '갑' 치킨집의 8월 매출현황

(단위: 천원, 개)

| 메뉴 \ 구분 | 매출액 | 판매량 |
|---|---|---|
| 후라이드 치킨 | 22,815 | 1,521 |
| 양념 치킨 | 36,576 | 2,286 |
| 음료 및 주류 | 24,894 | ( ) |
| 기타 | 4,225 | 325 |
| 합계 | 88,510 | 9,664 |

― 〈문 제〉 ―

Q. 판매량 대비 매출액이 가장 큰 메뉴는 양념 치킨이다.

1) 목적 파트는?

2) 정보 파트는?

3) 정오 파트는?

## 13

다음의 〈표〉를 통해서 주어진 설명을 재구성하여 해결하라.

〈표〉 OECD 주요 5개국의 재생에너지 생산량

(단위: MW, %)

| 국가명 \ 구분 | 생산량 | 태양열비중 |
|---|---|---|
| 미국 | 229,913 | 11.0 |
| 일본 | 106,282 | 4.9 |
| 독일 | 113,058 | 10.9 |
| 영국 | 40,789 | 3.3 |
| 프랑스 | 46,678 | 2.1 |

※ 태양열 비중 (%) = $\dfrac{\text{태양열 에너지 생산량}}{\text{재생 에너지 생산량}} \times 100$

── 〈문제〉 ──

Q. 주요 5개국 중 재생에너지 생산량이 가장 적은 국가는 태양열 에너지 생산량도 가장 적다.

1) 목적 파트는?

2) 정보 파트는?

3) 정오 파트는?

## 14

다음의 〈표〉를 통해서 주어진 설명을 재구성하여 해결하라.

〈표〉 전세계 상위 5개국 곡물 생산량

(단위: 백만톤, %)

| 국가 \ 구분 | 생산량 | 시장점유율 |
|---|---|---|
| 중국 | 583 | 20.5 |
| 미국 | 476 | 16.7 |
| 인도 | 295 | 10.4 |
| 러시아 | 118 | 4.1 |
| 인도네시아 | 98 | 3.4 |
| 전세계 | ( ) | 100.0 |

── 〈문제〉 ──

Q. 전세계 곡물 생산량은 30억톤 이하이다.

1) 목적 파트는?

2) 정보 파트는?

3) 정오 파트는?

## 15

다음의 〈표〉를 통해서 주어진 설명을 재구성하여 해결하라.

〈표 1〉 '갑' 서점의 분기별 판매 비중

(단위: %)

| 구분 \ 분기 | 1분기 | 2분기 | 3분기 | 4분기 |
|---|---|---|---|---|
| 수험서 | 44.3 | 44.7 | 45.1 | 46.3 |
| 문학 | 15.3 | 13.2 | 14.5 | 13.8 |
| 비문학 | 28.6 | 29.8 | 30.8 | 31.9 |
| 기타 | 11.8 | 12.3 | 9.6 | 8.0 |
| 합계 | 100.0 | 100.0 | 100.0 | 100.0 |

〈표 2〉 '갑' 서점의 분기별 전체 판매량

(단위: 권)

| 1분기 | 2분기 | 3분기 | 4분기 |
|---|---|---|---|
| 188,233 | 192,182 | 202,518 | 221,583 |

───── 〈문 제〉 ─────

Q. '갑' 서점의 수험서 판매량은 매 분기 증가했다.

1) 목적 파트는?

2) 정보 파트는?

3) 정오 파트는?

## 16

다음의 〈표〉를 통해서 주어진 설명을 재구성하여 해결하라.

〈표 1〉 '갑'국의 규모별 인구 구성

(단위: 천명)

| 도시 | | 농촌 |
|---|---|---|
| 대도시 | 중소도시 | |
| 55,751 | 22,545 | ( ) |

※ '갑'국은 도시와 농촌만으로 구성됨.

〈표 2〉 '갑'국의 성별 인구 구성

(단위: 천명)

| 남성 | 여성 |
|---|---|
| 45,481 | 43,815 |

───── 〈문 제〉 ─────

Q. '갑'국의 농촌 인구는 1,000만명 이상이다.

1) 목적 파트는?

2) 정보 파트는?

3) 정오 파트는?

## 17

다음의 〈표〉를 통해서 주어진 설명을 재구성하여 해결하라.

〈표 1〉 A~D국의 월별 환율

| 구분<br>국가 | 1월 | 2월 | 3월 | 4월 |
|---|---|---|---|---|
| A국 (A/달러) | 100 | 110 | 120 | 130 |
| B국 (B/달러) | 50 | 45 | 50 | 55 |
| C국 (C/달러) | 200 | 220 | 200 | 180 |
| D국 (D/달러) | 150 | 180 | 180 | 200 |

〈표 2〉 월별 에너지 가격

(단위: 달러)

| 구분<br>에너지 | 1월 | 2월 | 3월 | 4월 |
|---|---|---|---|---|
| 천연가스 | 5.33 | 6.12 | 7.25 | 6.58 |
| 석유 | 108.33 | 104.57 | 88.25 | 94.32 |
| 석탄 | 78.32 | 78.54 | 79.11 | 78.38 |

─ 〈문제〉 ─

Q. 1월 대비 4월 각 국가 화폐별 석유 가격의 증가율이 가장 높은 국가는 D국이다.

1) 목적 파트는?


2) 정보 파트는?


3) 정오 파트는?

## 18

다음의 〈표〉를 통해서 주어진 설명을 재구성하여 해결하라.

〈표 1〉 '갑'국 신축 아파트 청약 조건별 등급

| 구분<br>등급 | 부양<br>가족 수 | 무주택<br>기간 | 청약통장<br>가입기간 |
|---|---|---|---|
| 1등급 | 6명 이상 | 20년 이상 | 10년 이상 |
| 2등급 | 5명 이상 | 15년 이상 | 7년 이상 |
| 3등급 | 4명 이상 | 10년 이상 | 3년 이상 |
| 등급 외 | 4명 미만 | 10년 미만 | 3년 미만 |

※ 다수의 등급에 만족 시, 가장 높은 등급임.

〈표 2〉 청약 신청자별 청약 조건 현황

(단위: 명, 년)

| 구분<br>청약 신청자 | 부양<br>가족 수 | 무주택<br>기간 | 청약통장<br>가입기간 |
|---|---|---|---|
| 갑 | 6 | 18 | 11 |
| 을 | 5 | 15 | 11 |
| 병 | 7 | 12 | 4 |
| 정 | 3 | 25 | 15 |
| 무 | 5 | 11 | 8 |

※ 1) 최종 등급은 조건들의 등급 합으로 구성됨.
　2) 청약은 최종 등급이 가장 작은 2명이 당첨됨.
　　단, 등급 외가 있으면, 당첨 될 수 없음.

─ 〈문제〉 ─

Q. 당첨된 청약 신청자는 갑과 정이다.

1) 목적 파트는?


2) 정보 파트는?


3) 정오 파트는?

## 01

〈목적〉 후원금이 차지하는 비중

$$후원금\ 비중 = \frac{후원금}{정치자금}$$

## 02

〈목적〉 생산가능인구
생산가능인구 = 인구 − 유소년 − 노령

## 03

〈목적〉 주택수
주택수 = 주택보급률 × 가구수

## 04

〈목적〉 사망자수
사망자수 = 사망률 × 인구수

## 05

〈목적〉 소환인원

$$소환인원 = \frac{출석자수}{출석률}$$

## 06

〈목적〉 보유 주식 가치
보유주식 가치 = 1주당 가격 × 주식 보유율
× 총 주식수

## 07

〈목적〉 미국과 한국의 도시폐기물량 비율
1) 도시폐기물량 = 이미 주어짐
2) 미국과 한국의 비율 = 미국/한국

## 08

〈목적〉 이산화탄소 배출량

$$이산화탄소\ 배출량 = \frac{1인당\ 배출량 \times GDP}{GDP}$$

## 09

〈목적〉 반도체 중 비메모리 반도체 비중

$$비메모리\ 비중 = \frac{비메모리}{반도체}$$

## 10

〈목적〉 일일 권장 섭취량

$$일일\ 권장\ 섭취량 = \frac{제공량}{권장량\ 비율}$$

## 11

〈목적〉 대만인구와 한국인구의 비율
1) 인구 = GDP / 1인당 GDP
2) 대만과 한국의 비율 = 대만/한국

## 12

〈목적〉 판매량 대비 매출액

$$판매량\ 대비\ 매출액 = \frac{매출액}{판매량}$$

## 13

〈목적〉 재생에너지와 태양열 에너지
1) 재생에너지 = 이미 주어짐
2) 태양열에너지 = 재생에너지 생산량
× 태양열에너지 비중

## 14

〈목적〉 전세계 곡물 생산량

$$전세계 = \frac{X국가\ 생산량}{X국가\ 시장점유율}$$

## 15

〈목적〉 수험서 판매량
수험서 판매량 = 전체 판매량 × 수험서 비중

## 16

〈목적〉 농촌인구
농촌인구 = 전체인구 − 도시인구

## 17

〈목적〉 화폐별 석유 가격 증가율
1) 화폐별 석유 가격 = 석유가격(달러)
× 해당 국가 환율
2) 증가율 = 증가폭 / 과거값

## 18

〈목적〉 당첨된 청약신청자
〈표2〉 각주에 의해 최종 등급이 낮은 2인
(단, 등급외는 없어야 함.)

# 자료통역사의
# 통하는 자료해석

## ①권 세팅편

# Ⅳ. 숫자감각

## 01 비교와 단위

 비교란 무엇인가요?

비교라는 것을 이해하기 위해서 아래의 문제를 풀어보자.

Q. 다음의 숫자를 중 가장 큰 숫자는 무엇인가?

① 78,982        ② 83,587        ③ 83,811        ④ 81,288

가장 큰 숫자는 당연히 ③ 83,811이다.

그렇다면, 어떻게 ③이 가장 크다는 것을 알 수 있었을까?
가장 낮은 자리수인 일의 자리부터 비교를 시작 해야할까?
일의 자리를 보면 ③이 가장 작기 때문에 절대로 가장 크다는 것의 증거가 될 수 없다.
반대로 가장 높은 자리수인 만의 자리부터 비교를 시작해야할까?
만의 자리를 보면 ①혼자 7로 시작하기에, 나머지 ②, ③, ④만 비교하면 된다는 것을 알 수 있다.
그 다음으로 천의 자리를 보면 ②, ③이 ④보다 크기 때문에 ④는 제외된다.
마지막으로 백의 자리를 이용해서 ③이 가장 크다는 것을 판별 할 수 있다.

이처럼, 비교에서 중요한 것은 높은 자리수의 숫자이다.

높은 자리수가 중요한 것은 단순히 숫자의 자체에 대한 비교뿐만 아니라 사칙연산에서도 같다.
그 이유는 높은 자릿수가 전체 숫자에서 차지하고 있는 영향력을 생각해보면, 뚜렷하게 알 수 있다.

예를 들어 최고 자릿수가 만의 자리인 숫자가 있다고 가정해보자.

| | 최대 영향력 (최대 비중) | | | 최소 영향력 (최소 비중) | | |
|---|---|---|---|---|---|---|
| 만의 자리 | $\frac{90,000}{90,000}$ | ≒ | 100.00% | $\frac{10,000}{19,999}$ | ≒ | 50.00% |
| 천의 자리 | $\frac{9,000}{19,000}$ | ≒ | 47.37% | $\frac{1,000}{91,999}$ | ≒ | 1.09% |
| 백의 자리 | $\frac{900}{10,900}$ | ≒ | 8.23% | $\frac{100}{99,199}$ | ≒ | 0.10% |
| 십의 자리 | $\frac{90}{10,090}$ | ≒ | 0.89% | $\frac{10}{99,919}$ | ≒ | 0.01% |
| 일의 자리 | $\frac{9}{10,009}$ | ≒ | 0.09% | $\frac{1}{99,991}$ | ≒ | 0.00% |

최대 영향력을 보면, 십의 자리나 일의 자리의 경우 아무리 커봐야 1%의 영향력도 준다는 것을 볼 수 있다.
즉, 상대적으로 높은 자릿수인 만, 천, 백이 전체 숫자에서 자치하는 영향력이 절대적이라는 것을 알 수 있다.
결론적으로 최고 자릿수부터 3개의 자리가 전체 숫자에 미치는 영향력은 절대적이다.

앞의 3개숫자가 미치는 최소 영향력은 99% 이상 $\left( \frac{10,000}{10,099} ≒ 99.02\% \right)$

따라서, '비교'라는 입장에서만 생각해본다면,
전체에서 적어도 99% 이상의 영향을 미치는 앞의 3개 숫자가 전체를 대표한다고 볼 수 있기에,
사칙연산에서도 앞의 3개의 숫자가 전체의 숫자를 대표한다고 생각해도 충분하다.
단, 자릿수는 유지시켜야한다. Ex) 87,199 → 87, 1--

사칙연산을 통한 비교의 종류는 크게 2가지로 나누어진다.
① 사칙연산 VS 사칙연산 ② 사칙연산 VS 고정된 숫자

예시를 통해 확인해보면 ①과 ②의 차이를 명확하게 느낄 수 있다.
① 사칙연산 VS 사칙연산    : 877＋156 VS 623＋455
② 사칙연산 VS 고정된 숫지 : 837－478 VS 340

둘중 어떤 것이 더 편하다고 느껴지는가? 당연히 ②의 형태가 더 편하다고 느껴질 것이다.
즉, 비교가 필요할 때 우리는 ②의 형태를 최대한 이용해야한다.
어떻게 해야 ②의 형태로 접근을 할 수 있을까?

주어진 사칙연산 중 하나를 고정된 숫자의 형태로 만드는 것이다. 즉, 비교를 위한 기준값으로 만드는 것이다.
위의 예시인 877＋156 VS 623＋455중 계산이 더 쉬운 것을 기준값으로 만들어보자.
877＋156보다는 623＋455 더 쉽기 때문에, 877＋156 VS 1,078으로 생각하여 비교를 할 수 있다.

위의 예시처럼 단 두 개만을 비교하는 경우에는 비교하는 경우라면,
기준값을 만들어 비교하는 것과 그러지 않는 것에 큰 차이가 없을 수 있다.

그렇다면, 아래의 예시처럼 여러 개를 비교하는 경우는 어떨까?
먼저 사칙연산 VS 사칙연산으로 접근해보고, 그 후에 기준값을 만들어 접근해보자.

Q. 다음 중 값이 가장 큰 것은?
  ① 326＋556      ② 223＋755      ③ 751＋385      ④ 511＋525      ⑤ 893＋235

비교를 위한 기준값을 만들어 접근한다면, ③번과 ⑤번 정도를 제외한 나머지는 손쉽게 지울 수 있게 될 것이다.
마지막으로 ③번과 ⑤번 정도만 정밀한 계산, 또는 비교법을 이용하여 처리하면 된다.
(※ 비교법은 각각의 사칙연산 파트에서 상세하게 배울 예정입니다.)

자료해석에 비교의 종류별로 접근 방법을 정리하자면 다음과 같다.

① 사칙연산 VS 사칙연산  → 1:1의 비교  → 기준값을 이용한 비교 or 비교법의 사용

                         → 다수의 비교 → 기준값을 만들어 비교 → 답이 나오지 않는다면 비교법의 사용

② 사칙연산 VS 고정된 숫자 → 주어진 값을 이용한 비교

■ 문제지

| | 제 1항 | | | 제 2항 | | | 제 3항 | | | 제 4항 | | | 제 5항 | | | 가장 큰 항은? |
|---|---|---|---|---|---|---|---|---|---|---|---|---|---|---|---|---|---|
| 01) | 158 | + | 208 | 465 | + | 645 | 780 | + | 488 | 277 | + | 318 | 209 | + | 385 | → | |
| 02) | 272 | + | 520 | 638 | + | 794 | 177 | + | 945 | 120 | + | 838 | 690 | + | 556 | → | |
| 03) | 517 | + | 944 | 856 | + | 251 | 915 | + | 380 | 770 | + | 315 | 721 | + | 526 | → | |
| 04) | 986 | + | 750 | 961 | + | 629 | 597 | + | 223 | 560 | + | 843 | 314 | + | 390 | → | |
| 05) | 153 | + | 955 | 916 | + | 756 | 693 | + | 680 | 803 | + | 530 | 943 | + | 838 | → | |
| 06) | 894 | + | 332 | 471 | + | 510 | 420 | + | 626 | 296 | + | 734 | 791 | + | 533 | → | |
| 07) | 796 | + | 316 | 983 | + | 854 | 367 | + | 193 | 955 | + | 686 | 620 | + | 767 | → | |
| 08) | 364 | + | 512 | 466 | + | 297 | 206 | + | 893 | 114 | + | 284 | 567 | + | 722 | → | |
| 09) | 880 | + | 856 | 571 | + | 533 | 606 | + | 989 | 372 | + | 501 | 850 | + | 800 | → | |
| 10) | 683 | + | 675 | 245 | + | 713 | 293 | + | 220 | 917 | + | 777 | 958 | + | 495 | → | |
| 11) | 309 | + | 763 | 947 | + | 587 | 496 | + | 813 | 951 | + | 232 | 353 | + | 620 | → | |
| 12) | 439 | + | 827 | 331 | + | 632 | 133 | + | 890 | 453 | + | 189 | 187 | + | 384 | → | |
| 13) | 782 | + | 543 | 801 | + | 631 | 472 | + | 329 | 789 | + | 139 | 270 | + | 666 | → | |
| 14) | 925 | + | 310 | 621 | + | 724 | 194 | + | 322 | 733 | + | 285 | 877 | + | 403 | → | |
| 15) | 141 | + | 230 | 296 | + | 996 | 636 | + | 635 | 680 | + | 794 | 406 | + | 806 | → | |
| 16) | 779 | + | 173 | 233 | + | 530 | 281 | + | 581 | 370 | + | 746 | 368 | + | 851 | → | |
| 17) | 276 | + | 768 | 516 | + | 392 | 960 | + | 658 | 408 | + | 918 | 485 | + | 331 | → | |
| 18) | 569 | + | 315 | 235 | + | 898 | 531 | + | 429 | 939 | + | 940 | 978 | + | 964 | → | |
| 19) | 680 | + | 730 | 717 | + | 865 | 316 | + | 703 | 477 | + | 682 | 809 | + | 958 | → | |
| 20) | 302 | + | 496 | 518 | + | 504 | 536 | + | 384 | 172 | + | 427 | 509 | + | 207 | → | |

■ 답안지

| | 제 1항 | 제 2항 | 제 3항 | 제 4항 | 제 5항 |
|---|---|---|---|---|---|
| 01) | 366 | 1110 | **1268** | 595 | 594 |
| 02) | 792 | **1432** | 1122 | 958 | 1246 |
| 03) | **1461** | 1107 | 1295 | 1085 | 1247 |
| 04) | **1736** | 1590 | 820 | 1403 | 704 |
| 05) | 1108 | 1672 | 1373 | 1333 | **1781** |
| 06) | 1226 | 981 | 1046 | 1030 | **1324** |
| 07) | 1112 | **1837** | 560 | 1641 | 1387 |
| 08) | 876 | 763 | 1099 | 398 | **1289** |
| 09) | **1736** | 1104 | 1595 | 873 | 1650 |
| 10) | 1358 | 958 | 513 | **1694** | 1453 |
| 11) | 1072 | **1534** | 1309 | 1183 | 973 |
| 12) | **1266** | 963 | 1023 | 642 | 571 |
| 13) | 1325 | **1432** | 801 | 928 | 936 |
| 14) | 1235 | **1345** | 516 | 1018 | 1280 |
| 15) | 371 | 1292 | 1271 | **1374** | 1212 |
| 16) | 952 | 763 | 862 | 1116 | **1219** |
| 17) | 1044 | 908 | **1618** | 1326 | 816 |
| 18) | 884 | 1133 | 960 | 1879 | **1942** |
| 19) | 1410 | 1582 | 1019 | 1159 | **1767** |
| 20) | 798 | **1022** | 920 | 599 | 716 |

## 02 숫자 감각

 **숫자 감각이란 무엇인가요?**

숫자 감각이란
① 이미 알고 있는 계산 결과 값의 양, ② 계산을 접근하는 관점 2가지가 혼합된 개념이다.

첫 번째로 이미 알고 있는 계산 결과값의 양이란 말 그대로 다음의 식의 계산 값을 이미 알고 있는 것을 말한다.
그 대표적인 예시가 구구단이다.

9 × 5라는 계산식을 보고 우리는 이것을 계산하지 않습니다. 9×5 = 45라는 사실을 이미 알고 있기 때문이다.

두 번째로는 계산을 접근하는 관점이다. 4×25 = 100이라는 사실을 안다고 가정하고 아래의 곱셈을 해보자.

$$16 \times 26$$

만약 특별한 관점 없이 계산한다면, 열심히 곱셈을 해야한다.
그러나, 4×25 = 100이라고 하였으므로, (16×26) → (16×25 + 16×1)으로 찢어서 생각 할 수 있다.
16×25 = 4×4×25 = 400이고, 16×1 = 16 이므로, 16×26 = 416이라고 결과값을 도출 할 수 있다.

 **숫자 감각을 만들고 싶어요.**

숫자 감각을 만들고 싶다면 해야 할 것은 단 2가지이다.
① 이미 알고 있는 계산 결과 값의 양을 늘려야 한다. (친숙한 숫자의 양)
② 계산을 보는 관점을 변화 시켜야한다.

첫 번째로 이미 알고 있는 계산 결과값의 양을 늘린다는 것은 암기한 숫자의 양을 늘린다는 것을 말한다.
우리는 구구단의 값들을 계산해서 떠올리지 않는다.
그런데, 누군가는 $3^5$을 보고 3×3×3×3×3을 계산하는 것이 아니라 $3^5$=243를 떠올린다.
누군가는 $3^5$과 구구단은 같다. 자신이 숫자 감각이 있는 사람이 되고 싶다면, 암기한 숫자의 양을 늘려야 한다.

두 번째로 계산을 보는 관점을 변화시킨다는 것은 숫자의 구성에 따라 다른 방식의 접근을 하는 것을 의미한다.
아래의 3가지 덧셈을 계산해보자.

$$123+456, \ 358+261, \ 278+185$$

모두 '덧셈'이지만, 계산에 대한 접근 방법은 각각 달라야만 한다.
왜냐하면, 첫 번째 덧셈의 경우 그냥 최고자리부터 더해나가도 아무런 문제가 없다.
하지만, 두 번째 덧셈과 세 번째 덧셈의 방식을 위의 덧셈 방식과 동일하다면, 문제가 발생하게 된다.
이렇듯, 숫자의 구성에 따라, 계산의 접근 방식을 다르게 할 수 있게 만드는 것이 관점을 변화 시키는 것이다.

# 03 덧셈과 뺄셈

**Q** 덧셈과 뺄셈을 잘하고 싶어요.

자료해석에서의 사칙연산 = 비교를 위한 용도이다.
그렇기에 덧셈과 뺄셈도 당연히 높은 자릿수를 집중해서 생각해야한다.
즉, 우리가 평소에 하던 것처럼 정확한 값을 도출하려 하기보단, 비교 자체에 목적을 두는 것이 매우 중요하다.

예를 들어 34,578+88,215와 다른 값을 비교한다고 가정해보자.
만약에, 다른 값이 '값'의 형태로 주어졌다면, 사칙연산 VS 값의 형태이기에 그저 비교하면 된다.
반면, 다른 값도 '사칙연산'의 형태로 주어졌다면, 사칙연산 VS 사칙연산의 형태이기 때문에
34,578+88,215과 비교할 사칙연산과 비교하기 위해 낮은 정밀도로 대략적인 기준 값을 만들고, 비교 해야한다.
이렇듯 우리의 목적은 비교라는 것을 항상 염두하고 덧셈과 뺄셈을 진행 해야한다.

만약, "사칙연산 VS 값"의 형태도 비교하기 힘들거나,
"사칙연산 VS 사칙연산"에서 기준값을 만들기가 힘들다면, 숫자 감각부터 만들어야 한다.

**Q** 덧셈과 뺄셈을 보는 관점이 알고 싶어요.

A. 521+125이나, 684-141과 같은 계산은 어렵게 느끼지 않을 것이다.

그렇다면, 덧셈과 뺄셈은 어렵게 느껴지는 경우는 어떤 경우일까?
바로 자리올림과 자리내림이 있는 경우의 덧셈과 뺄셈을 우리에게 어렵게 느껴진다.
따라서, 자리올림이나 자리내림이 있는 덧셈과 뺄셈이라고 판단된다면, 숫자를 변형해서 봐야한다.

예를 들어, 185+373이라는 덧셈이 있다면, 숫자의 구성을 보면 자리 올림이 발생하는 덧셈이라는 걸 알 수 있다.
따라서, 숫자를 있는 그대로 보는 것이 아니라 자리 올림이 없어지도록 숫자를 변형해서 봐야한다.
185는 180+5로 373은 320+53으로 변형하면, 180+320+53+5=558 라고 쉽게 계산된다.

예를 들어, 635-373이라는 뺄셈이 있다면, 숫자의 구성을 보면 자리 내림이 발생하는 뺄셈이라는 걸 알 수 있다.
따라서, 숫자를 있는 그대로 보는 것이 아니라, 자리 내림이 없어지도록 숫자를 변형해서 봐야한다.
635는 400+235로, 373은 370+3으로 변형하면, (400-370)+(235-3)=30+232=262 라고 쉽게 계산된다.

결론적으로, 덧셈과 뺄셈을 만나게 된다면,
우리가 가장 먼저 할 것은 자리 올림이나 자리 내림이 발생하는 숫자 구성인지 판단하는 것이다.
만약, 자리 올림이나 자리 내림이 있는 숫자의 구성이라면, 숫자를 변형해서 계산을 단순화 시켜야 한다.

우선적 숫자를 살펴보고 해당 숫자에서 자리 올림이 어디서 발생하는지를 살펴 봐야한다.
숫자의 구성에 따라서 자리 올림이 없는 경우와 자리 올림이 있는 경우로 나누어진다.
자리 올림이 없는 경우라면 변형없이 높은 자리부터 덧셈을 진행하면 된다.
반면, 자리 올림이 있다면, 아래의 4가지의 Case중 동일한 형태로 덧셈을 하면된다.

Case① 일의 자리 때문에 자리 올림이 생기는 경우

ex) 335+328
    일의 자리를 우선적으로 채워주기 위해 일의 자리를 찢는다. → 328=5+323
    (335+5)+323=340+323=663

Case② 십의 자리 때문에 자리 올림이 생기는 경우

ex) 282+475
    십의 자리를 우선적으로 채워주기 위해 십의 자리를 찢는다. → 475=20+455
    (282+20)+455=302+455=757

Case③ 일의 자리와 십의 자리 때문에 자리 올림이 생기는 경우

ex) 586+379
    일의 자리와 십의 자리를 채워주기 위해 숫자를 찢는다. → 379=14+365
    (586+14)+365=600+365=965

Case④ 일의 자리 때문에 자리 올림 + 십의 자리의 합이 9인 경우

ex) 138+569
    일의 자리를 우선적으로 채워주면, 십의 자리에서도 자리올림이 발생한다.
    따라서, 일의 자리와 십의 자리를 채워주기 위해 숫자를 찢는다. → 569=62+507
    (138+62)+507 = 200+507 = 707

아래의 예시 문제를 같이 풀어보자.
1) 178+318
    → 일의 자리 때문에 자리 올림 존재, 십의 자리의 합이 9가 아님 Case ①
    → 318에서 2를 뜯어서 178에 채워준다.
    → 180+316=496
2) 776+424
    → 일의 자리 때문에 자리 올림 존재, 십의 자리의 합이 9임 Case ④
    → 424에서의 24를 뜯어서 776에 채워준다.
    → 800+400=1200
3) 254+685
    → 십의 자리 때문에 자리 올림 존재 Case ②
    → 254에서의 20을 뜯어서 685에 채워준다.
    → 234+705=939

■ 문제지

| 일의 자리 자리올림 | 십의 자리 자리올림 | 복합 자리올림 |
|---|---|---|
| 01) 509 + 787 = | 01) 961 + 698 = | 01) 878 + 446 = |
| 02) 215 + 459 = | 02) 393 + 296 = | 02) 973 + 688 = |
| 03) 208 + 996 = | 03) 840 + 377 = | 03) 766 + 751 = |
| 04) 727 + 964 = | 04) 441 + 277 = | 04) 335 + 567 = |
| 05) 328 + 369 = | 05) 462 + 871 = | 05) 479 + 663 = |
| 06) 748 + 606 = | 06) 970 + 396 = | 06) 429 + 278 = |
| 07) 918 + 406 = | 07) 155 + 661 = | 07) 349 + 594 = |
| 08) 577 + 609 = | 08) 297 + 161 = | 08) 749 + 276 = |
| 09) 749 + 236 = | 09) 273 + 951 = | 09) 389 + 861 = |
| 10) 347 + 416 = | 10) 242 + 582 = | 10) 644 + 277 = |
| 11) 838 + 568 = | 11) 984 + 722 = | 11) 188 + 345 = |
| 12) 686 + 716 = | 12) 342 + 571 = | 12) 612 + 591 = |
| 13) 446 + 756 = | 13) 859 + 180 = | 13) 379 + 654 = |
| 14) 278 + 804 = | 14) 277 + 531 = | 14) 475 + 972 = |
| 15) 547 + 416 = | 15) 442 + 790 = | 15) 968 + 965 = |

■ 답안지

| 일의 자리 자리올림 | | | 십의 자리 자리올림 | | | 복합 자리올림 | | |
|---|---|---|---|---|---|---|---|---|
| 01) 1296 | 06) 1354 | 11) 1406 | 01) 1659 | 06) 1366 | 11) 1706 | 01) 1324 | 06) 707 | 11) 533 |
| 02) 674 | 07) 1324 | 12) 1402 | 02) 689 | 07) 816 | 12) 913 | 02) 1661 | 07) 943 | 12) 1203 |
| 03) 1204 | 08) 1186 | 13) 1202 | 03) 1217 | 08) 458 | 13) 1039 | 03) 1517 | 08) 1025 | 13) 1033 |
| 04) 1691 | 09) 985 | 14) 1082 | 04) 718 | 09) 1224 | 14) 808 | 04) 902 | 09) 1250 | 14) 1447 |
| 05) 697 | 10) 763 | 15) 963 | 05) 1333 | 10) 824 | 15) 1232 | 05) 1142 | 10) 921 | 15) 1933 |

■ 문제지

| 일의 자리 자리올림 | | | | 십의 자리 자리올림 | | | | 복합 자리올림 | | |
|---|---|---|---|---|---|---|---|---|---|---|
| 01) | 654 | + | 727 = | 01) | 572 | + | 277 = | 01) 556 + 578 = | | |
| 02) | 857 | + | 816 = | 02) | 261 | + | 264 = | 02) 854 + 276 = | | |
| 03) | 716 | + | 327 = | 03) | 425 | + | 292 = | 03) 567 + 145 = | | |
| 04) | 317 | + | 525 = | 04) | 477 | + | 341 = | 04) 178 + 353 = | | |
| 05) | 255 | + | 117 = | 05) | 372 | + | 256 = | 05) 234 + 387 = | | |
| 06) | 545 | + | 259 = | 06) | 417 | + | 192 = | 06) 591 + 226 = | | |
| 07) | 332 | + | 429 = | 07) | 464 | + | 393 = | 07) 158 + 369 = | | |
| 08) | 128 | + | 376 = | 08) | 667 | + | 672 = | 08) 288 + 585 = | | |
| 09) | 428 | + | 274 = | 09) | 382 | + | 571 = | 09) 759 + 467 = | | |
| 10) | 405 | + | 529 = | 10) | 893 | + | 615 = | 10) 538 + 165 = | | |
| 11) | 615 | + | 775 = | 11) | 352 | + | 296 = | 11) 358 + 449 = | | |
| 12) | 928 | + | 155 = | 12) | 444 | + | 770 = | 12) 145 + 458 = | | |
| 13) | 228 | + | 805 = | 13) | 482 | + | 131 = | 13) 376 + 248 = | | |
| 14) | 536 | + | 119 = | 14) | 563 | + | 790 = | 14) 444 + 286 = | | |
| 15) | 753 | + | 949 = | 15) | 582 | + | 697 = | 15) 643 + 483 = | | |

■ 답안지

| 일의 자리 자리올림 | | | | | | 십의 자리 자리올림 | | | | | | 복합 자리올림 | | | | | |
|---|---|---|---|---|---|---|---|---|---|---|---|---|---|---|---|---|---|
| 01) 1381 | 06) 804 | 11) 1390 | 01) 849 | 06) 609 | 11) 648 | 01) 1134 | 06) 817 | 11) 807 |
| 02) 1673 | 07) 761 | 12) 1083 | 02) 525 | 07) 857 | 12) 1214 | 02) 1130 | 07) 527 | 12) 603 |
| 03) 1043 | 08) 504 | 13) 1033 | 03) 717 | 08) 1339 | 13) 613 | 03) 712 | 08) 873 | 13) 624 |
| 04) 842 | 09) 702 | 14) 655 | 04) 818 | 09) 953 | 14) 1353 | 04) 531 | 09) 1226 | 14) 730 |
| 05) 372 | 10) 934 | 15) 1702 | 05) 628 | 10) 1508 | 15) 1279 | 05) 621 | 10) 703 | 15) 1126 |

■ 문제지

| | | | |
|---|---|---|---|
| 01) 858 + 738 = | 16) 290 + 832 = | 31) 167 + 355 = |
| 02) 998 + 700 = | 17) 943 + 507 = | 32) 617 + 670 = |
| 03) 883 + 787 = | 18) 955 + 249 = | 33) 461 + 186 = |
| 04) 546 + 204 = | 19) 561 + 721 = | 34) 445 + 369 = |
| 05) 994 + 921 = | 20) 899 + 841 = | 35) 613 + 119 = |
| 06) 940 + 449 = | 21) 878 + 807 = | 36) 406 + 619 = |
| 07) 364 + 914 = | 22) 573 + 563 = | 37) 488 + 295 = |
| 08) 602 + 471 = | 23) 949 + 532 = | 38) 548 + 909 = |
| 09) 311 + 534 = | 24) 660 + 410 = | 39) 324 + 784 = |
| 10) 465 + 717 = | 25) 639 + 806 = | 40) 940 + 855 = |
| 11) 370 + 518 = | 26) 178 + 461 = | 41) 307 + 328 = |
| 12) 649 + 908 = | 27) 324 + 647 = | 42) 795 + 776 = |
| 13) 606 + 332 = | 28) 273 + 526 = | 43) 175 + 565 = |
| 14) 412 + 457 = | 29) 587 + 743 = | 44) 470 + 503 = |
| 15) 410 + 269 = | 30) 856 + 584 = | 45) 889 + 331 = |

■ 답안지

| | | | | | | | | | | | |
|---|---|---|---|---|---|---|---|---|---|---|---|
| 01) 1596 | 06) 1389 | 11) 888 | 01) 1122 | 06) 1685 | 11) 639 | 01) 522 | 06) 1025 | 11) 635 |
| 02) 1698 | 07) 1278 | 12) 1557 | 02) 1450 | 07) 1136 | 12) 971 | 02) 1287 | 07) 783 | 12) 1571 |
| 03) 1670 | 08) 1073 | 13) 938 | 03) 1204 | 08) 1481 | 13) 799 | 03) 647 | 08) 1457 | 13) 740 |
| 04) 750 | 09) 845 | 14) 869 | 04) 1282 | 09) 1070 | 14) 1330 | 04) 814 | 09) 1108 | 14) 973 |
| 05) 1915 | 10) 1182 | 15) 679 | 05) 1740 | 10) 1445 | 15) 1440 | 05) 732 | 10) 1795 | 15) 1220 |

**Q** 뺄셈의 단순화 하는 법이 궁금해요.

우선적 숫자를 살펴보고 해당 숫자에서 자리 내림이 어디서 발생하는지를 살펴 봐야한다.
숫자의 구성에 따라서 자리 내림이 없는 경우와 자리 내림이 있는 경우로 나누어진다.
자리 내림이 없는 경우라면 변형없이 높은 자리부터 뺄셈을 진행하면 된다.
반면, 자리 내림이 있다면, 아래의 4가지 Case중에 동일한 형태로 뺄셈을 하면된다.

Case① 일의 자리 때문에 자리 내림이 생기는 경우

ex) $482 - 158$
   십의 자리의 자리 내림이 발생하지 않도록 숫자를 찢는다. → $482 = 322 + 160$
   $322 + (160 - 158) = 322 + 2 =$

Case② 십의 자리 때문에 자리 내림이 생기는 경우

ex) $458 - 183$
   일의 자리는 자리 내림이 발생하지 않으므로 후에 처리한다. → $458 → 450,\ 183 → 180$
   백의 자리의 자리 내림이 발생하지 않도록 숫자를 찢는다. → $450 = 250 + 200$
   $250 + (200 - 180) = 250 + 20 = 270$, 일의 자리 결과가 5이므로, 275

Case③ 일의 자리와 십의 자리 때문에 모두 자리 내림이 생기는 경우

ex) $536 - 379$
   백의 자리의 자리 내림이 발생하지 않도록 숫자를 찢는다. → $536 = 136 + 400$
   $136 + (400 - 379) = 136 + 21 = 157$

Case④ 일의 자리 때문에 자리 내림 + 십의 자리의 크기가 같은 경우

ex) $735 - 339$
   십의 자리의 자리 내림이 발생하지 않도록 숫자를 찢으면, 백의 자리에서 자리 내림이 생긴다.
   따라서, Case③처럼 숫자를 찢는다. → $735 = 335 + 400$
   $335 + (400 - 339) = 335 + 61 = 396$

아래의 예시 문제를 같이 풀어봅시다.
1) $784 - 628$
   → 일의 자리 때문에 자리 내림 존재, 십의 자리의 크기가 다름 Case ①
   → 628을 한번에 처리하기 위한 숫자인 630를 784에서 뜯어서 처리하자. $784 → 154 + 630$
   → $154 + (630 - 628) = 154 + 2 = 156$
2) $551 - 454$
   → 일의 자리 때문에 자리 내림 존재, 십의 자리의 크기가 같음 Case ④
   → 454를 한번에 처리하기 위한 숫자인 500을 551에서 뜯어서 처리하자. $551 → 51 + 500$
   → $51 + (500 - 454) = 51 + 46 = 97$
3) $624 - 385$
   → 일의 자리와 십의 자리 때문에 자리 내림 존재 Case ③
   → 385를 한번에 처리하기 위한 숫자인 400을 624에서 뜯어서 처리하자. $624 → 224 + 400$
   → $224 + (400 - 385) = 224 + 15 = 239$

■ 문제지

| 일의 자리 자리내림 | 십의 자리 자리내림 | 복합 자리내림 |
|---|---|---|
| 01)  924 － 318 = | 01)  565 － 285 = | 01)  455 － 198 = |
| 02)  670 － 243 = | 02)  318 － 233 = | 02)  921 － 353 = |
| 03)  873 － 418 = | 03)  509 － 270 = | 03)  704 － 538 = |
| 04)  660 － 235 = | 04)  608 － 462 = | 04)  354 － 179 = |
| 05)  590 － 193 = | 05)  638 － 382 = | 05)  571 － 385 = |
| 06)  952 － 439 = | 06)  838 － 556 = | 06)  901 － 488 = |
| 07)  382 － 158 = | 07)  728 － 252 = | 07)  756 － 568 = |
| 08)  457 － 228 = | 08)  618 － 382 = | 08)  473 － 387 = |
| 09)  990 － 883 = | 09)  719 － 222 = | 09)  744 － 365 = |
| 10)  474 － 457 = | 10)  744 － 161 = | 10)  613 － 117 = |
| 11)  682 － 477 = | 11)  718 － 383 = | 11)  554 － 146 = |
| 12)  944 － 329 = | 12)  957 － 363 = | 12)  411 － 268 = |
| 13)  333 － 128 = | 13)  428 － 363 = | 13)  927 － 342 = |
| 14)  721 － 419 = | 14)  822 － 191 = | 14)  828 － 159 = |
| 15)  852 － 347 = | 15)  617 － 521 = | 15)  427 － 345 = |

■ 답안지

| 일의 자리 자리내림 | | | 십의 자리 자리내림 | | | 복합 자리내림 | | |
|---|---|---|---|---|---|---|---|---|
| 01) 606 | 06) 513 | 11) 205 | 01) 280 | 06) 282 | 11) 335 | 01) 257 | 06) 413 | 11) 408 |
| 02) 427 | 07) 224 | 12) 615 | 02) 85 | 07) 476 | 12) 594 | 02) 568 | 07) 188 | 12) 143 |
| 03) 455 | 08) 229 | 13) 205 | 03) 239 | 08) 236 | 13) 65 | 03) 166 | 08) 86 | 13) 585 |
| 04) 425 | 09) 107 | 14) 302 | 04) 146 | 09) 497 | 14) 631 | 04) 175 | 09) 379 | 14) 669 |
| 05) 397 | 10) 17 | 15) 505 | 05) 256 | 10) 583 | 15) 96 | 05) 186 | 10) 496 | 15) 82 |

■ 문제지

| 일의 자리 자리내림 | 십의 자리 자리내림 | 복합 자리내림 |
|---|---|---|
| 01)  741  −  228  = | 01)  769  −  492  = | 01)  411  −  159  = |
| 02)  552  −  439  = | 02)  646  −  381  = | 02)  620  −  192  = |
| 03)  971  −  735  = | 03)  328  −  184  = | 03)  821  −  643  = |
| 04)  654  −  237  = | 04)  756  −  281  = | 04)  935  −  787  = |
| 05)  541  −  337  = | 05)  555  −  272  = | 05)  702  −  354  = |
| 06)  973  −  856  = | 06)  561  −  282  = | 06)  921  −  553  = |
| 07)  591  −  247  = | 07)  764  −  326  = | 07)  925  −  688  = |
| 08)  825  −  618  = | 08)  928  −  450  = | 08)  352  −  279  = |
| 09)  882  −  585  = | 09)  949  −  282  = | 09)  812  −  583  = |
| 10)  770  −  429  = | 10)  728  −  183  = | 10)  856  −  289  = |
| 11)  821  −  405  = | 11)  804  −  272  = | 11)  522  −  385  = |
| 12)  691  −  297  = | 12)  538  −  385  = | 12)  923  −  687  = |
| 13)  937  −  619  = | 13)  964  −  292  = | 13)  511  −  438  = |
| 14)  742  −  238  = | 14)  835  −  782  = | 14)  735  −  378  = |
| 15)  484  −  368  = | 15)  675  −  293  = | 15)  931  −  675  = |

■ 답안지

| 일의 자리 자리내림 | | | | | | 십의 자리 자리내림 | | | | | | 복합 자리내림 | | | | | |
|---|---|---|---|---|---|---|---|---|---|---|---|---|---|---|---|---|---|
| 01) | 513 | 06) | 117 | 11) | 416 | 01) | 277 | 06) | 279 | 11) | 532 | 01) | 252 | 06) | 368 | 11) | 137 |
| 02) | 113 | 07) | 344 | 12) | 394 | 02) | 265 | 07) | 438 | 12) | 153 | 02) | 428 | 07) | 237 | 12) | 236 |
| 03) | 236 | 08) | 207 | 13) | 318 | 03) | 144 | 08) | 478 | 13) | 672 | 03) | 178 | 08) | 73 | 13) | 73 |
| 04) | 417 | 09) | 297 | 14) | 504 | 04) | 475 | 09) | 667 | 14) | 53 | 04) | 148 | 09) | 229 | 14) | 357 |
| 05) | 204 | 10) | 341 | 15) | 116 | 05) | 283 | 10) | 545 | 15) | 382 | 05) | 348 | 10) | 567 | 15) | 256 |

## 연습하기 [뺄셈]

### ■ 문제지

| | | | | | | | | | |
|---|---|---|---|---|---|---|---|---|---|
| 01) | 377 − 215 = | 16) | 964 − 706 = | 31) | 654 − 286 = |
| 02) | 483 − 316 = | 17) | 811 − 235 = | 32) | 591 − 549 = |
| 03) | 453 − 186 = | 18) | 341 − 148 = | 33) | 401 − 368 = |
| 04) | 962 − 274 = | 19) | 571 − 228 = | 34) | 994 − 893 = |
| 05) | 828 − 593 = | 20) | 681 − 488 = | 35) | 632 − 171 = |
| 06) | 213 − 148 = | 21) | 477 − 258 = | 36) | 624 − 137 = |
| 07) | 455 − 167 = | 22) | 929 − 509 = | 37) | 594 − 290 = |
| 08) | 336 − 203 = | 23) | 777 − 346 = | 38) | 832 − 772 = |
| 09) | 872 − 338 = | 24) | 612 − 335 = | 39) | 969 − 664 = |
| 10) | 548 − 173 = | 25) | 675 − 522 = | 40) | 750 − 316 = |
| 11) | 931 − 176 = | 26) | 327 − 247 = | 41) | 826 − 709 = |
| 12) | 628 − 609 = | 27) | 935 − 729 = | 42) | 983 − 967 = |
| 13) | 961 − 358 = | 28) | 679 − 399 = | 43) | 754 − 445 = |
| 14) | 307 − 209 = | 29) | 322 − 186 = | 44) | 408 − 20 = |
| 15) | 482 − 289 = | 30) | 442 − 336 = | 45) | 825 − 389 = |

### ■ 답안지

| | | | | | | | | | | | | | | | | | |
|---|---|---|---|---|---|---|---|---|---|---|---|---|---|---|---|---|---|
| 01) | 162 | 06) | 65 | 11) | 755 | 01) | 258 | 06) | 219 | 11) | 80 | 01) | 368 | 06) | 487 | 11) | 117 |
| 02) | 167 | 07) | 288 | 12) | 19 | 02) | 576 | 07) | 420 | 12) | 206 | 02) | 42 | 07) | 304 | 12) | 16 |
| 03) | 267 | 08) | 133 | 13) | 603 | 03) | 193 | 08) | 431 | 13) | 280 | 03) | 33 | 08) | 60 | 13) | 309 |
| 04) | 688 | 09) | 534 | 14) | 98 | 04) | 343 | 09) | 277 | 14) | 136 | 04) | 101 | 09) | 305 | 14) | 388 |
| 05) | 235 | 10) | 375 | 15) | 193 | 05) | 193 | 10) | 153 | 15) | 106 | 05) | 461 | 10) | 434 | 15) | 436 |

**Q** 덧셈과 뺄셈의 비교법이 궁금해요.

덧셈과 뺄셈의 비교법은 각각의 숫자들의 증감폭을 이용하는 것이다.

덧셈의 경우, 185+373와 295+261을 비교한다면,
185 → 295는 110이 커진 반면, 261 → 373은 112가 커졌으므로, 185+373이 더 크다는 것을 알 수 있다.
뺄셈의 경우, 523-238과 833-558을 비교한다면,
523 → 833는 310이 커진 반면, 238 → 558은 320가 커졌으므로, 523-238이 더 크다는 것을 알 수 있다.

덧셈과 뺄셈의 비교법도 결국 뺄셈을 해야한다는 점은 동일하다.
단지, 위의 예시에서의 비교법은 자리내림이 발생하지 않아 쉬운 처리가 가능했을 뿐이다.
비교법은 절대로적인 만능키가 아니다. 단지, 또 하나의 길을 추가해주는 것이다.
그렇기에, 숫자의 구성을 생각하며, 어떠한 길이 나에게 더 쉬운 접근일지를 생각해야한다.

■ 덧셈의 비교 A + B VS C + D (단, A 〉 C, D 〉 B) (C → A, D → B의 숫자의 증가를 생각하자.)
 1) A-C 〉 D-B → A의 증가량이 D의 증가량보다 큰 경우 → A + B 〉 C + D
 2) A-C 〈 D-B → D의 증가량이 A의 증가량보다 큰 경우 → A + B 〈 C + D
 3) A-C = D-B → A의 증가량과 D의 증가량이 같은 경우 → A + B = C + D

■ 뺄셈의 비교 A-B VS C-D (단, A 〉 C, B 〉 D) (C → A, D → B의 숫자의 증가를 생각하자.)
 1) A-C 〉 D-B → A의 증가량이 D의 증가량보다 큰 경우 → A-B 〉 C-D
 2) A-C 〈 D-B → D의 증가량이 A의 증가량보다 큰 경우 → A-B 〈 C-D
 3) A-C = D-B → A의 증가량과 D의 증가량이 같은 경우 → A + B = C + D

■ 참고사항
 + 는 숫자의 크기를 크게 해주는 역할
 따라서 많이 증가할수록 숫자가 더 많이 커지고, 많이 감소할수록 숫자가 더 많이 작아진다.
 - 는 숫자의 크기기를 작게 해주는 역할
 따라서 많이 증가할수록 숫자를 더 많이 작게 하고, 많이 감소할수록 숫자가 더 많이 커진다.

■ 문제지

| | 덧셈 비교 | | | | | | | | 뺄셈 비교 | | | | | | |
|---|---|---|---|---|---|---|---|---|---|---|---|---|---|---|---|
| 01) | 527 | + | 373 | ○ | 439 | + | 449 | 01) | 711 | − | 415 | ○ | 383 | − | 67 |
| 02) | 260 | + | 478 | ○ | 690 | + | 14 | 02) | 917 | − | 695 | ○ | 379 | − | 230 |
| 03) | 863 | + | 432 | ○ | 648 | + | 672 | 03) | 456 | − | 350 | ○ | 325 | − | 127 |
| 04) | 265 | + | 872 | ○ | 157 | + | 921 | 04) | 311 | − | 40 | ○ | 994 | − | 688 |
| 05) | 302 | + | 507 | ○ | 609 | + | 168 | 05) | 902 | − | 793 | ○ | 435 | − | 299 |
| 06) | 206 | + | 912 | ○ | 885 | + | 269 | 06) | 871 | − | 736 | ○ | 788 | − | 747 |
| 07) | 695 | + | 373 | ○ | 207 | + | 821 | 07) | 900 | − | 680 | ○ | 861 | − | 654 |
| 08) | 523 | + | 127 | ○ | 193 | + | 429 | 08) | 308 | − | 56 | ○ | 468 | − | 308 |
| 09) | 887 | + | 459 | ○ | 841 | + | 543 | 09) | 769 | − | 506 | ○ | 787 | − | 587 |
| 10) | 946 | + | 417 | ○ | 477 | + | 787 | 10) | 448 | − | 336 | ○ | 863 | − | 683 |
| 11) | 884 | + | 496 | ○ | 343 | + | 1112 | 11) | 374 | − | 266 | ○ | 796 | − | 602 |
| 12) | 721 | + | 304 | ○ | 444 | + | 578 | 12) | 421 | − | 270 | ○ | 792 | − | 556 |
| 13) | 383 | + | 658 | ○ | 857 | + | 264 | 13) | 802 | − | 571 | ○ | 492 | − | 191 |
| 14) | 416 | + | 474 | ○ | 392 | + | 494 | 14) | 941 | − | 745 | ○ | 817 | − | 652 |
| 15) | 332 | + | 682 | ○ | 532 | + | 383 | 15) | 972 | − | 854 | ○ | 993 | − | 973 |

■ 답안지

| | 덧셈 비교 | | | | 뺄셈 비교 | | |
|---|---|---|---|---|---|---|---|
| | 좌항 | | 우항 | | 좌항 | | 우항 |
| 01) | 900 | > | 888 | 01) | 296 | < | 316 |
| 02) | 738 | > | 704 | 02) | 222 | > | 149 |
| 03) | 1,295 | < | 1,320 | 03) | 106 | < | 198 |
| 04) | 1,137 | > | 1,078 | 04) | 271 | < | 306 |
| 05) | 809 | > | 777 | 05) | 109 | < | 136 |
| 06) | 1,118 | < | 1,154 | 06) | 135 | > | 41 |
| 07) | 1,068 | > | 1,028 | 07) | 220 | > | 207 |
| 08) | 650 | > | 622 | 08) | 252 | > | 160 |
| 09) | 1,346 | < | 1,384 | 09) | 263 | > | 200 |
| 10) | 1,363 | > | 1,264 | 10) | 112 | < | 180 |
| 11) | 1,380 | < | 1,455 | 11) | 108 | < | 194 |
| 12) | 1,025 | > | 1,022 | 12) | 151 | < | 236 |
| 13) | 1,041 | < | 1,121 | 13) | 231 | < | 301 |
| 14) | 890 | > | 886 | 14) | 196 | > | 165 |
| 15) | 1,014 | > | 915 | 15) | 118 | > | 20 |

# Day 4

## 04 곱셈

 **곱셈을 잘하고 싶어요.**

자료해석에서의 사칙연산 = 비교를 위한 용도이다.
그렇기에 곱셈도 당연히 높은 자릿수를 집중해서 생각해야한다.
즉, 우리가 평소에 하던 것처럼 정확한 값을 도출하려 하기보단, 비교 자체에 목적을 두는 것이 매우 중요하다.
그러나, 곱셈은 앞에서 배운 덧셈과 뺄셈과는 조금 다르다.
곱셈과 '값'을 비교하는 형태에서도, 여러분이 곱셈의 결과 값을 짐작하는 능력이 자체가 없다면,
비교의 대상이 '값'의 형태로 주어졌다고 하여도, 비교의 결과를 생각하는 것이 결코 쉽지 않을 것이다.
그렇기에, 우리가 첫 번째로 해야 할 것은 결과값을 짐작할 수 있는 숫자 감각을 만드는 것이다.

 **곱셈의 숫자 감각을 만들고 싶어요.**

숫자감각은 아래의 2가지로 결정됩니다.
① 자신에게 친숙한 숫자 만들기 (페이지 ~에 첨부)
② 계산을 보는 관점
   감각은 암기로부터 만들어진다. 따라서, 친숙한 숫자를 만드는 과정을 무시하면, 감각을 만들 수 없다.

**곱셈을 할 때 언제 어떤 관점으로 적용해야 하나요?**

관점은 2종류로 나눠집니다.
1) 정밀한 접근을 위한 관점 (플마 찢기와 곱셈 찢기)
2) 대략적인 값을 만들기 위한 관점 (분수로 접근하기와 증가감소로 접근하기)
   자료해석은 기본적으로 '비교'를 요구하기에 대부분은 2)를 통해서 확인한다.
   허나, 정밀한 값을 요구하는 경우 혹은 2)의 경우로 곱셈을 하기가 힘든 경우에는 1)로 접근한다.

   가장 중요한 포인트는 감각의 주체가 '나'인 것이 변하지 않기 때문에
   스스로의 감각에서 이것은 비교가 애매하다고 느껴지는 값들을 우선적으로 제외시키는 것이 중요하다.
   그것들을 제외하고 남은 것들만 정밀한 접근 또는 다음 챕터에서 배울 비교법으로 확인하면 된다.

**Q** 곱셈을 보는 관점이 알고 싶어요.

곱셈을 어렵게 만드는 요소는 크게 2가지다.

첫 번째로는 자신에게 친숙한 숫자가 없기 때문이다.

친숙한 숫자가 없다면 대략적인 값에 대한 예상 자체가 불가능하기에 곱셈을 어렵게 느낄 수밖에 없다.

(※ 여러분 암기를 꼭!! 꼭!! 하셔야합니다.)

두 번째로는 곱셈의 접근 방법을 잘 알지 못하기 때문이다.

곱셈의 접근 방법은 형태적인 접근, 그리고 나에게 친숙한 숫자의 형태로 변형하는 접근 2가지를 말한다.

따라서, 형태적으로 친숙하게, 또한 숫자적으로도 나에게 친숙하게 변형해야만 한다.


예를 들어, 83×17이 있다면,

83×17이라는 것은 형태적으로 2자리수와 2자리수의 곱으로 구성된다.

하지만 우리는 2자리수의 곱의 형태를 친숙하게 생각하는 훈련을 한적이 없다.

따라서, 곱하기의 형태를 83×10 그리고 83×7로 나누어 생각 해야한다. ← $83 \times (10+7) = 83 \times 10 + 83 \times 7$

또는, 곱하기의 형태를 83×20 그리고 83×3로 나누어 생각 해야한다. ← $83 \times (20-3) = 83 \times 20 - 83 \times 3$

1) $83 \times 10 + 83 \times 7$ 과 2) $83 \times 20 - 83 \times 3$는 모두 형태적으로는 친숙한 형태이다.

　하지만, 1) $83 \times 10 + 83 \times 7$의 경우 뒤쪽항인 $83 \times 7$가 숫자적인 친숙의 형태를 벗어났다.

　반면에, 2) $83 \times 20 + 83 \times 3$의 경우 두 개의 항 모두 숫자적인 친숙의 형태마저 만족한다.

　따라서, 83×17라는 곱셈은 83×20-83×3로 변형시켜 자신에게 친숙한 상태로 만들어서 생각 해야한다.


　위의 예시 뿐만 아니라, 친숙한 형태로 만드는 방법은 더 다양하며, 그것은 아래의 관점을 통해 알아보자.

**Q** 관점.1 (플마 찢기 – 가로 연산) [※정확한 값을 구하기 위한 관점]

곱셈을 할땐, 숫자를 있는 그대로 보는 것이 아니라
플러스(+)와 마이너스(−)를 이용하여 숫자를 찢어서 보는 것이 필요하다.
바로 위의 예시처럼 83×17에서 17을 20-3으로 찢어서 보는 것이 대표적인 플마 찢기의 예시다.
만약, 24×75와 같은 숫자 였다면, 24를 20+4로 찢어서 보는 것이다.

플마 찢기에서 중요한 것은, 내가 곱하기 편한 숫자로 찢어 내는 것이 중요하다.
24×75의 경우 찢을 수 있는 경우의 수가 총 4가지가 존재한다.
1. (20+4)×75
2. (30−6)×75   3. 24×(70+5)   4. 24×(80−5)
  이중 가장 편한 형태는 1번으로 구성된 형태이기에, 1번의 형태로 플마 찢기를 이용하는 것이 가장 합리적이다.

  원한다면, 숫자를 둘 다 찢어 낼 수도 있다.
  62×73 → (60+2)×(70+3) = (60×70) + (60×3) + (70×2) + (2×3)=4200+180+140+6 = 4,526

**Q** 관점.2 (곱셈 찢기 – 인수 분해) [※정확한 값을 구하기 위한 관점]

곱하기를 쉽게 보기 위한 형태는 플마(+ −)찢기 뿐만 아니라 곱셈(×)을 통해서 찢는 방법도 존재한다.
바로 위의 예시처럼 24×75의 경우 24는 6×4, 75는 25×3와 같은 형태로 찢어 볼 수 있다.
그렇다면 24×75=(6×4)×(25×3)=6×(4×25)×3=6×100×3이므로, 1,800이라는 결과 값을 편하게 볼 수 있다.

곱셈 찢기에서도 중요한 것은 내가 곱하기 편한 숫자로 찢어 내는 것이다.
위에서 풀었던, 24×75의 경우 찢을 수 있는 경우의 수가 매우 많은 형태로 찢어 낼 수 있다.
예를 들어 24만 해도 2×12, 3×8, 4×6으로 3개로 찢어 낼 수 있기 때문에,
이중 내게 편한값을 이용해야한다.
이러한 것을 떠오를 수 있게 만드는 것이 바로 친숙한 숫자를 만드는 암기이다.

**Q** 플마찢기의 예시를 더 많이 보여주세요.

예시 1)
36×85
→ 36을 40-4의 숫자로 변경하자.
= (40-4) × 85 = 340-34 = 306

예시 2)
39×49 → 39는 (40-1)으로 49는 (50-1)의 숫자로 변경하자.
= 40×50 = 2000 → (40-1)×50 = 2000-50 = 1950 → 39×(50-1) = 1950-39 = 1911

■ 플마찢기의 목표 = 비교를 위한 암산
  플마찢기를 이용하면 정확한 결과값을 구할 수 있다.
  하지만, 위에서 말한 것처럼 우리가 해야할 것은 '비교'이기 때문에
  우리의 중점은 언제나 '비교'이다.
  정확한 결과값 뿐만 아니라 곱셈의 값이 어느정도 일까?도 같이 생각해봐야한다.
  이를 통해 플마찢기의 목표인 비교를 위한 암산을 이뤄낼 수 있다.
  언제나 말하지만, 처음부터 잘된다면 그것은 특별한 것이다.
  처음엔 누구나 느리다. 의식적이고 반복적인 훈련을 통해서 숙달을 해야만 빨라진다.

**Q** 곱셈찢기의 예시를 더 많이 보여주세요.

예시 1)
14×65
→ 14 = 7×2 , 65 = 5×13
= 7×2×5×13 = 7×10×13 = 910

예시 2)
6×37
→ 6 = 2×3
= 2×3×37 = 2×111 = 222

■ 곱셈찢기의 목표 - 숫자를 예쁘게 만드는 것
  주어진 곱셈이 내가 보기에 예쁘지 않은 경우가 분명히 존재할 것이다.
  이러한 경우에 곱셈을 내가 보기에 예쁘게 바꿀 수 있다면,
  당연히 곱셈의 값을 더욱더 쉽고 편하게 알아 낼 수 있다.

■ 문제지 (※정밀한 값이 아닌 근사치 값을 빠르게 알아내는 것이 중요함.)

| 플마 찢기(가로산) | 곱셈 찢기(인수 분해) |
|---|---|
| 01) 33 × 75 = | 01) 80 × 75 = |
| 02) 66 × 55 = | 02) 18 × 45 = |
| 03) 36 × 44 = | 03) 32 × 15 = |
| 04) 27 × 94 = | 04) 64 × 28 = |
| 05) 92 × 45 = | 05) 72 × 50 = |
| 06) 12 × 38 = | 06) 26 × 65 = |
| 07) 58 × 25 = | 07) 44 × 15 = |
| 08) 88 × 36 = | 08) 33 × 27 = |
| 09) 18 × 38 = | 09) 36 × 24 = |
| 10) 32 × 27 = | 10) 85 × 34 = |
| 11) 75 × 64 = | 11) 18 × 36 = |
| 12) 28 × 66 = | 12) 50 × 25 = |
| 13) 58 × 64 = | 13) 14 × 35 = |
| 14) 69 × 89 = | 14) 76 × 25 = |
| 15) 33 × 69 = | 15) 66 × 45 = |
| 16) 12 × 61 = | 16) 88 × 75 = |
| 17) 82 × 93 = | 17) 95 × 38 = |
| 18) 26 × 12 = | 18) 88 × 35 = |
| 19) 56 × 54 = | 19) 65 × 26 = |
| 20) 49 × 99 = | 20) 45 × 18 = |
| 21) 77 × 17 = | 21) 85 × 34 = |
| 22) 28 × 25 = | 22) 14 × 35 = |
| 23) 54 × 61 = | 23) 60 × 24 = |
| 24) 98 × 34 = | 24) 48 × 75 = |
| 25) 51 × 84 = | 25) 66 × 80 = |
| 26) 89 × 35 = | 26) 78 × 45 = |
| 27) 21 × 39 = | 27) 75 × 64 = |
| 28) 88 × 87 = | 28) 45 × 15 = |
| 29) 16 × 39 = | 29) 25 × 76 = |
| 30) 86 × 52 = | 30) 55 × 22 = |

■ 답안지

| 플마 찢기(가로산) | | | | | | 곱셈 찢기(인수 분해) | | | | | |
|---|---|---|---|---|---|---|---|---|---|---|---|
| 01) | 2475 | 11) | 4800 | 21) | 1309 | 01) | 6000 | 11) | 648 | 21) | 2890 |
| 02) | 3630 | 12) | 1848 | 22) | 700 | 02) | 810 | 12) | 1250 | 22) | 490 |
| 03) | 1584 | 13) | 3712 | 23) | 3294 | 03) | 480 | 13) | 490 | 23) | 1440 |
| 04) | 2538 | 14) | 6141 | 24) | 3332 | 04) | 1792 | 14) | 1900 | 24) | 3600 |
| 05) | 4140 | 15) | 2277 | 25) | 4284 | 05) | 3600 | 15) | 1690 | 25) | 5280 |
| 06) | 456 | 16) | 732 | 26) | 3115 | 06) | 2970 | 16) | 6600 | 26) | 3510 |
| 07) | 1450 | 17) | 7626 | 27) | 819 | 07) | 660 | 17) | 3610 | 27) | 4800 |
| 08) | 3168 | 18) | 312 | 28) | 7656 | 08) | 891 | 18) | 3080 | 28) | 675 |
| 09) | 684 | 19) | 3024 | 29) | 624 | 09) | 864 | 19) | 1690 | 29) | 1900 |
| 10) | 864 | 20) | 4851 | 30) | 4472 | 10) | 2890 | 20) | 810 | 30) | 1210 |

**M·E·M·O**

## 관점.3 (분수로 접근하기) [※대략적인 값을 만들기 위한 관점]

계산연습 Day.3 암기표에 적힌 분수값들은 곱셈에 활용 된다.

예를 들어 암기표에 있던 $\frac{3}{8}$ = 37.5% 라는 값을 곱셈에 활용해보자.

128×37.5라는 곱셈이 있다면, 여기서 37.5는 37.5%와 같은 숫자의 형태를 가졌다.
37.5%를 이용하기 위해서, 128×37.5 → 12800 × 37.5%로 변경 할 수 있다.
12800 = 1600×8이고, 37.5% = 3/8이다.

따라서, 128×37.5 = 12800×37.5% = 1600×8×($\frac{3}{8}$) = 1600×3 = 48000이 된다.

또 다른 문제를 하나 더 풀어보자. 이번엔 77×91.0%를 예로 들어보자.
91.0%는 분명히 암기 표에 존재하지는 않는다.

하지만, $\frac{10}{11}$ = 90.9%의 값과 매우 유사하다. 따라서, 91.0%를 $\frac{10}{11}$으로 생각해서 접근해보자.

77×91.0% → 77×90.9% = 77×$\frac{10}{11}$ ≒ 7,000이 된다.

그렇다면, 왜 $\frac{10}{11}$를 떠올린것일까? 그것은 앞에 있는 숫자가 77 = 7×11이기 때문이다.

곱해지는 분수의 분모값이 7 또는 11이라면 7×11중 하나의 숫자라도 약분이 될 수 있기 때문이다.

## 관점.4 (증가 감소로 접근하기) [※대략적인 값을 만들기 위한 관점]

위에서 배운 관점1.과 관점.2를 응용하여 생각하면, 곱셈의 결과를 숫자의 증가와 감소처럼 생각할 수 있게 된다.
예를 들어 54×12 라는 곱셈이 있다고 가정 해보자.
여기서 12라는 값은 곱셈 찢기를 이용하여 10×1.2로 찢어 생각해보자.
그렇다면, 54×12 → 54×10×1.2의 형태로 바꿀 수 있게 된다.
여기서 1.2를 플마찢기를 이용해서 생각해본다면,
540×1.2 → 540×(1+0.2) → (540×1) + (540×0.2)의 형태로 변화한다.
즉, 540과 540의 20%가 합해진 값과 같다는 것을 알 수 있다.
이것을 '증가'처럼 생각해보면 540에서 20% 증가된 값인 648이 된다.
또 다른 문제를 하나 더 풀어보자. 이번에는 540×152%이다.
관점.4는 대략적인 값을 만들기 위한 것이기 때문에 152%에서 2%를 스리슬쩍 버려서 생각하자.
그렇다면, 540×150% → 540에서 50%가 증가한 값이므로 810이다.

## 곱셈의 비교법이 궁금해요.

우선적으로 곱셈의 감각을 키우는 것부터 중요하기 때문에, 다음 챕터(곱셈과 분수 비교)에서 배울 예정이다.

**Q** 분수로 접근하기의 예시를 더 보여주세요.

예시 1)
56×14.3%
→ 56=7×8이므로 뒤에 있는 비율의 분모가 8 또는 7이면, 곱셈이 편해진다.
   (※ 14.3% ≒ 1/7 = 14.2857%)
= 56 × 14.3% ≒ 8×7×(1/7) = 8

예시 2)
120×26.9%
→ 120=(15×8, 20×6, 10×12)이므로, 뒤에 있는 비율의 분모가 8,12,15,20 중 하나라면 곱셈이 편해진다.
   1/8 = 12.5%, 1/12 = 8.33%, 1/15 = 6.66%, 1/20 = 5%
   2/8 = 25.0%, 3/12 = 25.0%, 4/15 = 26.66% 5/20 = 25%
   26.9%는 4/15와 가장 가깝다.
= 120×26.9 ≒ 8×15×(4/15) = 32

> ■ 분수로 접근하기의 목표 = 대략적인 값 예상하기
>    주어진 숫자 중 하나를 분수로 만들어 약분이 가능해지는 구조라면,
>    우리는 이에 대한 결과값을 훨씬 더 쉽게 예상할 수 있다.
>    따라서, 주어진 숫자를 분수로 접근 할 수는 없는가를 고민해봐야 한다.
>    물론, 해당 과정이 처음부터 잘된다면 그것은 특별한 것이다.
>    처음엔 누구나 느리다. 의식적이고 반복적인 훈련을 통해서 숙달을 해야만 빨라진다.

**Q** 증가 감소로 접근하기의 예시를 더 보여주세요.

예시 1)
64×75
→ 75라는 값을 75%로 바꿔서 본다면, 64×75 = 6400×75%로 생각할 수 있다.
   75%는 3/4이기도 하지만, 전체 100%에서 25%(1/4)가 빠졌다고 볼 수도 있다.
   따라서, 6400에서 25%(1/4)가 빠진값이 6400×75%의 결과 값이 된다.
= 64×75 = 6400×75% = 6400×(100-75)% = 6400-1600 = 4800

예시 2)
77×115
→ 77×115 = 7700×115%로 바꿔서 본다면,
   114라는 값을 114%로 생각했을 때, 14%가 증가했다고 볼 수도 있다.
   이때 14%는 1/7(14.2857%)와 비슷하기 때문에, 대략 1/7이 증가했다고 생각하자.
= 77×115 = 7700×115% ≒ 7700×(100% + 1/7) = 7700+1100 = 8800

> ■ 증가 감소로 접근하기의 목표 = 대략적인 값 예상하기
>    주어진 숫자를 증가 또는 감소로 생각한다면,
>    그 값을 대략적으로 예상하는 것이 더 쉬워진다.
>    따라서, 주어진 값을 증가 또는 감소로 볼수 없는지를 고민해 보는 것이좋다.
>    물론, 해당 과정이 처음부터 잘된다면 그것은 특별한 것이다.
>    처음엔 누구나 느리다. 의식적이고 반복적인 훈련을 통해서 숙달을 해야만 빨라진다.

## 3) 분수값

| 분모 | 분수 값 | | | |
|---|---|---|---|---|
| 2 | $\frac{1}{2}$=50.00% | | | |
| 3 | $\frac{1}{3}$=33.33% | $\frac{2}{3}$=66.66% | | |
| 4 | $\frac{1}{4}$=25.00% | $\frac{3}{4}$=75.00% | | |
| 5 | $\frac{1}{5}$=20.00% | $\frac{2}{5}$=40.00% | $\frac{3}{5}$=60.00% | $\frac{4}{5}$=80.00% |
| 6 | $\frac{1}{6}$=16.66% | $\frac{5}{6}$=83.33% | | |
| 7 | $\frac{1}{7}$=14.2857% $\frac{4}{7}$=57.1428% | $\frac{2}{7}$=28.5714% $\frac{5}{7}$=71.4285% | $\frac{3}{7}$=42.8571% $\frac{6}{7}$=85.7142% | |
| 8 | $\frac{1}{8}$=12.50% | $\frac{3}{8}$=37.50% | $\frac{5}{8}$=62.50% | $\frac{7}{8}$=87.50% |
| 9 | $\frac{1}{9}$=11.11% $\frac{5}{9}$=55.55% | $\frac{2}{9}$=22.22% $\frac{6}{9}$=66.66% | $\frac{3}{9}$=33.33% $\frac{7}{9}$=77.77% | $\frac{4}{9}$=44.44% $\frac{8}{9}$=88.88% |
| 11 | $\frac{1}{11}$=9.09% | $\frac{5}{11}$=45.45% | $\frac{6}{11}$=54.54% | $\frac{10}{11}$=90.90% |
| 12 | $\frac{1}{12}$=8.33% | $\frac{5}{12}$=41.66% | $\frac{7}{12}$=58.33% | $\frac{11}{12}$=91.66% |
| 13 | $\frac{1}{13}$=7.69% | $\frac{6}{13}$=46.15% | $\frac{7}{13}$=53.85% | $\frac{12}{13}$=92.31% |
| 14 | $\frac{1}{14}$=7.14% | | | $\frac{13}{14}$=92.86% |
| 15 | $\frac{1}{15}$=6.66% | $\frac{7}{15}$=46.66% | $\frac{8}{15}$=53.33% | $\frac{14}{15}$=93.33% |
| 16 | $\frac{1}{16}$=6.25% | $\frac{7}{16}$=43.75% | $\frac{9}{16}$=56.25% | $\frac{15}{16}$=93.75% |
| 17 | $\frac{1}{17}$=5.88% | $\frac{8}{17}$=47.06% | $\frac{9}{17}$=52.94% | $\frac{16}{17}$=94.12% |
| 18 | $\frac{1}{18}$=5.55% | | | $\frac{17}{18}$=94.44% |
| 19 | $\frac{1}{19}$=5.26% | $\frac{9}{19}$=47.37% | $\frac{10}{19}$=52.63% | $\frac{18}{19}$=94.74% |
| 20 | $\frac{1}{20}$=5.00% | | | $\frac{19}{20}$=95.00% |

## 4) 확인하기 (분수 → 퍼센트)

| 분모 | 분수 값 | | | |
|---|---|---|---|---|
| 2 | $\frac{1}{2}$= | | | |
| 3 | $\frac{1}{3}$= | $\frac{2}{3}$= | | |
| 4 | $\frac{1}{4}$= | $\frac{3}{4}$= | | |
| 5 | $\frac{1}{5}$= | $\frac{2}{5}$= | $\frac{3}{5}$= | $\frac{4}{5}$= |
| 6 | $\frac{1}{6}$= | $\frac{5}{6}$= | | |
| 7 | $\frac{1}{7}$= $\frac{4}{7}$= | $\frac{2}{7}$= $\frac{5}{7}$= | $\frac{3}{7}$= $\frac{6}{7}$= | |
| 8 | $\frac{1}{8}$= | $\frac{3}{8}$= | $\frac{5}{8}$= | $\frac{7}{8}$= |
| 9 | $\frac{1}{9}$= $\frac{5}{9}$= | $\frac{2}{9}$= $\frac{6}{9}$= | $\frac{3}{9}$= $\frac{7}{9}$= | $\frac{4}{9}$= $\frac{8}{9}$= |
| 11 | $\frac{1}{11}$= | $\frac{5}{11}$= | $\frac{6}{11}$= | $\frac{10}{11}$= |
| 12 | $\frac{1}{12}$= | $\frac{5}{12}$= | $\frac{7}{12}$= | $\frac{11}{12}$= |
| 13 | $\frac{1}{13}$= | $\frac{6}{13}$= | $\frac{7}{13}$= | $\frac{12}{13}$= |
| 14 | $\frac{1}{14}$= | | | $\frac{13}{14}$= |
| 15 | $\frac{1}{15}$= | $\frac{7}{15}$= | $\frac{8}{15}$= | $\frac{14}{15}$= |
| 16 | $\frac{1}{16}$= | $\frac{7}{16}$= | $\frac{9}{16}$= | $\frac{15}{16}$= |
| 17 | $\frac{1}{17}$= | $\frac{8}{17}$= | $\frac{9}{17}$= | $\frac{16}{17}$= |
| 18 | $\frac{1}{18}$= | | | $\frac{17}{18}$= |
| 19 | $\frac{1}{19}$= | $\frac{9}{19}$= | $\frac{10}{19}$= | $\frac{18}{19}$= |
| 20 | $\frac{1}{20}$= | | | $\frac{19}{20}$= |

■ 문제지 (※정밀한 값이 아닌 근사치 값을 빠르게 알아내는 것이 중요함.)

| 분수로 접근하기 | 증가, 감소로 접근하기 |
|---|---|
| 01)  87  × 66.6%  = | 01)  45  × 80  = |
| 02)  63  × 14.3%  = | 02)  60  × 125  = |
| 03)  66  × 83.3%  = | 03)  133  × 27  = |
| 04)  120  × 37.5%  = | 04)  110  × 95  = |
| 05)  88  × 63.6%  = | 05)  95  × 85  = |
| 06)  42  × 21.4%  = | 06)  75  × 24  = |
| 07)  108  × 22.2%  = | 07)  58  × 110  = |
| 08)  135  × 46.6%  = | 08)  92  × 70  = |
| 09)  72  × 94.4%  = | 09)  72  × 90  = |
| 10)  147  × 71.4%  = | 10)  130  × 45  = |
| 11)  144  × 91.6%  = | 11)  60  × 65  = |
| 12)  77  × 36.3%  = | 12)  120  × 28  = |
| 13)  60  × 53.3%  = | 13)  56  × 75  = |
| 14)  96  × 62.5%  = | 14)  81  × 66  = |
| 15)  108  × 55.5%  = | 15)  15  × 66  = |
| 16)  56  × 57.1%  = | 16)  95  × 78  = |
| 17)  246  × 16.6%  = | 17)  21  × 95  = |
| 18)  231  × 90.9%  = | 18)  35  × 114  = |
| 19)  128  × 62.5%  = | 19)  48  × 105  = |
| 20)  819  × 22.2%  = | 20)  66  × 116  = |
| 21)  357  × 85.7%  = | 21)  66  × 122  = |
| 22)  429  × 36.3%  = | 22)  70  × 65  = |
| 23)  264  × 75.0%  = | 23)  54  × 67  = |
| 24)  328  × 87.5%  = | 24)  28  × 75  = |
| 25)  512  × 25.0%  = | 25)  72  × 83  = |
| 26)  666  × 50.0%  = | 26)  57  × 134  = |
| 27)  155  × 60.0%  = | 27)  88  × 154  = |
| 28)  714  × 28.6%  = | 28)  66  × 63  = |
| 29)  88  × 72.7%  = | 29)  150  × 52  = |
| 30)  144  × 41.6%  = | 30)  35  × 120  = |

■ 답안지

| 분수로 접근하기 | | | | | | 증가 감소로 접근하기 | | | | | |
|---|---|---|---|---|---|---|---|---|---|---|---|
| 01) | 87×(2/3) | 11) | 144×(11/12) | 21) | 357×(6/7) | 01) | 3600 | 11) | 3900 | 21) | 8052 |
| 02) | 63×(1/7) | 12) | 77×(4/11) | 22) | 429×(4/11) | 02) | 7500 | 12) | 3360 | 22) | 4550 |
| 03) | 66×(5/6) | 13) | 60×(8/15) | 23) | 264×(3/4) | 03) | 3591 | 13) | 4200 | 23) | 3618 |
| 04) | 120×(5/8) | 14) | 96×(5/8) | 24) | 328×(7/8) | 04) | 10450 | 14) | 5346 | 24) | 2100 |
| 05) | 88×(7/11) | 15) | 108×(5/9) | 25) | 512×(1/4) | 05) | 8075 | 15) | 990 | 25) | 5976 |
| 06) | 42×(3/14) | 16) | 56×(4/7) | 26) | 666×(1/2) | 06) | 1800 | 16) | 7410 | 26) | 7638 |
| 07) | 108×(2/9) | 17) | 246×(1/6) | 27) | 155×(3/5) | 07) | 6380 | 17) | 1995 | 27) | 13552 |
| 08) | 135×(7/15) | 18) | 231×(10/11) | 28) | 714×(2/7) | 08) | 6440 | 18) | 3990 | 28) | 4158 |
| 09) | 72×(17/18) | 19) | 128×(5/8) | 29) | 88×(8/11) | 09) | 6480 | 19) | 5040 | 29) | 7800 |
| 10) | 147×(5/7) | 20) | 819×(2/9) | 30) | 144×(5/12) | 10) | 5850 | 20) | 7656 | 30) | 4200 |

## 05 분수

**Q** 분수값을 잘 읽고 싶어요.

자료해석에서의 사칙연산 = 비교를 위한 용도이다.
그렇기에 분수도 당연히 높은 자릿수에 집중하여 생각해야한다.
분수의 정확한 값을 도출하려 하기보단, 비교에 목적을 두는 것이 매우 중요하다.

그러나, 분수는 앞에서 배운 곱셈과 유사하다.
곱셈에서도 말한 것처럼 '값'을 비교하는 형태에서도,
여러분이 결과 값을 짐작하는 능력이 자체가 없다면,
비교하는 것이 결코 쉽지 않을 것이다.
그렇기에, 우리가 첫 번째로 해야할 것은 결과 값을 짐작할 수 있는 숫자 감각을 만드는 것이다.

**Q** 분수의 감각을 만들고 싶어요.

숫자감각은 아래의 2가지로 결정됩니다.
① 자신에게 친숙한 숫자 만들기 (페이지 ~에 첨부)
② 계산을 보는 관점
　감각은 암기로부터 만들어진다. 따라서, 친숙한 숫자를 만드는 과정을 무시하면, 감각을 만들 수 없다.

 분수를 보는 관점이 알고 싶어요.

분수를 어렵게 만드는 요소는 분수를 기본적으로 접근하지 못하기 때문에 발생한다.
따라서, 형태적으로 친숙하게, 또한 숫자적으로도 나에게 친숙하게 변형 해야만 한다.
예를 들어, $\frac{32}{48}$ 라는 분수를 보면 혹시 무엇이 떠오르는가?

그렇다면, $\frac{2}{3}$ 를 보면 혹시 무엇이 떠오르는가?

$\frac{32}{48}$ 를 보고 아무것도 떠오르지 않던 사람도 $\frac{2}{3}$ 를 보면 66.6%라는 값이 떠오를 것이다.

하지만, $\frac{32}{48} = \frac{2 \times 16}{3 \times 16}$ 이기 때문에, 분자와 분모에서 16을 약분한다면, $\frac{32}{48} = \frac{2}{3}$ 과 같다.
이처럼, 친숙한 형태로 변형하는 방법을 이용하면, 더욱 쉬운 숫자의 구성으로 접근 할 수 있다.
그렇기에, 항상 자신에게 친숙한 형태로 만들 방법을 생각하며 분수를 접근 해야한다.
위의 예시 뿐만아니라 더 다양한 방법을 통해서 자신에게 친숙한 숫자를 이용 할 수 있다.
그것은 다음 페이지의 관점을 통해 알아보자.

통상적으로 우리가 분수를 볼 때

$\frac{362}{858}$ 라는 분수값이 있다면, 362÷858은 얼마일까? 라는 형태로 생각하며 접근한다.

그러나, 자료해석에서는 우리가 곱셈을 역으로 생각하는 방식으로 접근을 하길 원한다.

즉, 우리가 접근 할 방법은 858에다가 얼마쯤을 곱하면 362이라는 숫자가 나올 것 인가?라는 방식이다.

85에다가 4를 곱하면 대략 340이고, 5를 곱하면 425이니까.

362이라는 숫자는 40%보다 조금 큰 숫자이겠구나.라는 식으로 접근을 해야한다.

곱셈의 값을 보면 ×2~×5까지에 대한 값만을 암기하도록 안내됐다.

그러나, $\frac{452}{683}$ 와 같은 분수가 있다면, 68×5 = 340이므로, 분수 값을 읽어 내는 것이 어렵게 된다.

이럴 때 사용되는 관점이 여집합적 사고이다.

683이라는 수를 '전체' 라고 생각하고, 452를 전체의 일부분이라고 생각하는 것이다.

그렇다면, 683 = 452(A) + 231(Ac) 이라고 생각할 수 있고, 이것을 분수꼴로 만들면, $\frac{452}{683} = \frac{683}{683} - \frac{231}{683}$ 이 된다.

즉, 100%에서 $\frac{231}{683}$ (30%~40%, 조금더 정밀하게는 30%에 가까운 값이 빠져 나갔다고 생각 할 수 있다.

즉, $\frac{452}{683}$ = 60%~70%(조금 더 정밀하게는 70%에 가까운 값)이다.

분수 값을 보았을 때 결코 친숙하게 느껴지지 않는 경우가 있다.

예를 들어, $\frac{31}{1587}$ 라는 분수값이 친숙하게 느껴지지 않는다면, 분자와 분모의 단위를 조절해

보자. 그렇다면 훨씬 더 친숙하게 느낄 수 있게 된다. $\frac{31}{1587}$ → $\frac{310}{1587}$

(※ 단, 단위를 조절할 때는, 모든 비교대상의 단위를 같이 조절해주어야 한다.)

예시 1)

$\dfrac{2382}{7625}$ → 76×3 = 228, 76×4 = 304이다.

238는 228과 304중에 228에 더 가깝다고 느껴진다. 따라서, $\dfrac{2582}{7625}$ = 30% 초반대이다.

예시 2)

$\dfrac{3782}{8325}$ → 83×4 = 332, 83×5 = 415이다.

378는 332와 415중 특별히 어디에 가깝다고 느껴지지 않는다. 따라서, $\dfrac{3782}{8325}$ = 40% 중반대이다.

예시 3)

$\dfrac{6482}{7258}$ → 72× 5보다 크므로, 여집합적 사고로 접근하자.

여집합의 크기가 대략 800가량이므로, 10%보다 조금 큰 값이 빠져 나갔다고 생각 할 수 있다.

따라서, $\dfrac{6482}{7258}$ = 80% 후반대이다.

■ 곱셈의 역과 여집합적 사고의 목표 = 분수값의 대략적인 위치파악
  두가지 방법을 통해서, 우리는 해당 분수의 위치를
  초, 중, 후 3개중에 어디에 위치하고 있는지 파악해야 한다.
  초 = 0~4(0,1,2,3,4), 중 = 3~7(3,4,5,6,7), 후 = 6~0(6,7,8,9,0)
  이중 어디쯤에 있는지 파악 하면 이것으로 두가지 관점의 목표는 달성 한 것이다.
  언제나 말하지만, 처음부터 잘된다면 그것은 특별한 것이다.
  처음엔 누구나 느리다. 의식적이고 반복적인 훈련을 통해서 숙달을 해야만 빨라진다.

예시 1)

$\dfrac{3773}{723}$ → 주어진 분수 값은 우리가 암기한 숫자의 범위인 0~100%범위를 초과한다.

따라서, 우리가 암기한 숫자의 범위로 단위를 조절하자.

$\dfrac{3773}{723}$ → $\dfrac{3773}{7230}$ → 72×5 = 3600이므로, $\dfrac{3773}{7230}$ = 50% 초반대이다.

원래의 단위로 조절하기 위해서 10을 곱하주면, $\dfrac{3773}{723}$ = 5 초반대 라고 결론낼 수 있다.

■ 단위 조절의 목표 – 숫자를 예쁘게 만드는 것
  주어진 분수가 암기한 범위를 벗어난 경우가 존재한다.
  이 경우에 분자와 분모의 크기를 조절하여 내가 외운 범위내로 가져온다면,
  숫자를 예쁘게 볼 수 있게 된다.

■ 문제지 (곱셈의 역 – 해당 분수값의 위치가 대략 어디인지를 파악 하는 것을 목표로 합니다.)

| | | | |
|---|---|---|---|
| 01) $\dfrac{871}{7848}$ = 10% 초 | 16) $\dfrac{3338}{8386}$ = | 31) $\dfrac{1338}{3540}$ = | 46) $\dfrac{703}{2382}$ = |
| 02) $\dfrac{1615}{9227}$ = | 17) $\dfrac{2761}{5705}$ = | 32) $\dfrac{1537}{4003}$ = | 47) $\dfrac{3360}{6269}$ = |
| 03) $\dfrac{1136}{7784}$ = | 18) $\dfrac{2341}{4938}$ = | 33) $\dfrac{1426}{3949}$ = | 48) $\dfrac{2381}{6216}$ = |
| 04) $\dfrac{431}{1377}$ = | 19) $\dfrac{2626}{6051}$ = | 34) $\dfrac{2115}{8886}$ = | 49) $\dfrac{1371}{6068}$ = |
| 05) $\dfrac{3992}{7920}$ = | 20) $\dfrac{1344}{3261}$ = | 35) $\dfrac{2548}{8038}$ = | 50) $\dfrac{1793}{5138}$ = |
| 06) $\dfrac{1645}{3553}$ = | 21) $\dfrac{1866}{6834}$ = | 36) $\dfrac{1393}{5616}$ = | 51) $\dfrac{896}{4765}$ = |
| 07) $\dfrac{4343}{8087}$ = | 22) $\dfrac{1496}{4202}$ = | 37) $\dfrac{1457}{7920}$ = | 52) $\dfrac{2112}{9064}$ = |
| 08) $\dfrac{924}{5851}$ = | 23) $\dfrac{2337}{6475}$ = | 38) $\dfrac{995}{4523}$ = | 53) $\dfrac{2307}{5711}$ = |
| 09) $\dfrac{1319}{5340}$ = | 24) $\dfrac{1153}{6823}$ = | 39) $\dfrac{1944}{4263}$ = | 54) $\dfrac{624}{1508}$ = |
| 10) $\dfrac{3543}{7786}$ = | 25) $\dfrac{1383}{8184}$ = | 40) $\dfrac{629}{3791}$ = | 55) $\dfrac{1188}{3329}$ = |
| 11) $\dfrac{2586}{9010}$ = | 26) $\dfrac{2369}{8939}$ = | 41) $\dfrac{1700}{4038}$ = | 56) $\dfrac{3103}{6688}$ = |
| 12) $\dfrac{2154}{6101}$ = | 27) $\dfrac{1673}{5450}$ = | 42) $\dfrac{1282}{4514}$ = | 57) $\dfrac{600}{1189}$ = |
| 13) $\dfrac{808}{1525}$ = | 28) $\dfrac{1767}{7426}$ = | 43) $\dfrac{4368}{9101}$ = | 58) $\dfrac{1048}{6674}$ = |
| 14) $\dfrac{839}{3029}$ = | 29) $\dfrac{1900}{7819}$ = | 44) $\dfrac{1226}{8176}$ = | 59) $\dfrac{1054}{2683}$ = |
| 15) $\dfrac{1414}{3002}$ = | 30) $\dfrac{1141}{4439}$ = | 45) $\dfrac{1415}{7732}$ = | 60) $\dfrac{1207}{4503}$ = |

■ 답안지

| | | | | | | | |
|---|---|---|---|---|---|---|---|
| 01) | 11.1% | 16) | 39.8% | 31) | 37.8% | 46) | 29.5% |
| 02) | 17.5% | 17) | 48.4% | 32) | 38.4% | 47) | 53.6% |
| 03) | 14.6% | 18) | 47.4% | 33) | 36.1% | 48) | 38.3% |
| 04) | 31.3% | 19) | 43.4% | 34) | 23.8% | 49) | 22.6% |
| 05) | 50.4% | 20) | 41.2% | 35) | 31.7% | 50) | 34.9% |
| 06) | 46.3% | 21) | 27.3% | 36) | 24.8% | 51) | 18.8% |
| 07) | 53.7% | 22) | 35.6% | 37) | 18.4% | 52) | 23.3% |
| 08) | 15.8% | 23) | 36.1% | 38) | 22.0% | 53) | 40.4% |
| 09) | 24.7% | 24) | 16.9% | 39) | 45.6% | 54) | 41.4% |
| 10) | 45.5% | 25) | 16.9% | 40) | 16.6% | 55) | 35.7% |
| 11) | 28.7% | 26) | 26.5% | 41) | 42.1% | 56) | 46.4% |
| 12) | 35.3% | 27) | 30.7% | 42) | 28.4% | 57) | 50.5% |
| 13) | 53.0% | 28) | 23.8% | 43) | 48.0% | 58) | 15.7% |
| 14) | 27.7% | 29) | 24.3% | 44) | 15.0% | 59) | 39.3% |
| 15) | 47.1% | 30) | 25.7% | 45) | 18.3% | 60) | 26.8% |

■ 문제지 (여집합적 사고 – 해당 분수값의 위치가 대략 어디인지를 파악 하는 것을 목표로 합니다.)

| | | | |
|---|---|---|---|
| 01) $\dfrac{8685}{8963}=$ | 16) $\dfrac{7114}{7913}=$ | 31) $\dfrac{7471}{8667}=$ | 46) $\dfrac{3078}{3454}=$ |
| 02) $\dfrac{5820}{8410}=$ | 17) $\dfrac{3320}{5433}=$ | 32) $\dfrac{3496}{3731}=$ | 47) $\dfrac{5880}{9577}=$ |
| 03) $\dfrac{1384}{1711}=$ | 18) $\dfrac{1718}{2615}=$ | 33) $\dfrac{3424}{3967}=$ | 48) $\dfrac{5462}{8867}=$ |
| 04) $\dfrac{4739}{5398}=$ | 19) $\dfrac{5672}{8161}=$ | 34) $\dfrac{5497}{7438}=$ | 49) $\dfrac{2618}{3094}=$ |
| 05) $\dfrac{6780}{9496}=$ | 20) $\dfrac{4574}{5369}=$ | 35) $\dfrac{4729}{5135}=$ | 50) $\dfrac{6065}{6432}=$ |
| 06) $\dfrac{8214}{9802}=$ | 21) $\dfrac{7369}{7692}=$ | 36) $\dfrac{7421}{9253}=$ | 51) $\dfrac{2368}{2655}=$ |
| 07) $\dfrac{2222}{2908}=$ | 22) $\dfrac{3141}{5026}=$ | 37) $\dfrac{6565}{8460}=$ | 52) $\dfrac{4193}{6240}=$ |
| 08) $\dfrac{4642}{6403}=$ | 23) $\dfrac{5121}{6856}=$ | 38) $\dfrac{5496}{7796}=$ | 53) $\dfrac{5280}{6692}=$ |
| 09) $\dfrac{5303}{8059}=$ | 24) $\dfrac{2739}{3411}=$ | 39) $\dfrac{6122}{9029}=$ | 54) $\dfrac{8523}{9730}=$ |
| 10) $\dfrac{5853}{7681}=$ | 25) $\dfrac{1050}{1062}=$ | 40) $\dfrac{4651}{5122}=$ | 55) $\dfrac{7109}{7547}=$ |
| 11) $\dfrac{5179}{7718}=$ | 26) $\dfrac{2135}{2217}=$ | 41) $\dfrac{4714}{5841}=$ | 56) $\dfrac{3201}{4807}=$ |
| 12) $\dfrac{8254}{9814}=$ | 27) $\dfrac{7579}{8202}=$ | 42) $\dfrac{3471}{5501}=$ | 57) $\dfrac{4139}{6488}=$ |
| 13) $\dfrac{7073}{8038}=$ | 28) $\dfrac{3997}{6415}=$ | 43) $\dfrac{4335}{5094}=$ | 58) $\dfrac{2180}{2452}=$ |
| 14) $\dfrac{5816}{6778}=$ | 29) $\dfrac{2269}{3196}=$ | 44) $\dfrac{4748}{5560}=$ | 59) $\dfrac{3383}{4615}=$ |
| 15) $\dfrac{8001}{9878}=$ | 30) $\dfrac{6457}{9980}=$ | 45) $\dfrac{5428}{8986}=$ | 60) $\dfrac{3102}{3946}=$ |

■ 답안지

| | | | | | | | |
|---|---|---|---|---|---|---|---|
| 01) | 96.9% | 16) | 89.9% | 31) | 86.2% | 46) | 89.1% |
| 02) | 69.2% | 17) | 61.1% | 32) | 93.7% | 47) | 61.4% |
| 03) | 80.9% | 18) | 65.7% | 33) | 86.3% | 48) | 61.6% |
| 04) | 87.8% | 19) | 69.5% | 34) | 73.9% | 49) | 84.6% |
| 05) | 71.4% | 20) | 85.2% | 35) | 92.1% | 50) | 94.3% |
| 06) | 83.8% | 21) | 95.8% | 36) | 80.2% | 51) | 89.2% |
| 07) | 76.4% | 22) | 62.5% | 37) | 77.6% | 52) | 67.2% |
| 08) | 72.5% | 23) | 74.7% | 38) | 70.5% | 53) | 78.9% |
| 09) | 65.8% | 24) | 80.3% | 39) | 67.8% | 54) | 87.6% |
| 10) | 76.2% | 25) | 98.9% | 40) | 90.8% | 55) | 94.2% |
| 11) | 67.1% | 26) | 96.3% | 41) | 80.7% | 56) | 66.6% |
| 12) | 84.1% | 27) | 92.4% | 42) | 63.1% | 57) | 63.8% |
| 13) | 88.0% | 28) | 62.3% | 43) | 85.1% | 58) | 88.9% |
| 14) | 85.8% | 29) | 71.0% | 44) | 85.4% | 59) | 73.3% |
| 15) | 81.0% | 30) | 64.7% | 45) | 60.4% | 60) | 78.6% |

■ 문제지 (단위 조절 – 해당 분수값의 위치가 대략 어디인지를 파악 하는 것을 목표로 합니다.)

| | | | | | | | |
|---|---|---|---|---|---|---|---|
| 01) | $\dfrac{5195}{1528}=$ | 16) | $\dfrac{9060}{1868}=$ | 31) | $\dfrac{32668}{4199}=$ | 46) | $\dfrac{42245}{9367}=$ |
| 02) | $\dfrac{12845}{4829}=$ | 17) | $\dfrac{5985}{1151}=$ | 32) | $\dfrac{19909}{6913}=$ | 47) | $\dfrac{50397}{9048}=$ |
| 03) | $\dfrac{13328}{2359}=$ | 18) | $\dfrac{15711}{2179}=$ | 33) | $\dfrac{16772}{6212}=$ | 48) | $\dfrac{9487}{1365}=$ |
| 04) | $\dfrac{37852}{7393}=$ | 19) | $\dfrac{79110}{9803}=$ | 34) | $\dfrac{81250}{9058}=$ | 49) | $\dfrac{2907}{1964}=$ |
| 05) | $\dfrac{21801}{4899}=$ | 20) | $\dfrac{62587}{7442}=$ | 35) | $\dfrac{31216}{5084}=$ | 50) | $\dfrac{16197}{5566}=$ |
| 06) | $\dfrac{22213}{2441}=$ | 21) | $\dfrac{10117}{2498}=$ | 36) | $\dfrac{25750}{4486}=$ | 51) | $\dfrac{29859}{3143}=$ |
| 07) | $\dfrac{21833}{3045}=$ | 22) | $\dfrac{36193}{8638}-$ | 37) | $\dfrac{19318}{8291}=$ | 52) | $\dfrac{22484}{9447}=$ |
| 08) | $\dfrac{2152}{1808}=$ | 23) | $\dfrac{22878}{4137}=$ | 38) | $\dfrac{7983}{5662}=$ | 53) | $\dfrac{19479}{7135}=$ |
| 09) | $\dfrac{20000}{8130}=$ | 24) | $\dfrac{7569}{1118}=$ | 39) | $\dfrac{26266}{4864}=$ | 54) | $\dfrac{11621}{1356}=$ |
| 10) | $\dfrac{50352}{7383}=$ | 25) | $\dfrac{26916}{8572}=$ | 40) | $\dfrac{6742}{1677}=$ | 55) | $\dfrac{81675}{9475}=$ |
| 11) | $\dfrac{51770}{5203}=$ | 26) | $\dfrac{24225}{6276}=$ | 41) | $\dfrac{10475}{6162}=$ | 56) | $\dfrac{98083}{9828}=$ |
| 12) | $\dfrac{22711}{8199}=$ | 27) | $\dfrac{49271}{6374}=$ | 42) | $\dfrac{50606}{6513}=$ | 57) | $\dfrac{8291}{4252}=$ |
| 13) | $\dfrac{7821}{2697}=$ | 28) | $\dfrac{21620}{7978}=$ | 43) | $\dfrac{11994}{4817}=$ | 58) | $\dfrac{58175}{6016}=$ |
| 14) | $\dfrac{16579}{3734}=$ | 29) | $\dfrac{25245}{3463}=$ | 44) | $\dfrac{31192}{6276}=$ | 59) | $\dfrac{55827}{8234}=$ |
| 15) | $\dfrac{10752}{2400}=$ | 30) | $\dfrac{11182}{5794}=$ | 45) | $\dfrac{18619}{6145}=$ | 60) | $\dfrac{17634}{4690}=$ |

■ 답안지

| | | | | | | | |
|---|---|---|---|---|---|---|---|
| 01) | 3.40 | 16) | 4.85 | 31) | 7.78 | 46) | 4.51 |
| 02) | 2.66 | 17) | 5.20 | 32) | 2.88 | 47) | 5.57 |
| 03) | 5.65 | 18) | 7.21 | 33) | 2.70 | 48) | 6.95 |
| 04) | 5.12 | 19) | 8.07 | 34) | 8.97 | 49) | 1.48 |
| 05) | 4.45 | 20) | 8.41 | 35) | 6.14 | 50) | 2.91 |
| 06) | 9.10 | 21) | 4.05 | 36) | 5.74 | 51) | 9.50 |
| 07) | 7.17 | 22) | 4.19 | 37) | 2.33 | 52) | 2.38 |
| 08) | 1.19 | 23) | 5.53 | 38) | 1.41 | 53) | 2.73 |
| 09) | 2.46 | 24) | 6.77 | 39) | 5.40 | 54) | 8.57 |
| 10) | 6.82 | 25) | 3.14 | 40) | 4.02 | 55) | 8.62 |
| 11) | 9.95 | 26) | 3.86 | 41) | 1.70 | 56) | 9.98 |
| 12) | 2.77 | 27) | 7.73 | 42) | 7.77 | 57) | 1.95 |
| 13) | 2.90 | 28) | 2.71 | 43) | 2.49 | 58) | 9.67 |
| 14) | 4.44 | 29) | 7.29 | 44) | 4.97 | 59) | 6.78 |
| 15) | 4.48 | 30) | 1.93 | 45) | 3.03 | 60) | 3.76 |

우리가 암기한 값 중에는 분수값들이 존재하고, 이 분수값들을 이용하여 분수값을 읽어 낼 수 있다.

예를 들어, $\dfrac{765}{1535}$ 라는 값이 있다면, 여기서 우리가 암기한 $\dfrac{700}{1500}$ 과 나머지 $\dfrac{65}{35}$ 로 나누어 생각 할 수 있다.

즉, $\dfrac{765}{1535} = \dfrac{700+65}{1500+35}$ 라고 생각 할 수 있는 것이다. 여기서 $\dfrac{700}{1500}$ =46.66%이고, $\dfrac{65}{35}$ =46.66%보다 크다.

$\dfrac{765}{1535}$ 는, 46.66%와 46.66%보다 큰 수로 구성된 분수이므로, 당연히 46.66%보다 크다는 것을 알 수 있다.

---

◆ 알아 두기 – 플마 찢기를 이용한 정밀한 분수값 읽기

ex) $\dfrac{765}{1535}$ 의 값을 정밀하게 읽어보자.

$\dfrac{765}{1535} = \dfrac{700+65}{1500+35}$ → 46.66%와 대략 200%로 구성된 분수.

각 분수가 주는 영향력의 크기는 분모 크기에 비례한다.

즉, 46.66%가 주는 영향은 1500, 약 200%가 주는 영향은 35이다. → 약 40배의 영향력 차이

→ $\dfrac{700}{1500}$ 에서의 1%는 $\dfrac{65}{35}$ 에서 40%와 같다는 것이다.

따라서, 200%는 46.66%보다 150%정도 크기 때문에, 46.66%를 3%정도 올려줄 수 있다.

즉, $\dfrac{765}{1535}$ 는 50%에 매우 가까운 값이라는 것을 알 수 있다.


※ 자료해석의 90% 이상의 문제는 정밀한 분수값 읽기를 사용하지 않는다.
  따라서, 정밀한 분수값을 읽기 위해 압박감을 느낄 필요가 없다.

---

$\dfrac{765}{1535}$ 를 $\dfrac{700+65}{1500+35}$ 로 찢어 냈지만, 저 방법 말고도 더 다양한 방법으로 찢어 내는 것도 가능하다.

예를 들어, $\dfrac{750+15}{1500+35}$ 로 찢는 것도 가능하다는 것이다.

그렇다면, 어떻게 찢어 내야 가장 효율적으로 찢을 수 있을까?

---

◆ 알아 두기 – 효율적인 플마 찢기를 위한 규칙
  ① 비교하고 싶은 값을 기준으로 플마 찢기를 한다.
    만약, 비교할 값이 없다면 암기한 값을 이용한다.
  ② 기준값을 만들기 위해서 플마 찢기를 할때는 영향력 차이를 최대한 크게 만들어 찢어 낸다.
    또한 찢은 분수들의 분수값 차이가 작으면 작을수록 좋다.
    ex) $\dfrac{700+65}{1500+35}$ =46.66%~200%, $\dfrac{750+15}{1500+35}$ =50%~42.86%
    둘의 영향력 차이는 동일하나, 후자가 분수값의 차이 더 작다.

플마 찢기를 더 효율적으로 사용하기 위해서는 곱셈 찢기(인수분해)를 추가하여 사용하는 것이 좋다.

예를 들어, $\dfrac{2836}{4875}$ 에 플마 찢기를 적용해보자.

$\dfrac{2000+836}{4000+875}$ 말고는 딱히 예쁜 숫자가 보이지 않을 것이다.

허나, 곱셈찢기를 추가하여 생각하면, $\dfrac{28}{48} = \dfrac{7\times4}{12\times4} = 58.33\%$라는 것을 알 수 있다.

따라서, $\dfrac{2000+836}{4000+875}$ 대신에, $\dfrac{2800+36}{4800+75}$ 으로도 숫자를 찢어낼 수 있다.

$\dfrac{2000+836}{4000+875}$ → 영향력 차이는 대략 4~5배, 분수값은 50%~약 100%으로 차이가 약 50%

$\dfrac{2800+36}{4800+75}$ → 영향력 차이는 대략 60~70배, 분수값은 약 50%~58.33%으로 차이가 약 10%

즉, $\dfrac{2800+36}{4800+75}$ 가, $\dfrac{2000+836}{4000+875}$ 보다 효율적인 플마 찢기를 위한 규칙에 더욱 알맞다.

$\dfrac{2800+36}{4800+75}$ 을 이용해서 분수 값을 읽어본다면,

영향력이 큰 $\dfrac{2800}{4800}$ 이 58.33%이고, 둘의 영향력 차이가 매우 크며,

두 분수값의 차이가 크지 않으므로,

58.33%에 매우 근접했다는 것을 알 수 있다. (※ $\dfrac{2836}{4875} = 58.17\%$)

곱셈 찢기는 곱셈의 관점에서 배운 증가, 감소로 생각하기도 적용 할 수 있다.

예를 들어서 $\dfrac{24}{70}$ 이 있다면, $\dfrac{20\times1.2}{70} = 28.5714 \times 1.2$라고 생각 할 수 있다.

---

◆ 알아 두기 – 곱셈 찢기로 보는 증가와 감소

① 분자의 증가와 감소

$\dfrac{240}{700}$ → $\dfrac{200\times1.2}{700}$ → $28.57\% \times 1.2$ → 28.57%에서 20% 증가한 값 (대략 5.7%)

따라서, $\dfrac{240}{700} = 28.57\% + 5.7\% \fallingdotseq 34\%$

② 분모의 증가와 감소

$\dfrac{200}{630}$ → $\dfrac{200}{700\times0.9}$ → $\dfrac{28.57\%}{0.9} = x$ → $x \times 0.9 = 28.57\%$라고 생각

→ $x$에서 10%감소한 값이 28.57% → $x$는 대략 31%

따라서, $\dfrac{200}{630} \fallingdotseq 31\%$

우선적으로 분수의 감각을 키우는 것부터 중요하기 때문에, 다음 챕터(곱셈과 분수 비교)에서 배울 예정이다.

예시 1) $\dfrac{1845}{2741}$

플마찢기 1단계 (90%의 자료해석은 여기서 완료 된다.)

분수와 분모의 앞에 있는 숫자 중 암기한 분수값을 떠올리자.

운이 좋게 분자와 분모 둘 다 9의 배수의 숫자로 구성됐다. 따라서 1800과 2700을 쓰자.

$$\dfrac{1845}{2741} = \dfrac{1800 + 45}{2700 + 41} \rightarrow \dfrac{1800}{2700} = 66.6\% \quad \dfrac{45}{41} = 66.66\%\uparrow$$

→ 따라서, 66.66% 이상이다.

플마찢기 2단계

| | $\dfrac{1800}{2700}$ | $\dfrac{45}{41}$ |
|---|---|---|
| 분수 | 66.6% | 110% |
| 영향력 (분모) | 2700 | 41 |

→ 따라서, $\dfrac{1800}{2700}$ 의 1%는 $\dfrac{45}{41}$ 의 70%와 같다.

$\dfrac{45}{41}$ 가 45%P 더 크므로, $\dfrac{1800}{2700}$ 을 약 0.6%p 올려준다.

따라서, $\dfrac{1845}{2741} ≒ 67.2\%$ 가량이다. (※ $\dfrac{1845}{2741} = 67.31\%$)

예시 2) $\dfrac{5025}{5778}$

플마찢기 1단계 (90%의 자료해석은 여기서 완료 된다.)

분수와 분모의 앞에 있는 숫자 중 암기한 분수값을 떠올리자.

이번에는 그냥 앞자리 2개를 보면 50과 57이여서 떠올릴 분수가 없다.

이런 경우에는 분자와 분모값에서 각각 1~2정도를 줄여보면서 동일한 배수가 없는지 살펴보자.

50→ 49, 48 57→ 56, 55  49와 56의 경우 둘다 7의 배수이므로 사용하기 좋다. 또는 50과 55도 좋다.

$$\dfrac{5025}{5778} = \dfrac{4900 + 125}{5600 + 178} \rightarrow \dfrac{4900}{5600} = 87.5\% \quad \dfrac{125}{178} = 87.5\%\downarrow \rightarrow 87.5\% \text{ 이하이다.}$$

$$\dfrac{5025}{5778} = \dfrac{5000 + 25}{5500 + 278} \rightarrow \dfrac{5000}{5500} = 90.9\% \quad \dfrac{25}{278} = 90.9\%\downarrow \rightarrow 90.9\% \text{ 이하이다.}$$

※ 2개의 방법 중 분수값간의 차이가 더 적은 것이 위의 방법이기에 실제값과 더 가까운 값을 나타낸다.

■ 플마찢기의 목표 = 고정값과의 비교 또는 대략적인 값의 예측

플마찢기는 1단계와 2단계로 구성된다.

1단계만 사용해도 대부분의 문제를 풀 수 있으며,

플마찢기의 목표인 고정값과 비교하거나, 대략적인 값의 예측에 충분하다.

특별한 경우에만 2단계까지 필요하므로, 2단계에 집착해서는 안된다.

언제나 말하지만, 처음부터 잘된다면 그것은 특별한 것이다.

처음엔 누구나 느리다. 의식적이고 반복적인 훈련을 통해서 숙달을 해야만 빨라진다.

## 연습하기 [분수]

**■ 문제지 (플마 찢기 + 곱셈 찢기)**

[※ 심심하시면, 분모의 영향을 이용하여 정밀한 분수값도 확인 해보세요. 단, 여러분의 멘탈을 책임지지 않습니다.]

| 문제지 | 플마 찢기 | 결과는? | 문제지 | 플마 찢기 | 결과 는? |
|---|---|---|---|---|---|
| 01) $\dfrac{2623}{3618}$ = | $\dfrac{2600+23}{3600+18}$ | 72.2%(13/18)↑ | 16) $\dfrac{6256}{9655}$ = | | |
| 02) $\dfrac{633}{1181}$ = | | | 17) $\dfrac{1743}{2740}$ = | | |
| 03) $\dfrac{929}{3075}$ = | | | 18) $\dfrac{1384}{2525}$ = | | |
| 04) $\dfrac{2512}{8602}$ = | | | 19) $\dfrac{806}{1976}$ = | | |
| 05) $\dfrac{2973}{9651}$ = | | | 20) $\dfrac{4893}{5676}$ = | | |
| 06) $\dfrac{447}{2482}$ = | | . | 21) $\dfrac{7558}{8162}$ = | | |
| 07) $\dfrac{6408}{7834}$ = | | | 22) $\dfrac{872}{1480}$ = | | |
| 08) $\dfrac{2858}{5751}$ = | | | 23) $\dfrac{2278}{5696}$ = | | |
| 09) $\dfrac{2017}{3141}$ = | | | 24) $\dfrac{2177}{4691}$ = | | |
| 10) $\dfrac{3100}{4648}$ = | | | 25) $\dfrac{3971}{7116}$ = | | |
| 11) $\dfrac{320}{2092}$ = | | | 26) $\dfrac{2130}{4660}$ = | | |
| 12) $\dfrac{1301}{1409}$ = | | | 27) $\dfrac{2913}{3910}$ = | | |
| 13) $\dfrac{4745}{8153}$ = | | | 28) $\dfrac{668}{2618}$ = | | |
| 14) $\dfrac{856}{6581}$ = | | | 29) $\dfrac{503}{1683}$ = | | |
| 15) $\dfrac{3953}{8051}$ = | | | 30) $\dfrac{2805}{9106}$ = | | |

**■ 답안지**

| | | | | | |
|---|---|---|---|---|---|
| 01) | 72.5% | 11) | 15.3% | 21) | 92.6% |
| 02) | 53.6% | 12) | 92.3% | 22) | 58.9% |
| 03) | 30.2% | 13) | 58.2% | 23) | 40.0% |
| 04) | 29.2% | 14) | 13.0% | 24) | 46.4% |
| 05) | 30.8% | 15) | 49.1% | 25) | 55.8% |
| 06) | 18.0% | 16) | 64.8% | 26) | 45.7% |
| 07) | 81.8% | 17) | 63.6% | 27) | 74.5% |
| 08) | 49.7% | 18) | 54.8% | 28) | 25.5% |
| 09) | 64.2% | 19) | 40.8% | 29) | 29.9% |
| 10) | 66.7% | 20) | 86.2% | 30) | 30.8% |

■ 문제지 (플마 찢기 + 곱셈 찢기)
[※ 심심하시면, 분모의 영향을 이용하여 정밀한 분수값도 확인 해보세요. 단, 여러분의 멘탈을 책임지지 않습니다.]

| 문제지 | 플마 찢기 | 결과는? | 문제지 | 플마 찢기 | 결과는? |
|---|---|---|---|---|---|
| 31) $\frac{1263}{7056}$ = | | | 46) $\frac{5890}{7020}$ = | | |
| 32) $\frac{1335}{6240}$ = | | | 47) $\frac{1373}{1423}$ = | | |
| 33) $\frac{1308}{7785}$ = | | | 48) $\frac{2719}{4577}$ = | | |
| 34) $\frac{975}{2419}$ = | | | 49) $\frac{3783}{6380}$ = | | |
| 35) $\frac{2750}{8959}$ = | | | 50) $\frac{889}{3354}$ = | | |
| 36) $\frac{517}{1083}$ = | | | 51) $\frac{3045}{7303}$ = | | |
| 37) $\frac{4757}{6738}$ = | | | 52) $\frac{763}{7625}$ = | | |
| 38) $\frac{5612}{6243}$ = | | | 53) $\frac{4694}{5328}$ = | | |
| 39) $\frac{1344}{5211}$ = | | | 54) $\frac{2055}{5112}$ = | | |
| 40) $\frac{4806}{9909}$ = | | | 55) $\frac{3574}{9531}$ = | | |
| 41) $\frac{3823}{5598}$ = | | | 56) $\frac{4155}{4526}$ = | | |
| 42) $\frac{2305}{3585}$ = | | | 57) $\frac{3516}{5708}$ = | | |
| 43) $\frac{1112}{2143}$ = | | | 58) $\frac{7263}{9544}$ = | | |
| 44) $\frac{1168}{6525}$ = | | | 59) $\frac{3717}{4172}$ = | | |
| 45) $\frac{6740}{7464}$ = | | | 60) $\frac{1217}{2151}$ = | | |

■ 답안지

| 31) | 17.9% | 41) | 68.3% | 51) | 41.7% |
|---|---|---|---|---|---|
| 32) | 21.4% | 42) | 64.3% | 52) | 10.0% |
| 33) | 16.8% | 43) | 51.9% | 53) | 88.1% |
| 34) | 40.3% | 44) | 17.9% | 54) | 40.2% |
| 35) | 30.7% | 45) | 90.3% | 55) | 37.5% |
| 36) | 47.7% | 46) | 83.9% | 56) | 91.8% |
| 37) | 70.6% | 47) | 96.5% | 57) | 61.6% |
| 38) | 89.9% | 48) | 59.4% | 58) | 76.1% |
| 39) | 25.8% | 49) | 59.3% | 59) | 89.1% |
| 0) | 48.5% | 50) | 26.5% | 60) | 56.6% |

■ 문제지 (플마 찢기 + 곱셈 찢기)
[※ 심심하시면, 분모의 영향을 이용하여 정밀한 분수값도 확인 해보세요. 단, 여러분의 멘탈을 책임지지 않습니다.]

| 문제지 | 플마 찢기 | 결과는? | 문제지 | 플마 찢기 | 결과는? |
|---|---|---|---|---|---|
| 61) $\dfrac{2623}{3618}=$ | | | 76) $\dfrac{6256}{9655}=$ | | |
| 62) $\dfrac{633}{1181}=$ | | | 77) $\dfrac{1743}{2740}=$ | | |
| 63) $\dfrac{929}{3075}=$ | | | 78) $\dfrac{1384}{2525}=$ | | |
| 64) $\dfrac{2512}{8602}=$ | | | 79) $\dfrac{806}{1976}=$ | | |
| 65) $\dfrac{2973}{9651}=$ | | | 80) $\dfrac{4893}{5676}=$ | | |
| 66) $\dfrac{447}{2482}=$ | | | 81) $\dfrac{7558}{8162}=$ | | |
| 67) $\dfrac{6408}{7834}=$ | | | 82) $\dfrac{872}{1480}=$ | | |
| 68) $\dfrac{2858}{5751}=$ | | | 83) $\dfrac{2278}{5696}=$ | | |
| 69) $\dfrac{2017}{3141}=$ | | | 84) $\dfrac{2177}{4691}=$ | | |
| 70) $\dfrac{3100}{4648}=$ | | | 85) $\dfrac{3971}{7116}=$ | | |
| 71) $\dfrac{320}{2092}=$ | | | 86) $\dfrac{2130}{4660}=$ | | |
| 72) $\dfrac{1301}{1409}=$ | | | 87) $\dfrac{2913}{3910}=$ | | |
| 73) $\dfrac{4745}{8153}=$ | | | 88) $\dfrac{668}{2618}=$ | | |
| 74) $\dfrac{856}{6581}=$ | | | 89) $\dfrac{503}{1683}=$ | | |
| 75) $\dfrac{3953}{8051}=$ | | | 90) $\dfrac{2805}{9106}=$ | | |

■ 답안지

| | | | | | |
|---|---|---|---|---|---|
| 61) | 72.5% | 71) | 15.3% | 81) | 92.6% |
| 62) | 53.6% | 72) | 92.3% | 82) | 58.9% |
| 63) | 30.2% | 73) | 58.2% | 83) | 40.0% |
| 64) | 29.2% | 74) | 13.0% | 84) | 46.4% |
| 65) | 30.8% | 75) | 49.1% | 85) | 55.8% |
| 66) | 18.0% | 76) | 64.8% | 86) | 45.7% |
| 67) | 81.8% | 77) | 63.6% | 87) | 74.5% |
| 68) | 49.7% | 78) | 54.8% | 88) | 25.5% |
| 69) | 64.2% | 79) | 40.8% | 89) | 29.9% |
| 70) | 66.7% | 80) | 86.2% | 90) | 30.8% |

## Day 6

## 06 곱셈과 분수의 비교

 **Q** 곱셈과 분수의 비교법이 궁금해요.

우선 곱셈과 분수를 비교할 때 가장 중요한 것은 각 항의 자릿수를 유사하게 조절하게 만드는 것이다.
곱셈 비교를 배우기 위해서 아래의 문제를 풀어보자.

> **Q. 다음의 두 곱셈을 비교해보자**
>
> $$82,041 \times 35.3\% \bigcirc 925,605 \times 4.1\%$$

두 곱셈의 실제 값을 구하기 전에 우선 자릿수를 맞춰주는 작업부터 진행해보자.

① 두 곱셈의 단위가 천의 자리 × 십의 자리와 만의 자리 × 일의 자리로 각각 다르므로,
  두 개의 숫자 중 하나의 숫자라도 자릿수가 같게 만들어 준다.

> $82,401 \times 35.3\%$  →  $82,401 \times 35.3\%$
> $925,605 \times 4.1\%$  →  $92,560 \times 41.0\%$

② 절대적인 영향력을 주는 앞의 3자리를 제외하곤 지운다.

> $82,401 \times 35.3\%$  →  $824 \times 35.3\%$
> $92,560 \times 41.0\%$  →  $925 \times 41.0\%$

각각의 값이 더 큰 925×41.0%이 더 크다.

분수 비교를 배우기 위해서 아래의 문제를 풀어보자.

> **Q. 다음의 두 분수를 비교해보자**
>
> $$\frac{7,829}{10,183} \bigcirc \frac{791,829}{998,583}$$

두 분수의 실제 값을 구하기 전에 우선 자릿수를 맞춰주는 작업부터 진행해보자.

① 두 분수의 단위를 보면 분자는 천의 자리, 십만의 자리, 분모는 만의 자리 십만의 자리
  분자나 분모 둘 중 하나라도 자릿수가 같게 만들어 준다.
  분자의 자릿수를 같게 만들기 위해서 우측항의 분자와 분모에서 2자리씩 지워준다.

> $$\frac{7,829}{10,183} \bigcirc \frac{791,829}{998,583}$$  →  $$\frac{7,829}{10,183} \bigcirc \frac{7,918}{9,985}$$

② 절대적인 영향력을 주는 앞의 3자리만 남긴다.
  단, 분수의 경우 분자끼리와 분모끼리에서 동일한 자릿수만큼만 지울 수 있다.
  따라서, 분모의 경우 10,183은 3자리를 남기기 위해 2개를 지워야한다.
  그러나, 2개를 지우면 9,985이 2자리만 남기에 각 분모는 1자리씩만 지운다.

> $$\frac{7,829}{10,183} \bigcirc \frac{7,918}{9,985}$$  →  $$\frac{782}{1018} \bigcirc \frac{791}{998}$$

각각의 분자는 더 크고, 분모는 더 작은 더 큰 $\frac{791}{998}$ 이 더 크다.

A×B VS C×D를 비교한다고 가정해보자

만약, 친숙한 숫자를 이용하여 대략적인 값을 예상해서는 비교가 어렵거나,

또는 특별히 친숙한 숫자가 보이지 않는다면,

우리는 해당 곱셈을 다른 형태로 변형해야 한다.

다른 형태를 만드는 대표적인 방법 중에 하나가 바로 이항이다.

A×B VS C×D에서, A와 D를 이항한다면, $\dfrac{B}{D}$ VS $\dfrac{C}{A}$의 다른 형태로 비교를 접근 할 수 있다.

예를 들어, 36 × 59 VS 40 × 55를 비교한다면, $\dfrac{59}{55}$ VS $\dfrac{40}{36}$의 형태로 숫자를 변형하여 볼 수 있다.

◆ 알아 두기 – 형태를 바꾸지 말고 사고를 전환하자

실세로 형태를 바꾸지 말고, 숫자 간의 배수 관계 또는 증가율처럼 인식해보자.

36 → 40 1.1배 이상 또는 10% 이상 증가, 55 → 59 1.1배 이하 또는 10% 이하 증가,

즉, 36 × 59 VS 40 × 55 → 1 × 1.1↓(10% 이하 증가) VS 1.1↑(10% 이상 증가) × 1

좌측항은 1.1↓(10% 이하 증가)이고 우측항은 1.1↑(10% 이상 증가)이므로, 우측항이 더 크다.

$\dfrac{A}{B}$ VS $\dfrac{C}{D}$를 비교한다고 가정해보자.

만약, 친숙한 숫자를 이용하여 대략적인 값을 예상해서는 비교가 어렵거나,

또는 특별히 친숙한 숫자가 보이지 않는다면, 우리는 해당 분수를 다른 형태로 변형해야 한다.

다른 형태를 만드는 대표적인 방법 중에 하나가 바로 이항이다.

$\dfrac{A}{B}$ VS $\dfrac{C}{D}$에서, A와 D를 이항한다면, $\dfrac{D}{B}$ VS $\dfrac{C}{A}$의 다른 형태로 비교를 접근 할 수 있게 있다.

예를 들어, $\dfrac{687}{275}$ VS $\dfrac{809}{335}$를 비교한다면, $\dfrac{335}{275}$ VS $\dfrac{809}{687}$의 형태로 숫자를 변형하여 볼 수 있다.

◆ 알아 두기 – 형태를 바꾸지 말고 사고를 전환하자

실제로 형태를 바꾸지 말고, 분자와 분모끼리의 배수 관계 또는 증가율처럼 인식해보자.

분자는 687 → 809 1.2배 이하 또는 20% 이하 증가,

분모는 275 → 335 1.2배 이상 또는 20% 이상 증가,

즉, $\dfrac{335}{275}$ VS $\dfrac{809}{687}$ → 분자는 1.2↓(20% 이하 증가), 분모는 1.2↑(20% 이상 증가)

분자가 커지면 분수값이 커지고, 분모가 커지면 분수값을 작아지므로

분모가 분자보다 더 많이 커진 $\dfrac{809}{335}$은, $\dfrac{687}{275}$보다 작다.

따라서, 좌측항은 $\dfrac{1}{1}$이고 우측항은 $\dfrac{1.2\downarrow}{1.2\uparrow}$이므로, 좌측항이 더 크다.

■ 문제지 (배수 관계, 증가율) [※예쁜 숫자를 생각해보세요.]

| 문제지 | 어림셈 | 결과는? | 문제지 | 어림셈 | 결과는? |
|---|---|---|---|---|---|
| 01) $\dfrac{857}{696}$ = | $\dfrac{720+137}{600+96}$ | 120%(72/60)↑ | 16) $\dfrac{1192}{970}$ = | | |
| 02) $\dfrac{835}{683}$ = | 분자−분모 ≒ 150 대략 20%↑ | 120%↑ | 17) $\dfrac{734}{551}$ = | | |
| 03) $\dfrac{1080}{837}$ = | | | 18) $\dfrac{642}{524}$ = | | |
| 04) $\dfrac{1187}{952}$ = | | | 19) $\dfrac{1168}{988}$ = | | |
| 05) $\dfrac{826}{568}$ = | | | 20) $\dfrac{384}{258}$ = | | |
| 06) $\dfrac{1450}{986}$ = | | | 21) $\dfrac{803}{537}$ = | | |
| 07) $\dfrac{1017}{749}$ = | | | 22) $\dfrac{726}{602}$ = | | |
| 08) $\dfrac{515}{414}$ = | | | 23) $\dfrac{383}{328}$ = | | |
| 09) $\dfrac{706}{656}$ = | | | 24) $\dfrac{866}{713}$ = | | |
| 10) $\dfrac{1065}{747}$ = | | | 25) $\dfrac{291}{209}$ = | | |
| 11) $\dfrac{604}{462}$ = | | | 26) $\dfrac{551}{399}$ = | | |
| 12) $\dfrac{217}{191}$ = | | | 27) $\dfrac{921}{682}$ = | | |
| 13) $\dfrac{771}{558}$ = | | | 28) $\dfrac{900}{618}$ = | | |
| 14) $\dfrac{1092}{988}$ = | | | 29) $\dfrac{478}{363}$ = | | |
| 15) $\dfrac{986}{906}$ = | | | 30) $\dfrac{1102}{875}$ = | | |

■ 답안지

| | | | | | | | |
|---|---|---|---|---|---|---|---|
| 01) | 123.2% | 11) | 130.7% | 21) | 149.6% |
| 02) | 122.3% | 12) | 113.8% | 22) | 120.6% |
| 03) | 129.0% | 13) | 138.2% | 23) | 116.8% |
| 04) | 124.7% | 14) | 110.5% | 24) | 121.4% |
| 05) | 145.4% | 15) | 108.8% | 25) | 139.0% |
| 06) | 147.1% | 16) | 122.9% | 26) | 138.0% |
| 07) | 135.8% | 17) | 133.2% | 27) | 135.0% |
| 08) | 124.4% | 18) | 122.6% | 28) | 145.7% |
| 09) | 107.6% | 19) | 118.2% | 29) | 131.7% |
| 10) | 142.6% | 20) | 148.9% | 30) | 125.9% |

■ 문제지 (배수 관계, 증가율)  [※예쁜 숫자를 생각해보세요.]

| | 문제지 | 어림셈 | 결과는? | | 문제지 | 어림셈 | 결과는? |
|---|---|---|---|---|---|---|---|
| 31) | $\dfrac{677}{498}$ = | | | 46) | $\dfrac{1211}{869}$ = | | |
| 32) | $\dfrac{393}{286}$ = | | | 47) | $\dfrac{464}{352}$ = | | |
| 33) | $\dfrac{1009}{868}$ = | | | 48) | $\dfrac{671}{606}$ = | | |
| 34) | $\dfrac{585}{512}$ = | | | 49) | $\dfrac{546}{442}$ = | | |
| 35) | $\dfrac{990}{732}$ = | | | 50) | $\dfrac{680}{581}$ = | | |
| 36) | $\dfrac{1189}{847}$ = | | | 51) | $\dfrac{1158}{777}$ = | | |
| 37) | $\dfrac{247}{208}$ = | | | 52) | $\dfrac{1225}{936}$ = | | |
| 38) | $\dfrac{254}{192}$ = | | | 53) | $\dfrac{624}{549}$ = | | |
| 39) | $\dfrac{631}{499}$ = | | | 54) | $\dfrac{1185}{926}$ = | | |
| 40) | $\dfrac{364}{260}$ = | | | 55) | $\dfrac{1365}{916}$ = | | |
| 41) | $\dfrac{409}{368}$ = | | | 56) | $\dfrac{410}{297}$ = | | |
| 42) | $\dfrac{158}{122}$ = | | | 57) | $\dfrac{763}{643}$ = | | |
| 43) | $\dfrac{901}{649}$ = | | | 58) | $\dfrac{1183}{942}$ = | | |
| 44) | $\dfrac{1261}{882}$ = | | | 59) | $\dfrac{873}{705}$ = | | |
| 45) | $\dfrac{845}{674}$ = | | | 60) | $\dfrac{780}{556}$ = | | |

■ 답안지

| 31) | 135.9% | 41) | 111.1% | 51) | 149.0% |
|---|---|---|---|---|---|
| 32) | 137.5% | 42) | 129.4% | 52) | 130.9% |
| 33) | 116.3% | 43) | 138.8% | 53) | 113.7% |
| 34) | 114.2% | 44) | 143.0% | 54) | 128.0% |
| 35) | 135.3% | 45) | 125.3% | 55) | 149.0% |
| 36) | 140.4% | 46) | 139.4% | 56) | 138.2% |
| 37) | 118.6% | 47) | 131.7% | 57) | 118.7% |
| 38) | 132.1% | 48) | 110.7% | 58) | 125.6% |
| 39) | 126.5% | 49) | 123.6% | 59) | 123.8% |
| 40) | 139.9% | 50) | 117.0% | 60) | 140.2% |

예시 1)
758×33.4% VS 596×39.5%


1) 값으로 비교
758×33.8% → 750×33.3% = 250 → 758×33.8% = 250↑
596×39.5% → 600×40.0% = 240 → 596×39.5% = 240↓


2) 비교법으로 비교
596 → 758 20% 이상 증가.
334 → 395 20% 이하 증가.


값으로 비교해도, 비교법으로 비교해도 모두 758×33.4%가 더 크다.
그렇다면, 비교법은 왜 사용하는 것일까?
비교처럼 값으로도 쉽고, 비교법으로도 쉬운 경우도 있지만, 둘 중에 하나의 방법만 쉬운 경우가 있기 때문이다.

① 값으로만 쉬운 경우
492×39.8% VS 808×25.2%
1) 값으로 비교
492×39.8% = 500×40% = 200 → 492×39.8% = 200↓
808×25.2% = 800×25% = 200 → 808×25.2% = 200↑
2) 비교법으로 비교
492 → 808 → % 증가의 값을 읽는 것이 쉽지 않다.
252 → 398 → % 증가의 값을 읽는 것이 쉽지 않다.


② 비교법만 쉬운 경우
812 × 29.5% VS 908 × 27.3%
1) 값으로 비교 → 두 곱셈값 모두 대략 240정도의 값이 나와서, 비교하기 위해서는 더 정밀해야한다.
2) 비교법으로 비교
812 → 908 → 10% 이상 증가
273 → 295 → 10% 이하 증가


■ 비교법을 사용하는 이유
어림셈으로 충분하지 않는 경우가 존재한다.
이 경우 정밀셈으로 접근하는 것보다 비교법을 이용하는 것이 훨씬 편리하다.

## ■ 문제지 [※예쁜 숫자를 생각해보세요.]

| | 좌 | | | | 우 | | | | 좌 | | | | 우 | |
|---|---|---|---|---|---|---|---|---|---|---|---|---|---|---|
| 01) | 492 | × | 40.2% | ○ | 148 | × | 140.3% | 21) | 672 | × | 89.7% | ○ | 505 | × | 125.3% |
| 02) | 338 | × | 78.1% | ○ | 527 | × | 42.6% | 22) | 720 | × | 95.1% | ○ | 802 | × | 89.6% |
| 03) | 277 | × | 55.8% | ○ | 412 | × | 39.4% | 23) | 187 | × | 74.7% | ○ | 955 | × | 17.6% |
| 04) | 539 | × | 21.7% | ○ | 273 | × | 51.4% | 24) | 365 | × | 75.0% | ○ | 768 | × | 32.1% |
| 05) | 996 | × | 16.0% | ○ | 233 | × | 61.6% | 25) | 638 | × | 95.7% | ○ | 180 | × | 407.0% |
| 06) | 408 | × | 94.4% | ○ | 193 | × | 239.5% | 26) | 205 | × | 21.3% | ○ | 563 | × | 8.5% |
| 07) | 393 | × | 23.0% | ○ | 332 | × | 21.8% | 27) | 881 | × | 85.7% | ○ | 907 | × | 95.7% |
| 08) | 631 | × | 98.5% | ○ | 180 | × | 293.5% | 28) | 375 | × | 56.5% | ○ | 107 | × | 207.9% |
| 09) | 495 | × | 15.1% | ○ | 246 | × | 36.5% | 29) | 528 | × | 20.1% | ○ | 312 | × | 28.9% |
| 10) | 722 | × | 30.1% | ○ | 533 | × | 42.8% | 30) | 539 | × | 64.7% | ○ | 179 | × | 233.8% |
| 11) | 752 | × | 84.8% | ○ | 499 | × | 134.2% | 31) | 431 | × | 81.3% | ○ | 437 | × | 88.2% |
| 12) | 136 | × | 15.2% | ○ | 339 | × | 7.0% | 32) | 521 | × | 52.7% | ○ | 528 | × | 62.4% |
| 13) | 517 | × | 34.9% | ○ | 817 | × | 21.0% | 33) | 602 | × | 38.4% | ○ | 357 | × | 61.5% |
| 14) | 919 | × | 88.2% | ○ | 473 | × | 162.8% | 34) | 926 | × | 10.5% | ○ | 959 | × | 8.6% |
| 15) | 540 | × | 83.7% | ○ | 538 | × | 75.6% | 35) | 750 | × | 12.1% | ○ | 367 | × | 21.0% |
| 16) | 884 | × | 88.2% | ○ | 823 | × | 99.5% | 36) | 195 | × | 18.4% | ○ | 525 | × | 6.5% |
| 17) | 437 | × | 15.2% | ○ | 452 | × | 15.4% | 37) | 525 | × | 40.5% | ○ | 910 | × | 21.0% |
| 18) | 827 | × | 37.1% | ○ | 416 | × | 66.4% | 38) | 352 | × | 86.4% | ○ | 116 | × | 314.6% |
| 19) | 298 | × | 45.3% | ○ | 616 | × | 20.8% | 39) | 382 | × | 41.1% | ○ | 976 | × | 14.5% |
| 20) | 223 | × | 24.8% | ○ | 601 | × | 7.8% | 40) | 640 | × | 55.9% | ○ | 438 | × | 89.8% |

## ■ 답안지

| | 좌측 | | 우측 | | 좌측 | | 우측 | | 좌측 | | 우측 | | 좌측 | | 우측 |
|---|---|---|---|---|---|---|---|---|---|---|---|---|---|---|---|
| 01) | 197.8 | ⟨ | 207.7 | 11) | 637.7 | ⟨ | 669.6 | 21) | 602.8 | ⟨ | 632.9 | 31) | 350.4 | ⟨ | 385.4 |
| 02) | 264.0 | ⟩ | 224.4 | 12) | 20.7 | ⟨ | 23.8 | 22) | 684.7 | ⟨ | 719.0 | 32) | 274.6 | ⟨ | 329.5 |
| 03) | 154.6 | ⟨ | 162.3 | 13) | 180.4 | ⟩ | 171.4 | 23) | 139.7 | ⟨ | 167.6 | 33) | 231.2 | ⟩ | 219.6 |
| 04) | 117.0 | ⟨ | 140.4 | 14) | 810.6 | ⟩ | 770.0 | 24) | 273.8 | ⟩ | 246.4 | 34) | 97.2 | ⟩ | 82.6 |
| 05) | 159.4 | ⟩ | 143.4 | 15) | 452.0 | ⟩ | 406.8 | 25) | 610.6 | ⟨ | 732.7 | 35) | 90.8 | ⟩ | 77.1 |
| 06) | 385.2 | ⟨ | 462.2 | 16) | 779.7 | ⟨ | 818.7 | 26) | 43.7 | ⟨ | 48.0 | 36) | 35.9 | ⟩ | 34.1 |
| 07) | 90.4 | ⟩ | 72.3 | 17) | 66.4 | ⟨ | 69.7 | 27) | 755.0 | ⟨ | 868.3 | 37) | 212.6 | ⟩ | 191.4 |
| 08) | 621.5 | ⟩ | 528.3 | 18) | 306.8 | ⟩ | 276.1 | 28) | 211.9 | ⟨ | 222.5 | 38) | 304.1 | ⟨ | 365.0 |
| 09) | 74.7 | ⟨ | 89.7 | 19) | 135.0 | ⟩ | 128.2 | 29) | 106.1 | ⟩ | 90.2 | 39) | 157.0 | ⟩ | 141.3 |
| 10) | 217.3 | ⟨ | 228.2 | 20) | 55.3 | ⟩ | 47.0 | 30) | 348.7 | ⟨ | 418.5 | 40) | 357.8 | ⟨ | 393.5 |

분수 비교의 예시를 더 많이 보여주세요.

예시 1)

$$\frac{6482}{4815} \quad VS \quad \frac{7611}{5799}$$

1) 값으로 비교

$$\frac{6482}{4815} = \frac{6400+82}{4800+15} = \frac{4}{3} \uparrow \quad \frac{7611}{5799} = \frac{7600+11}{5700+99} = \frac{4}{3} \downarrow$$

2) 비교법으로 비교

   분자 : 6482 → 7611 20% 이하 증가.

   분모 : 4815 → 5799 20% 이상 증가.

   → 분모의 증가율이 더 크므로, $\frac{6482}{4815}$이 더 크다.

   값으로 비교해도, 비교법으로 비교해도 모두 $\frac{6482}{4815}$가 더 크다.

   그렇다면, 비교법은 왜 사용하는 것일까?

   비교처럼 값으로도 쉽고, 비교법으로도 쉬운 경우도 있지만, 둘 중에 하나의 방법만 쉬운 경우가 있기 때문이다.

   ① 값으로만 쉬운 경우

$$\frac{4212}{4982} \quad VS \quad \frac{3982}{4522}$$

1) 값으로 비교

$$\frac{4212}{4982} = \frac{4200+12}{4900+82} = \frac{6}{7}(85.71\%) \downarrow \quad \frac{3982}{4522} = \frac{3900+82}{4500+22} = \frac{13}{15}(86.66\%) \uparrow$$

2) 비교법으로 비교

   분자 : 3982 → 4212 10% 이하 증가.

   분모 : 4522 → 4982 10% 이하 증가.

   → 비교가 쉽지 않다.

   ② 비교법만 쉬운경우

$$\frac{3158}{3725} \quad VS \quad \frac{3452}{4225}$$

1) 값으로 비교 → 두 분수 모두 앞자리가 깔끔하게 예쁘게 떨어지지 않아서 쉽지 않다.
2) 비교법으로 비교

   분자 : 3158 → 3452 10% 이하 증가.

   분모 : 3725 → 4225 10% 이상 증가.

   → 분모의 증가율이 더 크므로, $\frac{3158}{3725}$이 더 크다.

■ 비교법을 사용하는 이유

   어림셈으로 충분하지 않는 경우가 존재한다.

   이 경우 정밀셈으로 접근하는 것보다 비교법을 이용하는 것이 훨씬 편리하다.

■ 문제지  [※예쁜 숫자를 생각해보세요.]

| 번호 | 좌측 | | 우측 | 번호 | 좌측 | | 우측 |
|---|---|---|---|---|---|---|---|
| 01) | $\frac{5950}{3995}$ | ○ | $\frac{6175}{3605}$ | 11) | $\frac{5927}{3717}$ | ○ | $\frac{18423}{9628}$ |
| 02) | $\frac{6390}{7399}$ | ○ | $\frac{6830}{8787}$ | 12) | $\frac{9065}{1530}$ | ○ | $\frac{34019}{6755}$ |
| 03) | $\frac{8804}{2048}$ | ○ | $\frac{37903}{7667}$ | 13) | $\frac{6303}{2550}$ | ○ | $\frac{4076}{1499}$ |
| 04) | $\frac{5783}{4364}$ | ○ | $\frac{4408}{4158}$ | 14) | $\frac{9513}{3908}$ | ○ | $\frac{6169}{3168}$ |
| 05) | $\frac{9301}{3958}$ | ○ | $\frac{18893}{7309}$ | 15) | $\frac{3106}{6282}$ | ○ | $\frac{1947}{4146}$ |
| 06) | $\frac{2945}{1152}$ | ○ | $\frac{25300}{8997}$ | 16) | $\frac{7745}{2496}$ | ○ | $\frac{6822}{1832}$ |
| 07) | $\frac{6111}{1255}$ | ○ | $\frac{49115}{8771}$ | 17) | $\frac{1660}{2187}$ | ○ | $\frac{4987}{5713}$ |
| 08) | $\frac{1595}{3837}$ | ○ | $\frac{1765}{4470}$ | 18) | $\frac{4965}{7981}$ | ○ | $\frac{5059}{8560}$ |
| 09) | $\frac{3709}{6592}$ | ○ | $\frac{1429}{2209}$ | 19) | $\frac{2190}{8216}$ | ○ | $\frac{413}{1474}$ |
| 10) | $\frac{1146}{8589}$ | ○ | $\frac{325}{2214}$ | 20) | $\frac{2032}{2227}$ | ○ | $\frac{938}{1210}$ |

| 번호 | 좌측 | | 우측 | 번호 | 좌측 | | 우측 |
|---|---|---|---|---|---|---|---|
| 21) | $\frac{7426}{8398}$ | ○ | $\frac{6746}{6634}$ | 31) | $\frac{2106}{3627}$ | ○ | $\frac{3105}{5942}$ |
| 22) | $\frac{8912}{1855}$ | ○ | $\frac{28765}{7044}$ | 32) | $\frac{5694}{8802}$ | ○ | $\frac{2517}{4577}$ |
| 23) | $\frac{5480}{1645}$ | ○ | $\frac{24530}{6694}$ | 33) | $\frac{9177}{8480}$ | ○ | $\frac{12384}{9536}$ |
| 24) | $\frac{1795}{4040}$ | ○ | $\frac{582}{1636}$ | 34) | $\frac{5018}{8120}$ | ○ | $\frac{5601}{8239}$ |
| 25) | $\frac{2275}{9330}$ | ○ | $\frac{714}{3447}$ | 35) | $\frac{1559}{6373}$ | ○ | $\frac{1766}{6564}$ |
| 26) | $\frac{1971}{3452}$ | ○ | $\frac{5012}{9753}$ | 36) | $\frac{5234}{7948}$ | ○ | $\frac{5301}{8944}$ |
| 27) | $\frac{7288}{8771}$ | ○ | $\frac{6607}{9940}$ | 37) | $\frac{4759}{6645}$ | ○ | $\frac{3724}{5778}$ |
| 28) | $\frac{4195}{7791}$ | ○ | $\frac{4455}{9733}$ | 38) | $\frac{2233}{7330}$ | ○ | $\frac{2497}{7127}$ |
| 29) | $\frac{8146}{4301}$ | ○ | $\frac{4633}{2878}$ | 39) | $\frac{4611}{7685}$ | ○ | $\frac{2701}{5628}$ |
| 30) | $\frac{4727}{3489}$ | ○ | $\frac{2674}{2193}$ | 40) | $\frac{6917}{1207}$ | ○ | $\frac{37739}{6932}$ |

■ 답안지

| | 좌측 | | 우측 | | 좌측 | | 우측 | | 좌측 | | 우측 | | 좌측 | | 우측 |
|---|---|---|---|---|---|---|---|---|---|---|---|---|---|---|---|
| 01) | 1.49 | 〈 | 1.71 | 11) | 1.59 | 〈 | 1.91 | 21) | 0.88 | 〈 | 1.02 | 31) | 0.58 | 〉 | 0.52 |
| 02) | 0.86 | 〉 | 0.78 | 12) | 5.92 | 〉 | 5.04 | 22) | 4.80 | 〉 | 4.08 | 32) | 0.65 | 〉 | 0.55 |
| 03) | 4.30 | 〈 | 4.94 | 13) | 2.47 | 〈 | 2.72 | 23) | 3.33 | 〈 | 3.66 | 33) | 1.08 | 〈 | 1.30 |
| 04) | 1.33 | 〉 | 1.06 | 14) | 2.43 | 〉 | 1.95 | 24) | 0.44 | 〉 | 0.36 | 34) | 0.62 | 〈 | 0.68 |
| 05) | 2.35 | 〈 | 2.58 | 15) | 0.49 | 〉 | 0.47 | 25) | 0.24 | 〉 | 0.21 | 35) | 0.24 | 〈 | 0.27 |
| 06) | 2.56 | 〈 | 2.81 | 16) | 3.10 | 〈 | 3.72 | 26) | 0.57 | 〉 | 0.51 | 36) | 0.66 | 〉 | 0.59 |
| 07) | 4.87 | 〈 | 5.60 | 17) | 0.76 | 〈 | 0.87 | 27) | 0.83 | 〉 | 0.66 | 37) | 0.72 | 〉 | 0.64 |
| 08) | 0.42 | 〉 | 0.39 | 18) | 0.62 | 〉 | 0.59 | 28) | 0.54 | 〉 | 0.46 | 38) | 0.30 | 〈 | 0.35 |
| 09) | 0.56 | 〈 | 0.65 | 19) | 0.27 | 〈 | 0.28 | 29) | 1.89 | 〉 | 1.61 | 39) | 0.60 | 〉 | 0.48 |
| 10) | 0.13 | 〈 | 0.15 | 20) | 0.91 | 〉 | 0.78 | 30) | 1.35 | 〉 | 1.22 | 40) | 5.73 | 〉 | 5.44 |

# 자료통역사의
# 통하는 자료해석

## ①권 세팅편

# V. 연습문제

## 01 연습문제 LV.1

**Q** 연습문제 LV.1의 목표는 무엇인가요?

**A** LV.1의 목표는 앞에서 세팅한 순서를 지키며 문제를 푸는 것이 목표입니다.

1) 주어진 자료를 보고 자료에 어떤 정보들이 담겨있는지 확인합니다.
2) 주어진 설명을 보고 목적 파트, 정보 파트, 정오 파트로 재구성합니다.
3) 자료에 주어진 정보를 통해서 목적 파트를 구할 수 있는지 없는지 확인합니다.
4) 구할 수 있다고 판별 됐다면, 정보 파트를 통해서 필요한 정보 확인하여 자료에서 찾습니다.
5) 정보를 찾아 정오 파트를 통해 설명의 정오를 판단합니다.

| 자료를 통한<br>정보 확인<br><br>(지도 확인) | | 설명을 읽고<br>목적 잡기<br><br>(동선 만들기) | | 목적을 잡고<br>필요한 정보 찾기<br><br>(실제 이동하기) | | 정보를 찾아<br>정오의 판단<br><br>(정오 판단) |

※ 문제 풀이를 통해 연습 할 것

1) 자료를 통해서 정보체크! (지도 확인)
   ↓
2) 설명에서 목적잡고! (동선 만들고)
   ↓
3) 설명의 정오를 판단한다. (실제 이동한다)

**PSAT**
자료해석

다음 〈표〉는 2010년 1월 1일자 '갑'기업의 팀(A ~ F) 간 전출·입으로 인한 직원 이동에 관한 자료이다. 이에 대한 〈설명〉의 정오는?

### 〈표〉 '갑'기업의 팀별 전출·입 직원수

(단위 : 명)

| 전입부서 / 전출부서 | | 식품 사업부 | | | | 외식 사업부 | | | | 전출 합계 |
|---|---|---|---|---|---|---|---|---|---|---|
| | | A팀 | B팀 | C팀 | 소계 | D팀 | E팀 | F팀 | 소계 | |
| 식품 사업부 | A팀 | – | 4 | 2 | 6 | 0 | 4 | 3 | 7 | 13 |
| | B팀 | 8 | – | 0 | 8 | 2 | 1 | 1 | 4 | 12 |
| | C팀 | 0 | 3 | – | 3 | 3 | 0 | 4 | 7 | 10 |
| | 소계 | 8 | 7 | 2 | 17 | 5 | 5 | 8 | 18 | 35 |
| 외식 사업부 | D팀 | 0 | 2 | 4 | 6 | – | 0 | 3 | 3 | 9 |
| | E팀 | 6 | 1 | 7 | 14 | 2 | – | 4 | 6 | 20 |
| | F팀 | 2 | 3 | 0 | 5 | 1 | 5 | – | 6 | 11 |
| | 소계 | 8 | 6 | 11 | 25 | 3 | 5 | 7 | 15 | 40 |
| 전입합계 | | 16 | 13 | 13 | 42 | 8 | 10 | 15 | 33 | 75 |

※ 1) '갑'기업은 식품 사업부와 외식 사업부로만 구성됨.
  2) 표 읽기 예시: A팀에서 전출하여 B팀으로 전입한 직원수는 4 명임.

───── 〈설 명〉 ─────

1. 식품 사업부에서 외식 사업부로 전출한 직원수는 외식 사업부에서 식품 사업부로 전출한 직원수보다 많다.

(O, X)

### 자료[기억하면 좋을 부분은?]

ex)
1) 전입, 전출부서
2) 식품 사업부, 외식 사업부
3) 전입, 전출 합계

### 설명

→ 식품 사업부에서 외식 사업부로 전출한 직원수는 외식 사업부에서 식품 사업부로 전출한 직원수보다 많다.

○ 목적 파트는?

○ 정보 파트는?

○ 정오 파트는?

### 간단 해설

목적 : 식품 사업부에서 외식 사업부로 전출 = 18명
    외식 사업부에서 식품 사업부로 전출 = 25명
    18명은 25명보다 많다.

답 : (X)

다음 〈표〉는 '갑' 공제회의 회원기금원금, 회원 수 및 1인당 평균 계좌 수, 자산 현황에 관한 자료이다. 이에 대한 〈설명〉의 정오는?

〈표〉 공제회 회원기금원금(연말 기준)

(단위 : 억원)

| 원금구분 \ 년 | 2005 | 2006 | 2007 | 2008 | 2009 | 2010 |
|---|---|---|---|---|---|---|
| 회원급여저축원금 | 19,361 | 21,622 | 21,932 | 22,030 | 23,933 | 26,081 |
| 목돈수탁원금 | 7,761 | 7,844 | 6,270 | 6,157 | 10,068 | 12,639 |
| 계 | 27,122 | 29,466 | 28,202 | 28,187 | 34,001 | 38,720 |

───── 〈설 명〉 ─────
1. 회원기금원금은 매년 증가하였다.

(O, X)

 자료

 설명

→ 회원기금원금은 매년 증가하였다.
○ 목적 파트는?

○ 정보 파트는?

○ 정오 파트는?

간단 해설

목적 : 회원기금원금 = 회원급여저축원금 + 목돈수탁원금 = 계
계는 매년 증가하지 않았다.

답 : (X)

다음 〈표〉는 세계 38개 국가의 공적연금 체계를 비교한 자료이다. 이에 대한 〈설명〉의 정오는?

〈표〉 세계 38개 국가의 공적연금 체계 비교

| 본인부담여부 / 사회기여방식 / 급여방식 / 체계 | 부담 방식 | | | 비부담 방식 | | 해당국가 |
|---|---|---|---|---|---|---|
| | 사회보험식 | | 퇴직준비금식 | 강제가입식 | 사회수당식 | 사회부조식 | |
| | 정액급여 | 소득비례급여 | 기여비례급여 | 기여비례급여 | 정액급여 | 보충급여 | |
| 일원체계 | ○ | | | | | | 네덜란드, 아이슬란드 |
| | | ○ | | | | | 독일, 오스트리아, 미국, 스페인, 포르투갈, 중국, 한국 |
| | | | | | ○ | | 뉴질랜드, 브루나이 |
| | | | | | | ○ | 호주, 남아프리카공화국 |
| | | | ○ | | | | 싱가포르, 말레이시아, 인도, 인도네시아 |
| 이원체계 | ○ | ○ | | | | | 일본, 영국, 노르웨이, 핀란드 |
| | ○ | | | | | ○ | 아일랜드 |
| | | ○ | | | | ○ | 이탈리아, 스웨덴, 프랑스, 벨기에, 불가리아, 루마니아, 스위스 |
| | | ○ | | ○ | | | 칠레, 멕시코, 아르헨티나, 페루, 콜롬비아 |
| 삼원체계 | ○ | ○ | | | | ○ | 이스라엘, 라트비아 |
| | ○ | | | | ○ | ○ | 덴마크 |
| | | ○ | | | ○ | ○ | 캐나다 |

※ '○'은 해당 국가에서 해당 방식을 도입한 것을 의미함.

---〈설 명〉---

1. 기여비례급여를 도입한 국가는 모두 9개이다.

(O, X)

자료

설명

→ 기여비례급여를 도입한 국가는 모두 9개이다.

○ 목적 파트는?

○ 정보 파트는?

○ 정오 파트는?

간단 해설

목적 : 기여비례급여를 도입한 국가
= 일원체계 마지막(4개국) + 이원체계 마지막(5개국)
= 9개국
기여비례급여를 도입한 국가는 9개이다.

답 : (O)

다음 〈표〉는 성인 500명이 응답한 온라인 도박과 오프라인 도박 관련 조사결과이다. 이에 대한 〈설명〉의 정오는?

〈표〉 온라인 도박과 오프라인 도박 관련 조사결과

(단위 : 명)

| 온라인＼오프라인 | × | △ | ○ | 합 |
|---|---|---|---|---|
| × | 250 | 21 | 2 | ( ) |
| △ | 113 | 25 | 6 | 144 |
| ○ | 59 | 16 | 8 | ( ) |
| 계 | 422 | ( ) | ( ) | 500 |

※ 1) × : 경험이 없고 충동을 느낀 적도 없음.
　 2) △ : 경험은 없으나 충동을 느낀 적이 있음.
　 3) ○ : 경험이 있음.

─────── 〈설 명〉 ───────

1. 온라인 도박 경험이 있다고 응답한 사람은 83명이다.

(O, X)

자료

설명

→ 온라인 도박 경험이 있다고 응답한 사람은 83명이다.

○ 목적 파트는?

○ 정보 파트는?

○ 정오 파트는?

 간단 해설

목적 : 온라인 경험이 있다.
　　　 = 온라인 ○ = 59+16+8 = 83명
　　　 온라인 도박 경험이 있는 응답자는 83명이다.

답 : (O)

다음 〈표〉는 2014년 '갑'국 지방법원(A ~ E)의 배심원 출석 현황에 관한 자료이다. 이에 대한 〈설명〉의 정오는?

〈표〉 2014년 '갑'국 지방법원(A ~ E)의 배심원 출석 현황

(단위 : 명)

| 구분<br>지방법원 | 소환인원 | 송달<br>불능자 | 출석<br>취소<br>통지자 | 출석의무자 | 출석자 |
|---|---|---|---|---|---|
| A | 1,880 | 533 | 573 | ( ) | 411 |
| B | 1,740 | 495 | 508 | ( ) | 453 |
| C | 716 | 160 | 213 | 343 | 189 |
| D | 191 | 38 | 65 | 88 | 57 |
| E | 420 | 126 | 120 | 174 | 115 |

※ 1) 출석의무자 수 = 소환인원 − 송달불능자 수 − 출석취소통지자 수

2) 출석률(%) = $\dfrac{\text{출석자 수}}{\text{소환인원}} \times 100$

3) 실질출석률(%) = $\dfrac{\text{출석자 수}}{\text{출석의무자 수}} \times 100$

───── 〈설 명〉 ─────
1. 출석의무자 수는 B지방법원이 A지방법원보다 많다.
(O, X)

🪶 자료

📖 설명

→ 출석의무자 수는 B지방법원이 A지방법원보다 많다.
○ 목적 파트는?

○ 정보 파트는?

○ 정오 파트는?

💡 간단 해설

목적 : 출석의무자 = 소환인원 − 송달불능자 − 출석취소통지자
B지방법원 = 1,740 − 495 − 508 = 737
A지방법원 = 1,880 − 533 − 573 = 774
(※ 덧셈뺄셈 비교법도 사용 해보자)
A지방법원이 B지방법원보다 많다.

답 : (X)

다음 〈표〉는 2010년 지역별 외국인 소유 토지면적에 대한 자료이다. 이에 대한 〈설명〉의 정오는?

〈표〉 2010년 지역별 외국인 소유 토지면적

(단위 : 천m²)

| 지 역 | 면 적 | 전년대비 증감면적 |
|---|---|---|
| 서 울 | 3,918 | 332 |
| 부 산 | 4,894 | −23 |
| 대 구 | 1,492 | −4 |
| 인 천 | 5,462 | −22 |
| 광 주 | 3,315 | 4 |
| 대 전 | 1,509 | 36 |
| 울 산 | 6,832 | 37 |
| 경 기 | 38,999 | 1,144 |
| 강 원 | 21,747 | 623 |
| 충 북 | 10,215 | 340 |
| 충 남 | 20,848 | 1,142 |
| 전 북 | 11,700 | 289 |
| 전 남 | 38,044 | 128 |
| 경 북 | 29,756 | 603 |
| 경 남 | 13,173 | 530 |
| 제 주 | 11,813 | 103 |
| 계 | 223,717 | 5,262 |

───── 〈설 명〉 ─────

1. 2009년 외국인 소유 토지면적이 가장 큰 지역은 경기이다.

(O, X)

 자료

 설명

→ 2009년 외국인 소유 토지면적이 가장 큰 지역은 경기이다.

○ 목적 파트는?

○ 정보 파트는?

○ 정오 파트는?

 간단 해설

목적 : 2009년 외국인 소유 토지면적
= 2010년 소유 토지면적 − 전년대비 증감면적
경기 = 38,999 − 1,144 = 37,855
전남이 경기보다 더 크다.

답 : (X)

다음 〈그림〉은 약품 A~C 투입량에 따른 오염물질 제거량을 측정한 자료이다. 이에 대한 〈설명〉의 정오는?

〈그림〉 약품 A~C 투입량에 따른 오염물질 제거량

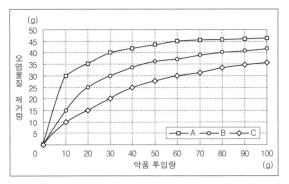

※ 약품은 혼합하여 투입하지 않으며, 측정은 모든 조건이 동일한 가운데 이루어짐.

---

── 〈설 명〉 ──

1. 오염물질 30 g을 제거하기 위해 필요한 투입량이 가장 적은 약품은 B이다.

(O, X)

---

 자료

---

 설명

→ 오염물질 30 g을 제거하기 위해 필요한 투입량이 가장 적은 약품은 B이다.

○ 목적 파트는?

○ 정보 파트는?

○ 정오 파트는?

---

 간단 해설

목적 : 오염물질 30g = y의 크기 30g
 가장 적은 것은 약품 A이다.

답 : (X)

다음 〈그림〉은 2019년 '갑'국의 가구별 근로장려금 산정기준에 관한 자료이다. 이에 대한 〈설명〉의 정오는?

〈그림〉 2019년 가구별 근로장려금 산정기준

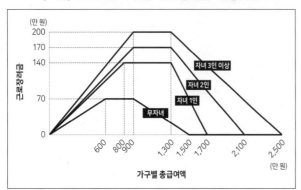

※ 2019년 가구별 근로장려금은 2018년 가구별 자녀수와 총급여액을 기준으로 산정함.

---

〈설 명〉

1. 2018년 총급여액이 1,000만원이고 자녀가 1명인 가구의 2019년 근로장려금은 140만원이다.
   (O, X)

2. 2018년 총급여액이 800만원 이하인 무자녀 가구는 2018년 총급여액이 많을수록 2019년 근로장려금도 많다.
   (O, X)

---

 자료

---

 설명

→ 2018년 총급여액이 1,000만원이고 자녀가 1명인 가구의 2019년 근로장려금은 140만원이다.

○ 목적 파트는?

○ 정보 파트는?

○ 정오 파트는?

---

→ 2018년 총급여액이 800만원 이하인 무자녀 가구는 2018년 총급여액이 많을수록 2019년 근로장려금도 많다.

○ 목적 파트는?

○ 정보 파트는?

○ 정오 파트는?

---

 간단 해설

목적 : 2019년 근로장려금은?

1. 18년 총급여액 1,000만원 + 자녀 1명 → 140만원 140만원이므로 옳다.
2. 18년 총급여액 800만원↓ + 자녀 0명
   → 무자녀의 경우 0~600만원까지만 우상향
   600만원까지만 우상향이므로 601~800만원의 경우 총급여가 많을수록 근로장려금이 많지 않다.

답 : (O, X)

다음 〈그림〉과 〈표〉는 주요 10개국의 인간개발지수와 시민지식 평균점수 및 주요 지표에 관한 자료이다. 이에 대한 〈설명〉의 정오는?

〈그림〉 국가별 인간개발지수와
시민지식 평균점수의 산포도

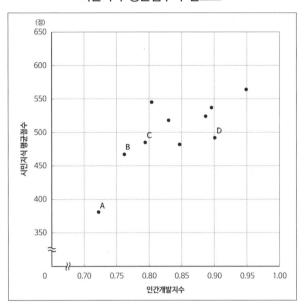

〈표〉 국가별 주요 지표

| 구분<br>국가 | 인간개발<br>지수 | 최근<br>국회의원<br>선거 투표<br>율<br>(%) | GDP 대비<br>공교육비<br>비율<br>(%) | 인터넷<br>사용률<br>(%) | 1인당<br>GDP<br>(달러) |
|---|---|---|---|---|---|
| 벨기에 | 0.896 | 92.5 | 6.4 | 85 | 41,138 |
| 불가리아 | 0.794 | 54.1 | 3.5 | 57 | 16,956 |
| 칠레 | 0.847 | 49.3 | 4.6 | 64 | 22,145 |
| 도미니카<br>공화국 | 0.722 | 69.6 | 2.1 | 52 | 13,375 |
| 이탈리아 | 0.887 | 75.2 | 4.1 | 66 | 33,587 |
| 대한민국 | 0.901 | 58.0 | 4.6 | 90 | 34,387 |
| 라트비아 | 0.830 | 58.9 | 4.9 | 79 | 22,628 |
| 멕시코 | 0.762 | 47.7 | 5.2 | 57 | 16,502 |
| 노르웨이 | 0.949 | 78.2 | 7.4 | 97 | 64,451 |
| 러시아 | 0.804 | 60.1 | 4.2 | 73 | 23,895 |

─── 〈설 명〉 ───

1. A국의 인터넷 사용률은 60% 미만이다.

(O, X)

 자료

 설명

→ A국의 인터넷 사용률은 60% 미만이다.

○ 목적 파트는?

○ 정보 파트는?

○ 정오 파트는?

 간단 해설

목적 : A국 인터넷 사용률
→ 〈그림〉에 의해 A국 인간개발지수 = 0.7~0.75
→ 〈표〉에 의해 A국 = 도미니카 → 인터넷 사용률 52%
따라서, A국의 인터넷 사용률은 60% 미만이다.

답 : (O)

다음 〈표〉는 2008 ~ 2010년 동안 도로화물운송업의
분야별 에너지 효율성에 관한 자료이다. 이에 대한
〈설명〉의 정오는?

〈표〉 도로화물운송업의 분야별 에너지 효율성

(단위 : 리터, 톤·km, 톤·km/리터)

| 분야 구분 연도 | 일반화물 | | | 개별화물 | | | 용달화물 | | |
|---|---|---|---|---|---|---|---|---|---|
| | A | B | C | A | B | C | A | B | C |
| 2008 | 4,541 | 125,153 | 27.6 | 1,722 | 37,642 | 21.9 | 761 | 3,714 | 4.9 |
| 2009 | 4,285 | 110,269 | 25.7 | 1,863 | 30,232 | 16.2 | 875 | 4,576 | 5.2 |
| 2010 | 3,970 | 107,943 | 27.2 | 1,667 | 18,523 | 11.1 | 683 | 2,790 | 4.1 |

※ 1) 도로화물운송의 분야는 일반화물, 개별화물, 용달화물로 구분됨.

2) A : 화물차 1대당 월평균 에너지 사용량(리터)

　B : 화물차 1대당 월평균 화물운송실적(톤·km)

　C : 화물차 1대당 월평균 에너지 효율성(톤·km/리터) = $\dfrac{B}{A}$

─── 〈설 명〉 ───

1. 2009년 화물운송실적이 가장 큰 분야는 일반화물이다.

(O, X)

자료

설명

→ 2009년 화물운송실적이 가장 큰 분야는 일반화물이다.

○ 목적 파트는?

○ 정보 파트는?

○ 정오 파트는?

간단 해설

목적 : 화물운송실적

　　→ B에 화물운송실적이 존재하나,
　　　화물차 수의 정보 없음.

　　→ 따라서 주어진 자료만으로는 해당 목적은 구할 수 없다.

답 : (X)

다음 〈표〉는 2000 ~ 2007년 7개 도시별 인구 증가율에 대한 자료이다. 이에 대한 〈설명〉의 정오는?

〈표〉 7개 도시별 전년대비 인구 증가율

(단위 : %)

| 연도<br>도시 | 2000 | 2001 | 2002 | 2003 | 2004 | 2005 | 2006 | 2007 |
|---|---|---|---|---|---|---|---|---|
| A | 9.0 | 3.4 | 8.0 | 1.3 | 1.0 | 2.2 | 4.3 | 4.4 |
| B | 5.3 | 7.9 | 6.7 | 4.8 | 0.6 | 3.0 | 3.4 | 4.6 |
| C | 7.4 | 1.0 | 4.4 | 2.6 | 3.2 | 0.6 | 3.9 | 4.5 |
| D | 6.8 | 4.9 | 10.7 | 2.4 | 3.8 | 3.7 | 6.8 | 7.4 |
| E | 10.1 | 3.4 | 9.5 | 1.6 | 1.5 | 6.5 | 6.5 | 3.7 |
| F | 9.1 | 4.6 | 8.1 | 7.4 | 1.6 | 2.6 | 3.4 | 3.2 |
| G | 8.5 | 0.5 | 15.8 | 2.6 | 4.3 | 4.6 | 1.9 | 4.6 |

───── 〈설 명〉 ─────

1. 도시 A~G 중 2000년 대비 2007년 인구 증가폭이 가장 높은 도시는 E이다.

(O, X)

 자료

 설명

→ 도시 A~G 2000년 대비 2007년 인구 증가폭이 가장 높은 도시는 E이다.

○ 목적 파트는?

○ 정보 파트는?

○ 정오 파트는?

 간단 해설

목적 : 2000년 대비 2007년 인구 증가폭
　　　→ 인구 증가폭 = 현재(07년) − 과거(00년)
　　　→ 주어진 정보로는 현재와 과거의 인구를 알 수 없다.
　　　→ 따라서 주어진 자료만으로는 해당 목적은 구할 수 없다.

답 : (X)

다음 〈표〉는 시설유형별 에너지 효율화 시장규모의 현황 및 전망에 대한 자료이다. 이에 대한 〈설명〉의 정오는?

〈표〉 시설유형별 에너지 효율화 시장규모의 현황 및 전망

(단위 : 억달러)

| 연도<br>시설유형 | 2010 | 2011 | 2012 | 2015<br>(예상) | 2020<br>(예상) |
|---|---|---|---|---|---|
| 사무시설 | 11.3 | 12.8 | 14.6 | 21.7 | 41.0 |
| 산업시설 | 20.8 | 23.9 | 27.4 | 41.7 | 82.4 |
| 주거시설 | 5.7 | 6.4 | 7.2 | 10.1 | 18.0 |
| 공공시설 | 2.5 | 2.9 | 3.4 | 5.0 | 10.0 |
| 전체 | 40.3 | 46.0 | 52.6 | 78.5 | 151.4 |

———— 〈설 명〉 ————

1. 2015 ~ 2020년 동안 '공공시설' 유형의 에너지 효율화 시장 규모는 매년 30% 이상 증가할 것으로 전망된다.

(O, X)

 자료

 설명

→ 2015 ~ 2020년 동안 '공공시설' 유형의 에너지 효율화 시장규모는 매년 30% 이상 증가할 것으로 전망된다.

○ 목적 파트는?

○ 정보 파트는?

○ 정오 파트는?

 간단 해설

목적 : 2015~2020년 매년 증가율
- → 증가율 = 증가 폭 / 과거 값
- → 증가폭과 과거 값을 알기 위해서는
  2015~2020년 정보가 모두 필요
- → 따라서 주어진 자료만으로는 해당 목적은 구할 수 없다.

답 : (X)

다음 〈그림〉은 2012년 1～4월 동안 월별 학교폭력 신고에 대한 자료이다. 이에 대한 〈설명〉의 정오는?

〈그림 1〉 월별 학교폭력 신고 건수

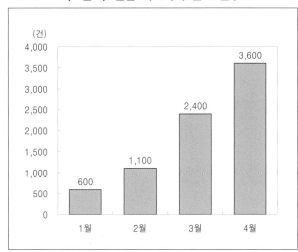

〈그림 2〉 월별 학교폭력 주요 신고자 유형별 비율

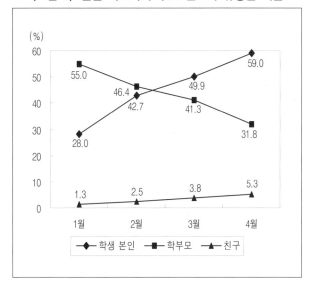

---
〈설 명〉
---

1. 학교폭력 발생 건수는 매월 증가하였다.

(O, X)

---

### 자료

### 설명

→ 학교폭력 발생 건수는 매월 증가하였다.

○ 목적 파트는?

○ 정보 파트는?

○ 정오 파트는?

### 간단 해설

목적 : 학교폭력 발생 건수
   → 주어진 자료에는 신고건수 뿐이다.
   → 따라서 주어진 자료만으로는 해당 목적은 구할 수 없다.

답 : (X)

다음 〈그림〉은 A강의 지점별 폭-수심비의 변화를
나타낸 것이다. 이에 대한 〈설명〉의 정오는?

〈그림〉 A강의 지점별 폭-수심비의 변화

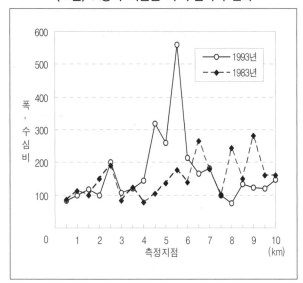

※ 폭-수심비는 전체 10km 측정구간 중 하류지점부터 매 500m
　마다의 측정지점에서 폭과 수심을 측정하여 계산한 결과임.

───── 〈설 명〉 ─────

1. 1993년 수심이 가장 깊은 측정지점은 5.5Km 지점이다.

(O, X)

 자료

 설명

→ 1993년 수심이 가장 깊은 측정지점은 5.5Km 지점이다.

○ 목적 파트는?

○ 정보 파트는?

○ 정오 파트는?

 간단 해설

목적 : 1993년 수심
　　　주어진 자료에는 폭-수심비만 존재할 뿐이다.
　　　따라서, 주어진 자료만으로 해당 목적은 구할 수 없다.

답 : (X)

다음 〈그림〉은 2012～2013년 16개 기업(A～P)의 평균연봉 순위와 평균연봉비에 관한 자료이다. 이에 대한 〈설명〉의 정오는?

〈그림〉 16개 기업 평균연봉 순위와 평균연봉비

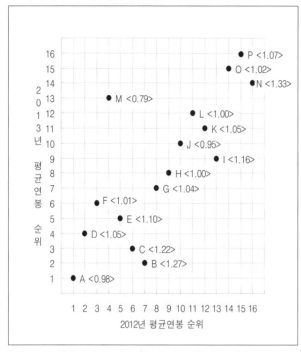

※ 1) 〈 〉 안의 수치는 해당기업의 평균연봉비를 나타냄.

$$평균연봉비 = \frac{2013년\ 평균연봉}{2012년\ 평균연봉}$$

2) 점의 좌표는 해당 기업의 2012년과 2013년 평균연봉 순위를 의미함.

─── 〈설 명〉 ───

1. 2012년 대비 2013년 평균연봉 감소폭이 가장 큰 기업은 M사이다.

(O, X)

 자료

 설명

→ 2012년 대비 2013년 평균연봉 감소폭이 가장 큰 기업은 M사이다.

○ 목적 파트는?

○ 정보 파트는?

○ 정오 파트는?

 간단 해설

목적 : 평균연봉 감소폭 = 과거 − 현재
                     = 감소율×과거값

M사 : 감소율은 가장 높지만 12년 등수가 4등이다.

A사 : 감소율이 가장 높진 않지만,
        12년 등수가 가장 높아 과거값이 가장크다.

주어진 자료는 순위 자료이므로,

현재와 과거의 크기순서만 알 수 있다.

즉, M사와 A사의 비교가 불가능하다.

따라서, 주어진 자료만으로는 해당 목적은 비교할 수 없다.

답 : (X)

다음 〈표〉는 2015년 '갑'국 공항의 운항 현황을 나타낸 자료이다. 이에 대한 〈설명〉의 정오는?

### 〈표 1〉 운항 횟수 상위 5개 공항

(단위 : 회)

| 국내선 | | | 국제선 | | |
|---|---|---|---|---|---|
| 순위 | 공항 | 운항 횟수 | 순위 | 공항 | 운항 횟수 |
| 1 | AJ | 65,838 | 1 | IC | 273,866 |
| 2 | KP | 56,309 | 2 | KH | 39,235 |
| 3 | KH | 20,062 | 3 | KP | 18,643 |
| 4 | KJ | 5,638 | 4 | AJ | 13,311 |
| 5 | TG | 5,321 | 5 | CJ | 3,567 |
| '갑'국 전체 | | 167,040 | '갑'국 전체 | | 353,272 |

※ 일부 공항은 국내선만 운항함.

### 〈표 2〉 전년대비 운항 횟수 증가율 상위 5개 공항

(단위 : %)

| 국내선 | | | 국제선 | | |
|---|---|---|---|---|---|
| 순위 | 공항 | 증가율 | 순위 | 공항 | 증가율 |
| 1 | MA | 229.0 | 1 | TG | 55.8 |
| 2 | CJ | 23.0 | 2 | AJ | 25.3 |
| 3 | KP | 17.3 | 3 | KH | 15.1 |
| 4 | TG | 16.1 | 4 | KP | 5.6 |
| 5 | AJ | 11.2 | 5 | IC | 5.5 |

---- 〈설 명〉 ----

1. 전년대비 국내선 운항 횟수가 가장 많이 증가한 공항은 MA공항이다.

(O, X)

자료

설명

→ 전년 대비 국내선 운항 횟수가 가장 많이 증가한 공항은 MA공항이다.

○ 목적 파트는?

○ 정보 파트는?

○ 정오 파트는?

간단 해설

목적 : 전년 대비 국내선 운항 횟수 증가폭
　　→ 증가폭 = 현재값 – 과거값
　　자료를 통해 주어진 정보는
　　증가율(증가폭/과거값)와 현재값이다.
　　MA의 국내선 운항 횟수 현재값은
　　〈표 1〉에 의해 많아야 5,320건이다.
　　반면 AJ의 경우 현재값이 65,838건이고,
　　증가율이 11.2%이므로,
　　AJ의 증가폭은 MA의 현재 값보다 크다.

답 : (X)

A시는 2016년에 폐업 신고한 전체 자영업자를 대상으로 창업교육 이수 여부와 창업부터 폐업까지의 기간을 조사하였다. 다음 〈그림〉은 조사결과를 이용하여 창업교육 이수 여부에 따른 기간별 생존비율을 비교한 자료이다. 이에 대한 〈설명〉의 정오는?

〈그림〉 창업교육 이수 여부에 따른 기간별 생존비율

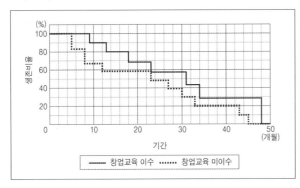

※ 1) 창업교육을 이수(미이수)한 폐업 자영업자의 기간별 비율은 창업교육을 이수(미이수)한 폐업 자영업자 중 생존기간이 해당 기간 이상인 자영업자의 비율임.
2) 생존기간은 창업부터 폐업까지의 기간을 의미함.

---
〈설 명〉
---

1. 창업교육을 미이수한 폐업 자영업자 중 생존기간이 10개월 미만인 자영업자의 비율은 20% 이상이다.

(O, X)

 자료

 설명

→ 창업교육을 미이수한 폐업 자영업자 중 생존기간이 10개월 미만인 자영업자의 비율은 20% 이상이다.

○ 목적 파트는?

○ 정보 파트는?

○ 정오 파트는?

 간단 해설

목적 : 생존기간이 10개월 미만인 자영업자의 비율
→ 생존기간이 10개월 미만이라는 것은,
창업 이후 10개월 이후에는 생존하지 못함 의미함.
주어진 자료의 생존비율이란 생존한 비율을 의미함.
즉, 생존비율을 제외한 나머지는 생존하지 못함을 의미함.
미이수는 10개월에 생존한 비율이 70% 이하이므로,
생존기간이 10개월 미만인 자영업자는 30% 이상이다.

답 : (O)

## 02 연습문제 LV.2

**Q** 연습문제 LV.2의 목표는 무엇인가요?

**A** LV.2의 목표는 고정값 VS 사칙연산 형태의 설명의 정오를 판단하는 것입니다.

| | | | |
|---|---|---|---|
| 목적을 통한 공식 구성 | 설명을 통한 고정값 유무 확인 (고정값이 있다면) | 고정값을 이용하여 비교 | 설명의 정오 판단 |

■ LV.1의 목표 (설명의 재구성을 통한 목적잡기와 정오판단)

| | | | |
|---|---|---|---|
| 자료를 통한 정보 확인 (지도 확인) | 설명을 읽고 목적 잡기 (동선 만들기) | 목적을 잡고 필요한 정보 찾기 (실제 이동하기) | 정보를 찾아 정오의 판단 (정오 판단) |

※ 문제 풀이를 통해 연습 할 것
1) 자료를 통해서 정보체크! (지도 확인)
   ↓
2) 설명에서 목적잡고! (동선 만들고)
   ↓
3) 설명의 정오를 판단한다. (실제 이동한다)

다음 〈표〉는 2006 ~ 2011년 어느 나라 5개 프로 스포츠 종목의 연간 경기장 수용규모 및 관중수용률을 나타낸 것이다. 이에 대한 〈설명〉의 정오는?

〈표〉프로 스포츠 종목의 연간
경기장 수용규모 및 관중수용률

(단위 : 천명, %)

| 종목 \ 구분 | 연도 | 2006 | 2007 | 2008 | 2009 | 2010 | 2011 |
|---|---|---|---|---|---|---|---|
| 야구 | 수용규모 | 20,429 | 20,429 | 20,429 | 20,429 | 19,675 | 19,450 |
| | 관중수용률 | 30.6 | 41.7 | 53.3 | 56.6 | 58.0 | 65.7 |
| 축구 | 수용규모 | 40,255 | 40,574 | 40,574 | 37,865 | 36,952 | 33,314 |
| | 관중수용률 | 21.9 | 26.7 | 28.7 | 29.0 | 29.4 | 34.9 |
| 농구 | 수용규모 | 5,899 | 6,347 | 6,354 | 6,354 | 6,354 | 6,653 |
| | 관중수용률 | 65.0 | 62.8 | 66.2 | 65.2 | 60.9 | 59.5 |
| 핸드볼 | 수용규모 | 3,230 | 2,756 | 2,756 | 2,756 | 2,066 | 2,732 |
| | 관중수용률 | 26.9 | 23.5 | 48.2 | 43.8 | 34.1 | 52.9 |
| 배구 | 수용규모 | 5,129 | 5,129 | 5,089 | 4,843 | 4,409 | 4,598 |
| | 관중수용률 | 16.3 | 27.3 | 24.6 | 30.4 | 33.4 | 38.6 |

$$※ 관중수용률(\%) = \frac{연간\ 관중\ 수}{연간\ 경기장\ 수용규모} \times 100$$

─── 〈설 명〉 ───

1. 2008년 축구의 연관 관중 수는 1200만명 이하이다.

(O, X)

**자료**

**설명**

→ 2008년 축구의 연관 관중 수는 1200만명 이하이다.
○ 목적 파트는?

○ 정보 파트는?

○ 정오 파트는?

**간단 해설**

목적 : 연관 관중 수 = 관중수용률 × 수용규모
08년 축구 = 40,574×28.7% 〈 12,000
(※ 28.7% = 2/7)
08년 축구의 연관 관중수는 1200만명 이하이다.

답 : (O)

다음 〈그림〉은 2011년 국내 원목 벌채와 이용의 흐름에 대한 자료이다. 이에 대한 〈설명〉의 정오는?

〈그림〉 2011년 국내 원목 벌채와 이용의 흐름

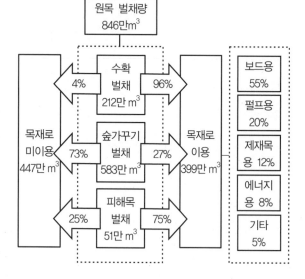

〈설 명〉

1. 숲가꾸기 벌채 중 목재로 미이용된 목재의 양은 420만㎥ 이상이다.

(O, X)

 **자료**

 **설명**

→ 숲가꾸기 벌채 중 목재로 미이용된 목재의 양은 420만㎥ 이상이다.

○ 목적 파트는?

○ 정보 파트는?

○ 정오 파트는?

 **간단 해설**

목적 : 숲가꾸기 벌채 중 목재로 미 이용된 목재
= 숲가꾸기 벌채량 × 목재로 미이용 비율
= 583×73% 〉 420이다. (※ 7/12 = 58.33%)
목재로 미 이용된 목재량은 420만㎥ 이상이다.

답 : (O)

다음 〈표〉는 '갑'국의 주택보급률 및 주거공간 현황에 대한 자료이다. 이에 대한 〈설명〉의 정오는?

### 〈표〉 '갑'국의 주택보급률 및 주거공간 현황

| 연도 | 가구수 (천가구) | 주택보 급률 (%) | 주거공간 | |
|---|---|---|---|---|
| | | | 가구당 (㎡/가구) | 1인당(㎡/인) |
| 2000 | 10,167 | 72.4 | 58.5 | 13.8 |
| 2001 | 11,133 | 86.0 | 69.4 | 17.2 |
| 2002 | 11,928 | 96.2 | 78.6 | 20.2 |
| 2003 | 12,491 | 105.9 | 88.2 | 22.9 |
| 2004 | 12,995 | 112.9 | 94.2 | 24.9 |

※ 1) 주택보급률(%) = $\dfrac{주택수}{가구수}$ × 100

2) 가구당 주거공간(m2/가구) = $\dfrac{주거공간 \ 총면적}{가구수}$

3) 1인당 주거공간(m2/인) = $\dfrac{주거공간 \ 총면적}{인구수}$

---
〈설 명〉
---
1. 2003년 주택수는 1300만 가구 이상이다.

(O, X)

---

### 자료

### 설명

→ 2003년 주택수는 1300만 가구 이상이다.

○ 목적 파트는?

○ 정보 파트는?

○ 정오 파트는?

### 간단 해설

목적 : 주택수 = 주택보급률 × 가구수
03년 주택수 = 12,491×105.9% 〉 13,000
(125% = 5/4)
따라서, 1300만 가구 이상이다.

답 : (O)

다음 〈표〉는 국내 입지별 지식산업센터 수에 대한 자료이다. 이에 대한 〈설명〉의 정오는?

〈표〉 국내 입지별 지식산업센터 수

(단위 : 개)

| 지 역 | 구 분 | 개별입지 | 계획입지 | 합 |
|---|---|---|---|---|
| 서울 | | 54 | 73 | 127 |
| 6대 광역시 | 부산 | 3 | 6 | 9 |
| | 대구 | 2 | 2 | 4 |
| | 인천 | 7 | 11 | ( ) |
| | 광주 | 0 | 2 | 2 |
| | 대전 | ( ) | 4 | 6 |
| | 울산 | 1 | 0 | 1 |
| 경기 | | 100 | ( ) | 133 |
| 강원 | | 1 | 0 | 1 |
| 충북 | | 0 | 0 | 0 |
| 충남 | | 0 | 1 | 1 |
| 전북 | | 0 | 1 | 1 |
| 전남 | | 1 | 1 | 2 |
| 경북 | | 2 | 0 | 2 |
| 경남 | | 2 | 15 | ( ) |
| 제주 | | 0 | 0 | 0 |
| 전국 합계 | | 175 | 149 | 324 |

※ 지식산업센터가 조성된 입지는 개별입지와 계획입지로 구분됨.

┌─────── 〈설 명〉 ───────┐
1. 수도권(서울, 인천, 경기)의 지식산업센터 수는 전국 합계의 80%가 넘는다.

(O, X)
└─────────────────────┘

자료

설명

→ 수도권(서울, 인천, 경기)의 지식산업센터 수는 전국 합계의 80%가 넘는다.
○ 목적 파트는?
○ 정보 파트는?
○ 정오 파트는?

간단 해설

목적 : 비중 = 일부(수도권)/전체(전국합계)

$$\frac{127+18+133}{324} \ \rangle? \ 80\% \ \rightarrow \ \frac{240+38}{300+24} \ \rangle 80\%$$

수도권의 비중은 80% 이상이다.
(※80% 이상을 보기 어렵다면, 여집합적 사고를 이용하자.)
(※수도권의 여집합은 무엇일까?)

답 : (O)

다음 〈표〉는 2019년 5월 10일 A 프랜차이즈의 지역별 가맹점수에 관한 자료이다. 이에 대한 〈설명〉의 정오는?

〈표〉 A 프랜차이즈의 지역별 가맹점수,
결제건수 및 결제금액

(단위: 개, 건, 만원)

| 지역 \ 구분 | | 가맹점수 | 결제건수 | 결제금액 |
|---|---|---|---|---|
| 서울 | | 1,269 | 142,248 | 241,442 |
| 6대광역시 | 부산 | 34 | 3,082 | 7,639 |
| | 대구 | 8 | 291 | 2,431 |
| | 인천 | 20 | 1,317 | 2,548 |
| | 광주 | 8 | 306 | 793 |
| | 대전 | 13 | 874 | 1,811 |
| | 울산 | 11 | 205 | 635 |
| 전체 | | 1,363 | 148,323 | 257,299 |

─── 〈설 명〉 ───

1. 전체 가맹점수에서 '서울' 지역 가맹점수 비중은 90% 이상이다.

(O, X)

자료

설명

→ 전체 가맹점수에서 '서울' 지역 가맹점수 비중은 90% 이상이다.

○ 목적 파트는?

○ 정보 파트는?

○ 정오 파트는?

간단 해설

목적 : 비중 = 일부(서울)/전체(전체)

$$\frac{1269}{1363} \; \rangle? \; 90\% \; \rightarrow \; \frac{900+369}{1000+363} \; \rangle \; 90\%$$

서울의 비중은 90% 이상이다.
(※ 90% 이상을 보기 어렵다면, 여집합적 사고를 이용하자.)
(※ 서울의 여집합은 무엇일까?)

답 : (O)

다음 〈표〉는 2014 ~ 2018년 '갑'국 체류외국인수 및 체류외국인 범죄건수에 대한 자료이다. 이에 대한 〈설명〉의 정오는?

〈표〉 체류외국인수 및 체류외국인 범죄건수

(단위: 명, 건)

| 연도<br>구분 | 2014 | 2015 | 2016 | 2017 | 2018 |
|---|---|---|---|---|---|
| 체류외국인수 | 1,168,477 | 1,261,415 | 1,395,077 | 1,445,103 | 1,576,034 |
| 합법체류<br>외국인수 | 990,522 | 1,092,900 | 1,227,297 | 1,267,249 | 1,392,928 |
| 불법체류<br>외국인수 | 177,955 | 168,515 | 167,780 | 177,854 | 183,106 |
| 체류외국인<br>범죄건수 | 21,235 | 19,445 | 25,507 | 22,914 | 24,984 |
| 합법체류외국인<br>범죄건수 | 18,645 | 17,538 | 23,970 | 21,323 | 22,951 |
| 불법체류외국인<br>범죄건수 | 2,590 | 1,907 | 1,537 | 1,591 | 2,033 |

──────── 〈설 명〉 ────────

1. 매년 합법체류외국인 범죄건수는 체류외국인 범죄건수의 80% 이상이다.

(O, X)

자료

설명

→ 매년 합법체류외국인 범죄건수는 체류외국인 범죄건수의 80% 이상이다.

○ 목적 파트는?

○ 정보 파트는?

○ 정오 파트는?

간단 해설

목적 : 비중 = 일부(합법외국인 범죄건수)/전체(전체외국인 범죄건수) 모두 80% 이상이다.
　　　(※ 80% 이상을 보기 어렵다면, 여집합적 사고를 이용하자.)
　　　(※ 합법외국인의 여집합은 무엇일까?)

답 : (O)

다음 〈표〉는 2014년 '갑'국 지방법원(A ~ E)의 배심원 출석 현황에 관한 자료이다. 이에 대한 〈설명〉의 정오는?

〈표〉 2014년 '갑'국 지방법원(A ~ E)의 배심원 출석 현황

(단위 : 명)

| 구분<br>지방<br>법원 | 소환인원 | 송달불능자 | 출석취소통지자 | 출석의무자 | 출석자 |
|---|---|---|---|---|---|
| A | 1,880 | 533 | 573 | ( ) | 411 |
| B | 1,740 | 495 | 508 | ( ) | 453 |
| C | 716 | 160 | 213 | 343 | 189 |
| D | 191 | 38 | 65 | 88 | 57 |
| E | 420 | 126 | 120 | 174 | 115 |

※ 1) 출석의무자 수 = 소환인원 − 송달불능자 수 − 출석취소통지자 수

2) 출석률(%) = $\dfrac{\text{출석자 수}}{\text{소환인원}} \times 100$

3) 실질출석률(%) = $\dfrac{\text{출석자 수}}{\text{출석의무자 수}} \times 100$

---〈설 명〉---

1. A ~ E지방법원 전체 소환인원에서 A지방법원의 소환인원이 차지하는 비율은 35% 이상이다.

(O, X)

 자료

 설명

→ A ~ E지방법원 전체 소환인원에서 A지방법원의 소환인원이 차지하는 비율은 35% 이상이다.

○ 목적 파트는?

○ 정보 파트는?

○ 정오 파트는?

**간단 해설**

목적 : 비중 = 일부(A지방법원)/전체(전체 지방법원)

$$\frac{1880}{1880 + 1740 + 716 + 191 + 420} \quad \rangle? \ 35\%$$

$$\frac{1400 + 480}{4000 + 947} \quad \rangle \ 35\%$$

A법원의 비중은 35% 이상이다.

(※ 전체를 구하지 않고 35%를 확인 할 방법은 없을까?)

답 : (O)

다음 〈표〉는 A국에 출원된 의약품 특허출원에 관한 자료이다. 이에 대한 〈설명〉의 정오는?

### 〈표 1〉 의약품별 특허출원 현황

(단위 : 건)

| 연 도<br>구 분 | 2008 | 2009 | 2010 |
|---|---|---|---|
| 완제의약품 | 7,137 | 4,394 | 2,999 |
| 원료의약품 | 1,757 | 797 | 500 |
| 기타 의약품 | 2,236 | 1,517 | 1,220 |
| 계 | 11,130 | 6,708 | 4,719 |

### 〈표 2〉 의약품별 특허출원 중 다국적기업 출원 현황

(단위 : 건)

| 연 도<br>구 분 | 2008 | 2009 | 2010 |
|---|---|---|---|
| 완제의약품 | 404 | 284 | 200 |
| 원료의약품 | 274 | 149 | 103 |
| 기타 의약품 | 215 | 170 | 141 |
| 계 | 893 | 603 | 444 |

### 〈표 3〉 완제의약품 특허출원 중 다이어트제 출원 현황

(단위 : 건)

| 연 도<br>구 분 | 2008 | 2009 | 2010 |
|---|---|---|---|
| 출원건수 | 53 | 32 | 22 |

---

**〈설 명〉**

1. 2010년 전체 의약품 특허출원의 30% 이상이 기타 의약품 특허출원이었다.

(O, X)

2. 2010년 다국적기업에서 출원한 완제의약품 특허출원 중 다이어트제 특허출원은 11%였다.

(O, X)

 자료

📖 설명

→ 2010년 전체 의약품 특허출원의 30% 이상이 기타 의약품 특허출원이었다.

○ 목적 파트는?

○ 정보 파트는?

○ 정오 파트는?

→ 2010년 다국적기업에서 출원한 완제의약품 특허출원 중 다이어트제 특허출원은 11%였다.

○ 목적 파트는?

○ 정보 파트는?

○ 정오 파트는?

 간단 해설

목적 : 비중 = 일부(기타 의약품 특허)/전체(전체 의약품 특허)

$$\frac{1220}{5509} \ \langle ? \ 30\% \ \rightarrow \ 30\% \ 이하이다.$$

비중 = 일부(다국적 다이어트제)/전체(다국적 완제의약품)

→ 다국적 완제의약품은 〈표2〉에 주어졌으나,
  다국적 다이어트제는 주어지지 않았으므로 알 수 없다.

답 : (O, X)

다음 〈표〉는 2012 ~ 2016년 조세심판원의 연도별 사건처리 건수에 관한 자료이다. 이에 대한 〈설명〉의 정오는?

〈표〉 조세심판원의 연도별 사건처리 건수

(단위 : 건)

| 구분 | 연도 | 2012 | 2013 | 2014 | 2015 | 2016 |
|---|---|---|---|---|---|---|
| 처리 대상 건수 | 전년이월 건수 | 1,854 | ( ) | 2,403 | 2,127 | 2,223 |
| | 당년접수 건수 | 6,424 | 7,883 | 8,474 | 8,273 | 6,003 |
| | 소계 | 8,278 | ( ) | 10,877 | 10,400 | 8,226 |
| 처리 건수 | 취하 건수 | 90 | 136 | 163 | 222 | 163 |
| | 각하 건수 | 346 | 301 | 482 | 450 | 506 |
| | 기각 건수 | 4,214 | 5,074 | 6,200 | 5,579 | 4,322 |
| | 재조사 건수 | 27 | 0 | 465 | 611 | 299 |
| | 인용 건수 | 1,767 | 1,803 | 1,440 | 1,306 | 1,338 |
| | 소계 | 6,444 | 7,314 | 8,750 | 8,177 | 6,628 |

※ 1) 당해 연도 전년이월 건수 = 전년도 처리대상 건수 − 전년도 처리 건수

2) 처리율(%) = $\dfrac{\text{처리 건수}}{\text{처리대상 건수}} \times 100$

3) 기각률(%) = $\dfrac{\text{기각건수}}{\text{각하 건수 + 기각 건수 + 인용 건수}} \times 100$

―――――― 〈설 명〉 ――――――

1. 처리대상 건수가 가장 적은 연도의 처리율은 75% 이상이다.

(O, X)

2. 2013년 기각율은 75% 이상이다.

(O, X)

 자료

📖 설명

→ 처리대상 건수가 가장 적은 연도의 처리율은 75% 이상이다.
○ 목적 파트는?

○ 정보 파트는?

○ 정오 파트는?

→ 2013년 기각률은 75% 이상이다.
○ 목적 파트는?

○ 정보 파트는?

○ 정오 파트는?

💡 간단 해설

목적 : 비중 = 일부(처리 건수)/전체(처리대상 건수)

16년 = $\dfrac{6628}{8226}$ 〉? 75% → 75% 이상이다.

(※ 75% = 3/4)

비중 = 일부(기각 건수)/전체(각하 + 기각 + 인용)

13년 = $\dfrac{5074}{301 + 5074 + 1803}$ 〈? 75% → 75% 이하이다.

(※ 전체값이 없는 경우엔 어떻게 접근하는 것이 좋을까?)

답 : (O, X)

다음 〈그림〉은 우리나라의 직장어린이집 수에 대한 자료이다. 이에 대한 〈설명〉의 정오는?

〈그림 1〉 2000 ~ 2010년 전국 직장어린이집 수

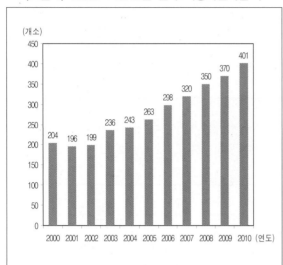

〈그림 2〉 2010년 지역별 직장어린이집 수

(단위 : 개소)

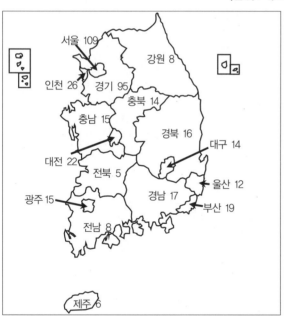

━━━━ 〈설 명〉 ━━━━

1. 2010년 인천 지역 직장어린이집 수는 2010년 전국 직장어린이집 수의 5% 이하이다.

(O, X)

2. 2006년 대비 2008년 전국 직장어린이집 수는 20% 이상 증가하였다.

(O, X)

---

📖 **자료**

📖 **설명**

→ 2010년 인천 지역 직장어린이집 수는 2010년 전국 직장어린이집 수의 5% 이하이다.
○ 목적 파트는?

○ 정보 파트는?

○ 정오 파트는?

→ 2006년 대비 2008년 전국 직장어린이집 수는 20% 이상 증가하였다.
○ 목적 파트는?

○ 정보 파트는?

○ 정오 파트는?

🔬 **간단 해설**

목적 : 비중 = 일부(인천)/전체(전국)

$\dfrac{26}{401}$ 〉? 5% → 5% 이상이다.

(※ 5%가 보기 힘들다면 단위를 조절하자.)

증가율 = 증가폭(08년 - 06년) / 과거값(06년)

$\dfrac{52}{350}$ 〈? 20% → 20% 이하이다.

답 : (X, X)

다음 〈그림〉과 〈표〉는 F 국제기구가 발표한 2014년 3월～2015년 3월 동안의 식량 가격지수와 품목별 가격지수에 대한 자료이다. 이에 대한 〈설명〉의 정오는?

〈그림〉 식량 가격지수

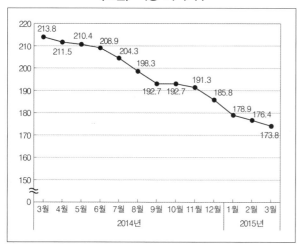

─── 〈설 명〉 ───

1. 2015년 3월의 식량 가격지수는 2014년 3월에 비해 15% 이상 하락했다.

(O, X)

 자료

 설명

→ 2015년 3월의 식량 가격지수는 2014년 3월에 비해 15% 이상 하락했다.

○ 목적 파트는?

○ 정보 파트는?

○ 정오 파트는?

간단 해설

목적 : 감소율 = 감소폭(14/03-15/03) / 과거값(14/03)

가격지수(14/03 → 15/03) = $\frac{40.0}{213.8}$ 〉? 15%

15% 이상 하락 하였다.

답 : (O)

다음 〈표〉는 2016 ~ 2019년 '갑'국의 방송통신 매체별 광고매출액에 관한 자료이다. 이에 대한 〈설명〉의 정오는?

〈표〉 2016 ~ 2019년 방송통신 매체별 광고매출액

(단위: 억 원)

| 매체 | 세부 매체 | 2016 | 2017 | 2018 | 2019 |
|---|---|---|---|---|---|
| 방송 | 지상파TV | 15,517 | 14,219 | 12,352 | 12,310 |
| | 라디오 | 2,530 | 2,073 | 1,943 | 1,816 |
| | 지상파DMB | 53 | 44 | 36 | 35 |
| | 케이블PP | 18,537 | 17,130 | 16,646 | ( ) |
| | 케이블SO | 1,391 | 1,408 | 1,275 | 1,369 |
| | 위성방송 | 480 | 511 | 504 | 503 |
| | 소계 | 38,508 | 35,385 | 32,756 | 31,041 |
| 온라인 | 인터넷(PC) | 19,092 | 20,554 | 19,614 | 19,109 |
| | 모바일 | 28,659 | 36,618 | 45,678 | 54,781 |
| | 소계 | 47,751 | 57,172 | 65,292 | 73,890 |

─── 〈설 명〉 ───

1. 2017 ~ 2019년 동안 모바일 광고매출액의 전년 대비 증가율은 매년 30% 이상이다.

(O, X)

 자료

 설명

→ 2017 ~ 2019년 동안 모바일 광고매출액의 전년 대비 증가율은 매년 30% 이상이다.

○ 목적 파트는?

○ 정보 파트는?

○ 정오 파트는?

간단 해설

목적: 증가율 = 증가폭(19년-18년) / 과거값(18년)

모바일(18 → 19) = $\dfrac{9103}{45678}$ 〈? 30%

18 → 19년의 경우 증가율이 30% 미만이다.
(모든 연도를 확인해야 할까?)

답 : (X)

다음 〈표〉는 2018년과 2019년 14개 지역에 등록된 5톤 미만 어선 수에 관한 자료이다. 이에 대한 〈설명〉의 정오는?

〈표〉 2018년과 2019년 14개 지역에 등록된 5톤 미만 어선 수

(단위: 척)

| 연도 | 지역 | 1톤 미만 | 1톤 이상 2톤 미만 | 2톤 이상 3톤 미만 | 3톤 이상 4톤 미만 | 4톤 이상 5톤 미만 |
|---|---|---|---|---|---|---|
| 2019 | 부산 | 746 | 1,401 | 374 | 134 | 117 |
| | 대구 | 6 | 0 | 0 | 0 | 0 |
| | 인천 | 98 | 244 | 170 | 174 | 168 |
| | 울산 | 134 | 378 | 83 | 51 | 32 |
| | 세종 | 8 | 0 | 0 | 0 | 0 |
| | 경기 | 910 | 283 | 158 | 114 | 118 |
| | 강원 | 467 | 735 | 541 | 296 | 179 |
| | 충북 | 427 | 5 | 1 | 0 | 0 |
| | 충남 | 901 | 1,316 | 743 | 758 | 438 |
| | 전북 | 348 | 1,055 | 544 | 168 | 184 |
| | 전남 | 6,861 | 10,318 | 2,413 | 1,106 | 2,278 |
| | 경북 | 608 | 640 | 370 | 303 | 366 |
| | 경남 | 2,612 | 4,548 | 2,253 | 1,327 | 1,631 |
| | 제주 | 123 | 145 | 156 | 349 | 246 |
| 2018 | 부산 | 793 | 1,412 | 351 | 136 | 117 |
| | 대구 | 6 | 0 | 0 | 0 | 0 |
| | 인천 | 147 | 355 | 184 | 191 | 177 |
| | 울산 | 138 | 389 | 83 | 52 | 33 |
| | 세종 | 7 | 0 | 0 | 0 | 0 |
| | 경기 | 946 | 330 | 175 | 135 | 117 |
| | 강원 | 473 | 724 | 536 | 292 | 181 |
| | 충북 | 434 | 5 | 1 | 0 | 0 |
| | 충남 | 1,036 | 1,429 | 777 | 743 | 468 |
| | 전북 | 434 | 1,203 | 550 | 151 | 188 |
| | 전남 | 7,023 | 10,246 | 2,332 | 1,102 | 2,297 |
| | 경북 | 634 | 652 | 372 | 300 | 368 |
| | 경남 | 2,789 | 4,637 | 2,326 | 1,313 | 1,601 |
| | 제주 | 142 | 163 | 153 | 335 | 250 |

───── 〈설 명〉 ─────

1. 2019년 경기의 5톤 미만 어선 수의 전년 대비 증감률은 10% 미만이다.

(O, X)

 자료

 설명

→ 2019년 경기의 5톤 미만 어선 수의 전년 대비 증감률은 10% 미만이다.

○ 목적 파트는?

○ 정보 파트는?

○ 정오 파트는?

 간단 해설

목적: 증감률 = 증감폭(| 19년-18년 |) / 과거값(18년)

$$경기(18 \rightarrow 19) = \frac{|-36-47-17-21+1|}{946 + 330 + 175 + 135 + 117} < ? \ 10\%$$

경기도의 증감률은 10% 미만이다.

(※ 각의 톤급을 나누어 생각해보는 것은 어떨까?)

답 : (O)

다음 〈표〉는 2013 ~ 2017년 '갑'국의 사회간접자본 (SOC) 투자규모에 관한 자료이다. 이에 대한 〈설명〉의 정오는?

〈표〉 '갑'국의 사회간접자본(SOC) 투자규모

(단위: 조원, %)

| 구분＼연도 | 2013 | 2014 | 2015 | 2016 | 2017 |
|---|---|---|---|---|---|
| SOC 투자규모 | 20.5 | 25.4 | 25.1 | 24.4 | 23.1 |
| 총지출 대비 SOC 투자규모 비중 | 7.8 | 8.4 | 8.6 | 7.9 | 6.9 |

── 〈설 명〉 ──

1. 2014년 'SOC 투자규모'의 전년대비 증가율은 30% 이하이다.

(O, X)

2. 2017년 총지출은 300조원 이상이다.

(O, X)

자료

설명

→ 2014년 'SOC 투자규모'의 전년대비 증가율은 30% 이하이다.

○ 목적 파트는?

○ 정보 파트는?

○ 정오 파트는?

→ 2017년 총지출은 300조원 이상이다.

○ 목적 파트는?

○ 정보 파트는?

○ 정오 파트는?

간단 해설

목적 : 증가율 = 증가폭(14년-13년) / 과거값(13년)

투자규모(13 → 14) = $\dfrac{4.9}{20.5}$ 〉? 30%

→ 14년의 전년대비 증가율은 30% 이상이다.

총지출 = 투자규모 / 총지출 대비 투자규모 비중

총지출(17) = $\dfrac{23.1}{6.9\%}$ 〉? 300

→ 17년 총지출은 300억 이상이다.

답 : (O, O)

다음 〈표〉는 A지역 유치원 유형별 교지면적과 교사면적에 대한 자료이다. 이에 대한 〈설명〉의 정오는?

〈표〉A지역 유치원 유형별 교지면적과 교사면적

(단위 : m²)

| 구분 | 유치원 유형 | 국립 | 공립 | 사립 |
|---|---|---|---|---|
| 교지면적 | 유치원당 | 255.0 | 170.8 | 1,478.4 |
| | 원아 1인당 | 3.4 | 6.1 | 13.2 |
| 교사면적 | 유치원당 | 562.5 | 81.2 | 806.4 |
| | 원아 1인당 | 7.5 | 2.9 | 7.2 |

───── 〈설 명〉 ─────

1. 유치원당 교지면적은 사립이 국립의 5.5배 이상이고
유치원당 교사면적은 사립이 국립의 1.4배 이상이다.

(O, X)

 자료

─────────────────────

 설명

→ 유치원당 교지면적은 사립이 국립의 5.5배 이상이고
유치원당 교사면적은 사립이 국립의 1.4배 이상이다.

○ 목적 파트는?

○ 정보 파트는?

○ 정오 파트는?

 간단 해설

목적 : 국립 대비 사립의 크기 = 사립 / 국립

유치원당 교지면적 → $\dfrac{1478.4}{255.0}$ 〉5.5

유치원당 교사면적 → $\dfrac{806.4}{562.5}$ 〉1.4

둘다 옳다.

(※ 5.5와 1.4를 55%와 14%로 만들어보는 것은 어떨까?)

답 : (O)

다음 〈표〉는 2001 ~ 2012년 '갑'국 식품산업 매출액 및 생산액 추이에 대한 자료이다. 이에 대한 〈설명〉의 정오는?

〈표〉 '갑'국 식품산업 매출액 및 생산액 추이

(단위 : 십억원, %)

| 구분 / 연도 | 식품산업 매출액 | 식품산업 생산액 | 제조업 생산액 대비 식품산업 생산액 비중 | GDP 대비 식품산업 생산액 비중 |
|---|---|---|---|---|
| 2001 | 30,781 | 27,685 | 17.98 | 4.25 |
| 2002 | 36,388 | 35,388 | 21.17 | 4.91 |
| 2003 | 23,909 | 21,046 | 11.96 | 2.74 |
| 2004 | 33,181 | 30,045 | 14.60 | 3.63 |
| 2005 | 33,335 | 29,579 | 13.84 | 3.42 |
| 2006 | 35,699 | 32,695 | 14.80 | 3.60 |
| 2007 | 37,366 | 33,148 | 13.89 | 3.40 |
| 2008 | 39,299 | 36,650 | 14.30 | 3.57 |
| 2009 | 44,441 | 40,408 | 15.16 | 3.79 |
| 2010 | 38,791 | 34,548 | 10.82 | 2.94 |
| 2011 | 44,448 | 40,318 | 11.58 | 3.26 |
| 2012 | 47,328 | 43,478 | 12.22 | 3.42 |

─────── 〈설 명〉 ───────

1. 2008년 '갑'국 GDP는 1,000조원 이상이다.

(O, X)

자료

설명

→ 2008년 '갑'국 GDP는 1,000조원 이상이다.
○ 목적 파트는?

○ 정보 파트는?

○ 정오 파트는?

간단 해설

목적 : GDP = $\dfrac{\text{식품산언 생산액}}{\text{GDP 대비 식품산업 생산액 비중}}$

GDP(08) = $\dfrac{36650}{3.57\%}$ 〉 100만

단위가 십억원이므로, 1,000조 이상이다.

답 : (O)

다음 〈표〉는 임차인 A ~ E의 전·월세 전환 현황에 대한 자료이다. 이에 대한 〈설명〉의 정오는?

〈표〉 임차인 A ~ E의 전·월세 전환 현황

(단위 : 만원)

| 임차인 | 전세금 | 월세보증금 | 월세 |
|---|---|---|---|
| A | (    ) | 25,000 | 50 |
| B | 42,000 | 30,000 | 60 |
| C | 60,000 | (    ) | 70 |
| D | 38,000 | 30,000 | 80 |
| E | 58,000 | 53,000 | (    ) |

※ 전·월세 전환율(%) = $\dfrac{월세 \times 12}{전세금 - 월세보증금} \times 100$

---
〈설 명〉

1. B의 전·월세 전환율은 10%이다.

(O, X)

---

**자료**

---

**설명**

→ B의 전·월세 전환율은 10%이다.

○ 목적 파트는?

○ 정보 파트는?

○ 정오 파트는?

**간단 해설**

목적 : 전·월세 전환율

$$B = \frac{60 \times 12}{42000-30000} = \frac{60}{1000}$$

B의 전·월세 전환율은 6%이다.

답 : (X)

# Day 9

## 03 연습문제 LV.3

**Q** 연습문제 LV.3의 목표는 무엇인가요?

**A** LV.3의 목표는 사칙연산 VS 사칙연산 형태의 설명의 정오를 판단 하는 것입니다.

| 목적을 통한 공식 구성 | 설명을 통한 고정값 유무 확인 (고정값이 없다면) | 고정값을 만들어 비교 고정값 비교 후 사칙연산 간의 비교 | 설명의 정오 판단 |

■ LV.1의 목표 (설명의 재구성을 통한 목적잡기와 정오판단)

| 자료를 통한 정보 확인 (지도 확인) | 설명을 읽고 목적 잡기 (동선 만들기) | 목적을 잡고 필요한 정보 찾기 (실제 이동하기) | 정보를 찾아 정오의 판단 (정오 판단) |

■ LV.2의 목표 (고정값이 주어진 설명의 해결)

| 목적을 통한 공식 구성 | 설명을 통한 고정값 유무 확인 (고정값이 있다면) | 고정값을 이용하여 비교 | 설명의 정오 판단 |

※ 문제 풀이를 통해 연습 할 것
  1) 자료를 통해서 정보체크! (지도 확인)
  2) 설명에서 목적잡고! (동선 만들고)
  3) 설명의 정오를 판단한다. (실제 이동한다)

## 연습문제 LV.3-01 (민경채 15-10)

다음 〈표〉는 A발전회사의 연도별 발전량 및 신재생 에너지 공급 현황에 관한 자료이다. 이에 대한 〈설명〉의 정오는?

〈표〉 A발전회사의 연도별 발전량 및 신재생에너지 공급 현황

| 구분 | 연도 | 2012 | 2013 | 2014 |
|---|---|---|---|---|
| 발전량(GWh) | | 55,000 | 51,000 | 52,000 |
| 신재생 에너지 | 공급의무율(%) | 1.4 | 2.0 | 3.0 |
| | 자체공급량(GWh) | 75 | 380 | 690 |
| | 인증서구입량(GWh) | 15 | 70 | 160 |

※ 1) 공급의무율(%) = $\dfrac{\text{공급의무량}}{\text{발전량}}$ × 100

2) 이행량(GWh) = 자체공급량 + 인증서구입량

---

〈설 명〉

1. 공급의무량은 매년 증가한다.

(O, X)

---

 자료

 설명

→ 공급의무량은 매년 증가한다.

○ 목적 파트는?

○ 정보 파트는?

○ 정오 파트는?

 간단 해설

목적 : 공급의무량 = 공급의무율 × 발전량
　　　 12년 = 55×1.4 = 77
　　　 13년 = 51×2.0 = 102
　　　 14년 = 52×3.0 = 156
　　　 매년 증가함.

답 : (O)

다음 〈표〉는 '갑'국의 주택보급률 및 주거공간 현황에 대한 자료이다. 이에 대한 〈설명〉의 정오는?

〈표〉 '갑'국의 주택보급률 및 주거공간 현황

| 연도 | 가구수 (천가구) | 주택보급률 (%) | 주거공간 | |
|---|---|---|---|---|
| | | | 가구당 (㎡/가구) | 1인당(㎡/인) |
| 2000 | 10,167 | 72.4 | 58.5 | 13.8 |
| 2001 | 11,133 | 86.0 | 69.4 | 17.2 |
| 2002 | 11,928 | 96.2 | 78.6 | 20.2 |
| 2003 | 12,491 | 105.9 | 88.2 | 22.9 |
| 2004 | 12,995 | 112.9 | 94.2 | 24.9 |

※ 1) 주택보급률(%) = $\dfrac{주택수}{가구수} \times 100$

2) 가구당 주거공간(㎡/가구) = $\dfrac{주거공간\ 총면적}{가구수}$

3) 1인당 주거공간(㎡/인) = $\dfrac{주거공간\ 총면적}{인구수}$

─── 〈설 명〉 ───

1. 주택수는 매년 증가하였다.

(O, X)

2. 2004년 주거공간 총면적은 2000년 주거공간 총면적의 2배 이상이다.

(O, X)

 자료

 설명

→ 주택수는 매년 증가하였다.
○ 목적 파트는?

○ 정보 파트는?

○ 정오 파트는?

→ 2004년 주거공간 총면적은 2000년 주거공간 총면적의 2배 이상이다.
○ 목적 파트는?

○ 정보 파트는?

○ 정오 파트는?

 간단 해설

목적 : 주택수 = 주택보급률 × 가구수
매년 주택보급률과 가구수가 증가하므로, 매년 증가함

주거공간 총면적 = 가구당 주거공간 × 가구수
00년 = 101×585    04년 = 130×942
≒ 58500×100%    ≒ 94200×130%
≒ 58,500    ≒ 122,000

답 : (O, O)

다음 〈표〉는 조선 후기 이후 인구 현황에 대한 자료이다. 이에 대한 〈설명〉의 정오는?

〈표 1〉 지역별 인구분포(1648년)

(단위 : 천명, %)

| 구분 | 전체 | 한성 | 경기 | 충청 | 전라 | 경상 | 강원 | 황해 | 평안 | 함경 |
|---|---|---|---|---|---|---|---|---|---|---|
| 인구 | 1,532 | 96 | 81 | 174 | 432 | 425 | 54 | 55 | 146 | 69 |
| 비중 | 100.0 | 6.3 | 5.3 | 11.4 | 28.2 | 27.7 | 3.5 | 3.6 | 9.5 | 4.5 |

〈표 2〉 지역별 인구지수

| 지역<br>연도 | 한성 | 경기 | 충청 | 전라 | 경상 | 강원 | 황해 | 평안 | 함경 |
|---|---|---|---|---|---|---|---|---|---|
| 1648 | 100 | 100 | 100 | 100 | 100 | 100 | 100 | 100 | 100 |
| 1753 | 181 | 793 | 535 | 276 | 391 | 724 | 982 | 868 | 722 |
| 1789 | 197 | 793 | 499 | 283 | 374 | 615 | 1,033 | 888 | 1,009 |
| 1837 | 213 | 812 | 486 | 253 | 353 | 589 | 995 | 584 | 1,000 |
| 1864 | 211 | 832 | 505 | 251 | 358 | 615 | 1,033 | 598 | 1,009 |
| 1904 | 200 | 831 | 445 | 216 | 261 | 559 | 695 | 557 | 1,087 |

※ 1) 인구지수 $= \dfrac{\text{해당연도 해당지역 인구}}{\text{1648년 해당지역 인구}} \times 100$

　2) 조선 후기 이후 전체 인구는 9개 지역 인구의 합임.

─── 〈설 명〉 ───

1. 1753년 강원 지역 인구는 1648년 전라 지역 인구보다 많다.

(O, X)

2. 1864년 인구가 가장 많은 지역은 경상이다.

(O, X)

자료

설명

→ 1753년 강원 지역 인구는 1648년 전라 지역 인구보다 많다.
○ 목적 파트는?

○ 정보 파트는?

○ 정오 파트는?

→ 1864년 인구가 가장 많은 지역은 경상이다.
○ 목적 파트는?

○ 정보 파트는?

○ 정오 파트는?

간단 해설

목적 : 인구 = 1648년 인구 × 해당연도 인구지수
　　　 강원(1753) = 54×724 ≒ 40000
　　　 (72.4% ≒ 5/7)
　　　 전라(1648) = 432×100 → 전라도가 더 많다.

　　　 1864년의 경상의 인구 = 425×358 ≒ 150,000
　　　 (42.5% ≒ 3/7)
　　　 150,000을 넘는 지역이 없으므로 경상이 가장 많다.

답 : (X, O)

다음 〈표〉는 조선시대 A지역 인구 및 사노비 비율에 대한 자료이다. 이에 대한 〈설명〉의 정오는?

〈표〉 A지역 인구 및 사노비 비율

| 조사<br>년도 | 인구<br>(명) | 인구 중 사노비 비율(%) | | | |
|---|---|---|---|---|---|
| | | 솔거노비 | 외거노비 | 도망노비 | 전체 |
| 1720 | 2,228 | 18.5 | 10.0 | 11.5 | 40.0 |
| 1735 | 3,143 | 13.8 | 6.8 | 12.8 | 33.4 |
| 1762 | 3,380 | 11.5 | 8.5 | 11.7 | 31.7 |
| 1774 | 3,189 | 14.0 | 8.8 | 12.0 | 34.8 |
| 1783 | 3,056 | 14.9 | 6.7 | 9.3 | 30.9 |
| 1795 | 2,359 | 18.2 | 4.3 | 6.5 | 29.0 |

※ 1) 사노비는 솔거노비, 외거노비, 도망노비로만 구분됨.
　 2) 비율은 소수점 둘째 자리에서 반올림한 값임.

───── 〈설 명〉 ─────
1. A지역 사노비 수는 1774년이 1720년보다 많다.

(O, X)

 자료

 설명

→ A지역 사노비 수는 1774년이 1720년보다 많다.

○ 목적 파트는?

○ 정보 파트는?

○ 정오 파트는?

 간단 해설

목적 : 사노비 수 = 인구 × 전체 사노비 비율
　　　74년 = 3,189×34.8% ≒ 1000 ↑
　　　(34.8% ≒ 1/3)
　　　20년 = 2,228×40.0% ≒ 900
　　　74년이 20년보다 많다.

답 : (O)

다음 〈그림〉은 A～F국의 2016년 GDP와 'GDP 대비 국가자산총액'을 나타낸 자료이다. 이에 대한 〈설명〉의 정오는?

〈그림〉 A～F국의 2016년 GDP와 'GDP 대비 국가자산총액'

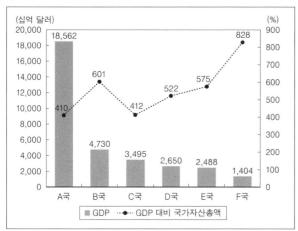

※ GDP 대비 국가자산총액(%) = $\dfrac{\text{국가자산총액}}{\text{GDP}} \times 100$

---

〈설 명〉

1. 국가자산총액은 F국이 D국보다 크다.

(O, X)

---

자료

설명

→ 국가자산총액은 F국이 D국보다 크다.

○ 목적 파트는?

○ 정보 파트는?

○ 정오 파트는?

간단 해설

목적 : 국가자산총액 = GDP × GDP 대비 국가자산총액

F국 = 1404 × 828% ≒ 11,000
(82.8% = 10/12)
D국 = 2650 × 525% ≒ 14,000
D국이 F국보다 크다.

답 : (X)

다음 〈표〉는 A 프로세서 성능 평가를 위한 8개 프로그램 수행 결과에 관한 자료이다. 이에 대한 〈설명〉의 정오는?

〈표〉 A 프로세서 성능 평가를 위한 8개 프로그램 수행 결과

(단위: 십억 개, 초)

| 항목<br>프로그램 | 명령어 수 | CPI | 수행<br>시간 | 기준<br>시간 | 성능<br>지표 |
|---|---|---|---|---|---|
| 숫자 정렬 | 2,390 | 0.70 | 669 | 9,634 | 14.4 |
| 문서 편집 | 221 | 2.66 | 235 | 9,120 | 38.8 |
| 인공지능 바둑 | 1,274 | 1.10 | ( ) | 10,490 | 18.7 |
| 유전체 분석 | 2,616 | 0.60 | 628 | 9,357 | 14.9 |
| 인공지능 체스 | 1,948 | 0.80 | 623 | 12,100 | 19.4 |
| 양자 컴퓨팅 | 659 | 0.44 | 116 | 20,720 | 178.6 |
| 영상 압축 | 3,793 | 0.50 | 759 | 22,163 | 29.2 |
| 내비게이션 | 1,250 | 1.00 | 500 | 7,020 | ( ) |

※ 1) CPI(clock cycles per instruction) = $\dfrac{\text{클럭 사이클 수}}{\text{명령어 수}}$

2) 성능지표 = $\dfrac{\text{기준시간}}{\text{수행시간}}$

―――――― 〈설 명〉 ――――――

1. 숫자 정렬의 클럭 사이클 수가 가장 길다.

(O, X)

자료

설명

→ 숫자 정렬의 클럭 사이클 수가 가장 길다.

○ 목적 파트는?

○ 정보 파트는?

○ 정오 파트는?

간단 해설

목적 : 클럭 사이클 수 = CPI × 명령어 수
　　　숫자 정렬 = 2,390×0.7 ≒ 1,700
　　　영상 압축 = 3,793×0.5 ≒ 1,900
　　　영상 압축이 숫자 정렬보다 크다.

답 : (X)

다음 〈표〉는 일기예보 정확도에 대한 여론조사 결과이다. 이에 대한 〈설명〉의 정오는?

〈표〉 일기예보 정확도에 대한 여론 조사 결과

(단위: 명, %)

| 구분 | | 응답자 수 | 매우 정확 하다 | 정확한 편이다 | 보통 이다 | 부정확한 편이다 | 매우 부정확 하다 |
|---|---|---|---|---|---|---|---|
| 성 별 | 남자 | 750 | 3.3 | 57.3 | 24.8 | 13.2 | 1.3 |
| | 여자 | 757 | 5.5 | 50.7 | 31.8 | 11.4 | 0.7 |
| 연 령 대 | 29세 이하 | 349 | 2.5 | 35.5 | 38.9 | 20.8 | 2.2 |
| | 30~39세 | 360 | 4.4 | 56.0 | 25.8 | 12.9 | 0.8 |
| | 40~49세 | 344 | 4.4 | 60.8 | 25.1 | 8.8 | 0.8 |
| | 50세 이상 | 454 | 5.8 | 61.6 | 24.4 | 8.0 | 0.2 |
| 교 육 수 준 | 중졸 이하 | 308 | 5.2 | 54.2 | 30.0 | 10.3 | 0.3 |
| | 고졸 | 630 | 4.0 | 54.4 | 27.6 | 13.7 | 0.3 |
| | 대제 이상 | 560 | 4.3 | 53.2 | 28.2 | 12.2 | 2.1 |
| | 무응답 | 9 | 12.6 | 67.0 | 20.4 | 0.0 | 0.0 |
| 소 득 수 준 | 200만원 미만 | 462 | 4.7 | 55.6 | 28.5 | 10.5 | 0.6 |
| | 200~ 400만원 | 816 | 3.3 | 53.6 | 29.2 | 12.9 | 1.0 |
| | 400만원 초과 | 199 | 9.0 | 53.1 | 23.9 | 13.1 | 1.0 |
| | 무응답 | 30 | 0.0 | 47.5 | 28.3 | 20.3 | 4.0 |

※ 1) 신뢰한다 = 매우 정확하다 + 정확한 편이다.
  2) 불신한다 = 부정확한 편이다 + 매우 부정확하다
  3) 소수점 둘째자리에서 반올림함.

--- 〈설 명〉 ---

1. 소득수준별로 살펴보면, 일기예보에 대해 '매우 정확하다.' 라고 응답한 사람이 가장 많은 집단은 200만원 미만이다.
(O, X)

 자료

 설명

→ 소득수준별로 살펴보면, 일기예보에 대해 '매우 정확하다.' 라고 응답한 사람이 가장 많은 집단은 200만원 미만이다.

○ 목적 파트는?

○ 정보 파트는?

○ 정오 파트는?

간단 해설

목적 : 사람 수 = 응답자 수 × 여론 조사 비율
       200만원 미만 = 462 × 4.7% ≒ 22
       200~400만원 = 816 × 3.3% ≒ 27
       200만원 미만이 가장 많지 않다.
       (※ 사람수를 소수점으로 나타 낼 수 있을까?)

답 : (X)

다음 〈표〉는 2006 ~ 2011년 어느 나라 5개 프로 스 포츠 종목의 연간 경기장 수용규모 및 관중수용률을 나타낸 것이다. 이에 대한 〈설명〉의 정오는?

〈표〉 프로 스포츠 종목의 연간 경기장 수용규모 및 관중수용률

(단위 : 천명, %)

| 종목 | 구분 | 2006 | 2007 | 2008 | 2009 | 2010 | 2011 |
|---|---|---|---|---|---|---|---|
| 야구 | 수용규모 | 20,429 | 20,429 | 20,429 | 20,429 | 19,675 | 19,450 |
| | 관중수용률 | 30.6 | 41.7 | 53.3 | 56.6 | 58.0 | 65.7 |
| 축구 | 수용규모 | 40,255 | 40,574 | 40,574 | 37,865 | 36,952 | 33,314 |
| | 관중수용률 | 21.9 | 26.7 | 28.7 | 29.0 | 29.4 | 34.9 |
| 농구 | 수용규모 | 5,899 | 6,347 | 6,354 | 6,354 | 6,354 | 6,653 |
| | 관중수용률 | 65.0 | 62.8 | 66.2 | 65.2 | 60.9 | 59.5 |
| 핸드볼 | 수용규모 | 3,230 | 2,756 | 2,756 | 2,756 | 2,066 | 2,732 |
| | 관중수용률 | 26.9 | 23.5 | 48.2 | 43.8 | 34.1 | 52.9 |
| 배구 | 수용규모 | 5,129 | 5,129 | 5,089 | 4,843 | 4,409 | 4,598 |
| | 관중수용률 | 16.3 | 27.3 | 24.6 | 30.4 | 33.4 | 38.6 |

※ 관중수용률(%) = $\dfrac{\text{연간 관중 수}}{\text{연간 경기장 수용규모}}$ × 100

─── 〈설 명〉 ───
1. 2006년 연간 관중 수는 농구가 핸드볼보다 많다.

(O, X)

자료

설명

→ 2006년 연간 관중 수는 농구가 핸드볼보다 많다.
○ 목적 파트는?

○ 정보 파트는?

○ 정오 파트는?

간단 해설

목적 : 연간 관중 수 = 수용규모 × 관중수용률

농구(06) = 5129×16.3% ≒ 850
핸드볼(06) = 3230×26.9% ≒ 880
배구가 핸드볼보다 더 적다.

답 : (X)

다음 〈표〉는 2001 ~ 2012년 '갑'국 식품산업 매출액 및 생산액 추이에 대한 자료이다. 이에 대한 〈설명〉의 정오는?

〈표〉 '갑'국 식품산업 매출액 및 생산액 추이

(단위 : 십억원, %)

| 구분 / 연도 | 식품산업 매출액 | 식품산업 생산액 | 제조업 생산액 대비 식품산업 생산액 비중 | GDP 대비 식품산업 생산액 비중 |
|---|---|---|---|---|
| 2001 | 30,781 | 27,685 | 17.98 | 4.25 |
| 2002 | 36,388 | 35,388 | 21.17 | 4.91 |
| 2003 | 23,909 | 21,046 | 11.96 | 2.74 |
| 2004 | 33,181 | 30,045 | 14.60 | 3.63 |
| 2005 | 33,335 | 29,579 | 13.84 | 3.42 |
| 2006 | 35,699 | 32,695 | 14.80 | 3.60 |
| 2007 | 37,366 | 33,148 | 13.89 | 3.40 |
| 2008 | 39,299 | 36,650 | 14.30 | 3.57 |
| 2009 | 44,441 | 40,408 | 15.16 | 3.79 |
| 2010 | 38,791 | 34,548 | 10.82 | 2.94 |
| 2011 | 44,448 | 40,318 | 11.58 | 3.26 |
| 2012 | 47,328 | 43,478 | 12.22 | 3.42 |

─── 〈설 명〉 ───

1. GDP 대비 제조업 생산액 비중은 2012년이 2007년보다 크다.

(O, X)

 자료

 설명

→ GDP 대비 제조업 생산액 비중은 2012년이 2007년보다 크다.

○ 목적 파트는?

○ 정보 파트는?

○ 정오 파트는?

 간단 해설

목적 : GDP 대비 제조업 생산액 비중

$$= \frac{\text{GDP 대비 식품산업 생산액 비중}}{\text{제조업 생산액 대비 식품 산업 생산액 비중}}$$

$$12년 = \frac{3.42}{12.22} \qquad 07년 = \frac{3.40}{13.89}$$

12년이 분자는 크고, 분모는 작으므로,
12년이 07년보다 크다.

답 : (O)

다음 〈그림〉과 〈표〉는 전산장비(A ~ F) 연간유지비와 전산장비 가격 대비 연간유지비 비율을 나타낸 자료이다. 이에 대한 〈설명〉의 정오는?

〈그림〉 전산장비 연간유지비

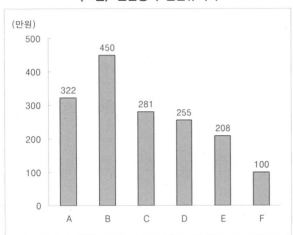

〈표〉 전산장비 가격 대비 연간유지비 비율

(단위 : %)

| 전산장비 | A | B | C | D | E | F |
|---|---|---|---|---|---|---|
| 비율 | 8.0 | 7.5 | 7.0 | 5.0 | 4.0 | 3.0 |

―――――― 〈설 명〉 ――――――

1. 전산장비 가격은 A가 C보다 크다.

(O, X)

 자료

 설명

→ 전산장비 가격은 A가 C보다 크다.

○ 목적 파트는?

○ 정보 파트는?

○ 정오 파트는?

**간단 해설**

목적 : 전산장비 가격

$$= \frac{\text{전산장비 연간유지비}}{\text{전산장비 가격 대비 연간유지비 비율}}$$

$$A = \frac{322}{8.0} ≒ 40.25$$

$$C = \frac{281}{7.0} ≒ 40.14$$

A가 C보다 더 크다.

답 : (O)

다음 〈표〉는 행정심판위원회 연도별 사건처리현황에 관한 자료이다. 이에 대한 〈설명〉의 정오는?

〈표〉 행정심판위원회 연도별 사건처리현황

(단위 : 건)

| 구분<br>연도 | 접수 | 심리 · 의결 | | | | 취하<br>· 이송 |
|---|---|---|---|---|---|---|
| | | 인용 | 기각 | 각하 | 소계 | |
| 2010 | 31,473 | 4,990 | 24,320 | 1,162 | 30,472 | 1,001 |
| 2011 | 29,986 | 4,640 | 23,284 | ( ) | 28,923 | 1,063 |
| 2012 | 26,002 | 3,983 | 19,974 | 1,030 | 24,987 | 1,015 |
| 2013 | 26,255 | 4,713 | 18,334 | 1,358 | 24,405 | 1,850 |
| 2014 | 26,014 | 4,131 | 19,164 | ( ) | 25,270 | 744 |

※ 1) 당해연도에 접수된 사건은 당해연도에 심리 · 의결 또는 취하 · 이송됨.

2) 인용률(%) = $\dfrac{\text{인용 건수}}{\text{심리 · 의결 건수}} \times 100$

---
〈설 명〉
---

1. 인용률이 가장 높은 해는 2013년이다.

(O, X)

 자료

 설명

→ 인용률이 가장 높은 해는 2013년이다.

○ 목적 파트는?

○ 정보 파트는?

○ 정오 파트는?

간단 해설

목적 : 인용률

= $\dfrac{\text{인용 건수}}{\text{심리 · 의결 건수(소계)}}$

13년 = $\dfrac{4713}{24405}$ ≒ 20%

13년 인용률이 가장 크다.

답 : (O)

다음 〈표〉는 2016년 '갑'국 10개 항공사의 항공기 지연 현황에 대한 자료이다. 이에 대한 〈설명〉의 정오는?

〈표〉 10개 항공사의 지연사유별 항공기 지연 대수

(단위 : 대)

| 항공사 | 총 운항 대수 | 총 지연 대수 | 지연사유별 지연 대수 | | | |
|---|---|---|---|---|---|---|
| | | | 연결편 접속 | 항공기 정비 | 기상 악화 | 기타 |
| EK | 86,592 | 21,374 | 20,646 | 118 | 214 | 396 |
| JL | 71,264 | 12,487 | 11,531 | 121 | 147 | 688 |
| EZ | 26,644 | 4,037 | 3,628 | 41 | 156 | 212 |
| WT | 7,308 | 1,137 | 1,021 | 17 | 23 | 76 |
| HO | 6,563 | 761 | 695 | 7 | 21 | 38 |
| 8L | 6,272 | 1,162 | 1,109 | 4 | 36 | 13 |
| ZH | 3,129 | 417 | 135 | 7 | 2 | 273 |
| BK | 2,818 | 110 | 101 | 3 | 1 | 5 |
| 9C | 2,675 | 229 | 223 | 3 | 0 | 3 |
| PR | 1,062 | 126 | 112 | 3 | 5 | 6 |
| 계 | 214,327 | 41,840 | 39,201 | 324 | 605 | 1,710 |

※ 지연율(%) = $\dfrac{\text{총 지연 대수}}{\text{총 운항 대수}} \times 100$

─── 〈설 명〉 ───

1. 지연율이 가장 낮은 항공사는 BK항공이다.

(O, X)

2. 전체 지연 대수 중 기상악화로 인한 지연 대수 비율이 가장 높은 항공사는 EZ항공이다.

(O, X)

 자료

📖 설명

→ 지연율이 가장 낮은 항공사는 BK항공이다.
○ 목적 파트는?

○ 정보 파트는?

○ 정오 파트는?

→ 전체 지연 대수 중 기상악화로 인한 지연 대수 비율이 가장 높은 항공사는 EZ항공이다.
○ 목적 파트는?

○ 정보 파트는?

○ 정오 파트는?

 간단 해설

목적 : 지연율 = 총 지연 대수 / 총 운항 대수

BK = $\dfrac{110}{2818}$ ≒ 5%

BK보다 더 낮은 항공사는 없다.
전체 지연 대수 대비 기상악화 = 기상악화 / 전체

EZ = $\dfrac{156}{4037}$ ≒ 4%

EZ보다 높은 항공사는 없다.

답 : (O, O)

다음 〈표〉는 1930 ~ 1934년 동안 A지역의 곡물 재배면적 및 생산량을 정리한 자료이다. 이에 대한 설명으로 옳은 것은?

〈표〉 A지역의 곡물 재배면적 및 생산량

(단위: 천 정보, 천 석)

| 곡물 | 연도<br>구분 | 1930 | 1931 | 1932 | 1933 | 1934 |
|---|---|---|---|---|---|---|
| 미곡 | 재배면적 | 1,148 | 1,100 | 998 | 1,118 | 1,164 |
| | 생산량 | 15,276 | 14,145 | 13,057 | 15,553 | 18,585 |
| 맥류 | 재배면적 | 1,146 | 773 | 829 | 963 | 1,034 |
| | 생산량 | 7,347 | 4,407 | 4,407 | 6,339 | 7,795 |
| 두류 | 재배면적 | 450 | 283 | 301 | 317 | 339 |
| | 생산량 | 1,940 | 1,140 | 1,143 | 1,215 | 1,362 |
| 잡곡 | 재배면적 | 334 | 224 | 264 | 215 | 208 |
| | 생산량 | 1,136 | 600 | 750 | 633 | 772 |
| 서류 | 재배면적 | 59 | 88 | 87 | 101 | 138 |
| | 생산량 | 821 | 1,093 | 1,228 | 1,436 | 2,612 |
| 전체 | 재배면적 | 3,137 | 2,468 | 2,479 | 2,714 | 2,883 |
| | 생산량 | 26,520 | 21,385 | 20,585 | 25,176 | 31,126 |

---

〈설 명〉

1. 1934년 재배면적당 생산량이 가장 큰 곡물은 미곡이다.

(O, X)

---

 자료

📖 설명

→ 1934년 재배면적당 생산량이 가장 큰 곡물은 미곡이다.

○ 목적 파트는?

○ 정보 파트는?

○ 정오 파트는?

 간단 해설

목적 : 재배면적당 생산량

$$= \frac{생산량}{재배면적}$$

$$미곡(34) = \frac{18585}{1164} ≒ 15$$

서류는 20에 가깝기에 서류가 더 크다.

답 : (X)

다음 〈표〉는 2019년 '갑'회사의 지점(A ~ E)별 매출 관련 현황에 관한 자료이다. 이에 대한 〈설명〉의 정오는?

〈표〉 '갑'회사의 지점별 매출 관련 현황

(단위: 억 원, 명)

| 구분＼지점 | A | B | C | D | E | 전체 |
|---|---|---|---|---|---|---|
| 매출액 | 10 | 21 | 18 | 10 | 12 | 71 |
| 목표매출액 | 15 | 26 | 20 | 13 | 16 | 90 |
| 직원수 | 5 | 10 | 8 | 3 | 6 | 32 |

※ 목표매출액 달성률(%) = $\dfrac{\text{매출액}}{\text{목표매출액}}$ × 100

───── 〈설 명〉 ─────

1. 직원 1인당 매출액이 가장 많은 지점은 D이다.

(O, X)

2. 목표매출액 달성률이 가장 높은 지점은 C이다.

(O, X)

자료

설명

→ 직원 1인당 매출액이 가장 많은 지점은 D이다.
○ 목적 파트는?

○ 정보 파트는?

○ 정오 파트는?


→ 목표매출액 달성률이 가장 높은 지점은 C이다.
○ 목적 파트는?

○ 정보 파트는?

○ 정오 파트는?


간단 해설

목적 : 직원 1인당 매출액 = 매출액 / 직원수

$= \dfrac{\text{매출액}}{\text{직원수}}$ → $D = \dfrac{10}{3} ≒ 3.33$

D보다 큰 지점은 없다.

목표매출액 달성률

$= \dfrac{\text{매출액}}{\text{목표 매출액}}$ → $C = \dfrac{18}{20} ≒ 90\%$

C보다 큰 지점은 없다.

답 : (O, O)

다음 〈표〉는 2016 ~ 2019년 '갑'국의 방송통신 매체별 광고매출액에 관한 자료이다. 이에 대한 〈설명〉의 정오는?

〈표〉 2016 ~ 2019년 방송통신 매체별 광고매출액

(단위: 억 원)

| 매체 | 세부 매체 | 2016 | 2017 | 2018 | 2019 |
|---|---|---|---|---|---|
| 방송 | 지상파TV | 15,517 | 14,219 | 12,352 | 12,310 |
| | 라디오 | 2,530 | 2,073 | 1,943 | 1,816 |
| | 지상파DMB | 53 | 44 | 36 | 35 |
| | 케이블PP | 18,537 | 17,130 | 16,646 | ( ) |
| | 케이블SO | 1,391 | 1,408 | 1,275 | 1,369 |
| | 위성방송 | 480 | 511 | 504 | 503 |
| | 소계 | 38,508 | 35,385 | 32,756 | 31,041 |
| 온라인 | 인터넷(PC) | 19,092 | 20,554 | 19,614 | 19,109 |
| | 모바일 | 28,659 | 36,618 | 45,678 | 54,781 |
| | 소계 | 47,751 | 57,172 | 65,292 | 73,890 |

─── 〈설 명〉 ───

1. 2017년의 경우, 방송 매체 중 지상파TV 광고매출액이 차지하는 비중은 온라인 매체 중 인터넷(PC) 광고매출액이 차지하는 비중보다 작다.

(O, X)

2. 2016년 대비 2019년 광고매출액 증감률이 가장 큰 세부 매체는 모바일이다.

(O, X)

---

자료

📖 설명

→ 2017년의 경우, 방송 매체 중 지상파TV 광고매출액이 차지하는 비중은 온라인 매체 중 인터넷(PC) 광고매출액이 차지하는 비중보다 작다.

○ 목적 파트는?

○ 정보 파트는?

○ 정오 파트는?

→ 2016년 대비 2019년 광고매출액 증감률이 가장 큰 세부 매체는 모바일이다.

○ 목적 파트는?

○ 정보 파트는?

○ 정오 파트는?

간단 해설

목적 : 비중 = 일부 / 전체

$$전자 = \frac{지상파\ TV}{방송\ 매체} = \frac{14219}{35385} \fallingdotseq 40\%$$

$$후자 = \frac{인터넷(PC)}{온라인\ 매체} = \frac{20554}{57172} \fallingdotseq 35\%$$

전자가 더 크다.

증감률 = 폭/과거값

$$모바일 = \frac{54781-28689}{28689} = \frac{26000}{28689} \fallingdotseq 90\%$$

모바일보다 큰 지점은 없다.

답 : (X, O)

# Day 10

## 04 연습문제 LV.4

**Q** 연습문제 LV.4의 목표는 무엇인가요?

**A** LV.4의 목표는 가정형 설명과 고난이도 설명의 정오판단을 하는 것입니다.(※ 가정형 설명은 주어진 자료에 정보가 부족하여 가정을 제공하는 것 일 뿐, 어려울 이유가 없다.)

■ LV.1의 목표 (설명의 재구성을 통한 목적잡기와 정오판단)

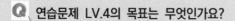

| 자료를 통한<br>정보 확인<br>(지도 확인) | ▶▶ | 설명을 읽고<br>목적 잡기<br>(동선 만들기) | ▶▶ | 목적을 잡고<br>필요한 정보 찾기<br>(실제 이동하기) | ▶▶ | 정보를 찾아<br>정오의 판단<br>(정오 판단) |

■ LV.2와 LV.3의 목표 (설명의 해결)

목적을 통한 공식 구성 ▶▶ 설명을 통한 고정값 유무 확인 ▶▶ 고정값이 있다면 이용하여 비교 / 고정값이 없다면 고정값을 만들어 비교 고정값 비교 후 사칙연산 간의 비교 ▶▶ 설명의 정오 판단

※ 문제 풀이를 통해 연습 할 것
1) 자료를 통해서 정보체크! (지도 확인)
   ↓
2) 설명에서 목적잡고! (동선 만들고)
   ↓
3) 설명의 정오를 판단한다. (실제 이동한다)

다음 〈표〉는 어느 국가의 지역별 영유아 인구수, 보육시설 정원 및 현원에 관한 자료이다. 이에 대한 〈설명〉의 정오는?

〈표〉 지역별 영유아 인구수, 보육시설 정원 및 현원

(단위 : 천명)

| 지역＼구분 | 영유아 인구수 | 보육시설 정원 | 보육시설 현원 |
|---|---|---|---|
| A | 512 | 231 | 196 |
| B | 152 | 71 | 59 |
| C | 86 | ( ) | 35 |
| D | 66 | 28 | 24 |
| E | 726 | 375 | 283 |
| F | 77 | 49 | 38 |
| G | 118 | 67 | 52 |
| H | 96 | 66 | 51 |
| I | 188 | 109 | 84 |
| J | 35 | 28 | 25 |

※ 1) 보육시설 공급률(%) = $\dfrac{\text{보육시설 정원}}{\text{영유아 인구수}} \times 100$

2) 보육시설 이용률(%) = $\dfrac{\text{보육시설 현원}}{\text{영유아 인구수}} \times 100$

3) 보육시설 정원충족률(%) = $\dfrac{\text{보육시설 현원}}{\text{보육시설 정원}} \times 100$

─── 〈설 명〉 ───

1. C지역의 보육시설 공급률이 50%라고 가정하면 이 지역의 보육시설 정원충족률은 80% 이상이다.

(O, X)

2. A지역의 보육시설 공급률과 보육시설 이용률의 차이는 10%p 미만이다.

(O, X)

 자료

 설명

→ C지역의 보육시설 공급률이 50%라고 가정하면 이 지역의 보육시설 정원충족률은 80% 이상이다.
○ 목적 파트는?

○ 정보 파트는?

○ 정오 파트는?

→ A지역의 보육시설 공급률과 보육시설 이용률의 차이는 10%p 미만이다.
○ 목적 파트는?

○ 정보 파트는?

○ 정오 파트는?

간단 해설

목적 : 정원충족률 = 현원/정원 (정원이 존재하지 않음)
가정으로 정보(정원) 제공 → 공급률 = 정원/인구 → 정원 = 43
정원충족률 = 35/43 ≒ 81.4%, 80% 이상이다.

공급률과 이용률의 차이 =
= $\dfrac{\text{정원}}{\text{인구}} - \dfrac{\text{현원}}{\text{인구}} = \dfrac{\text{정원-현원}}{\text{인구}}$

A지역 = $\dfrac{231-196}{512}$ ≒ 7%p, 10%p 미만이다.

답 : (O, O)

다음 〈표〉는 2013 ~ 2017년 '갑'국의 사회간접자본 (SOC) 투자규모에 관한 자료이다. 이에 대한 〈설명〉의 정오는?

〈표〉 '갑'국의 사회간접자본(SOC) 투자규모

(단위: 조원, %)

| 구분 \ 연도 | 2013 | 2014 | 2015 | 2016 | 2017 |
|---|---|---|---|---|---|
| SOC 투자규모 | 20.5 | 25.4 | 25.1 | 24.4 | 23.1 |
| 총지출 대비 SOC 투자규모 비중 | 7.8 | 8.4 | 8.6 | 7.9 | 6.9 |

─── 〈설 명〉 ───

1. 2018년 'SOC 투자규모'의 전년대비 감소율이 2017년과 동일하다면, 2018년 'SOC 투자규모'는 20조원 이상이다.

(O, X)

자료

설명

→ 2018년 'SOC 투자규모'의 전년대비 감소율이 2017년과 동일하다면, 2018년 'SOC 투자규모'는 20조원 이상이다.

○ 목적 파트는?

○ 정보 파트는?

○ 정오 파트는?

간단 해설

목적 : 18년 SOC 투자규모 → 주어진 자료는 17년 까지 뿐

가정으로 18년의 감소율 제공 → 감소율 = 감소폭/과거값

17년 감소율과 18년 감소율이 동일하므로,

18년의 감소폭은 17년의 감소폭 보다 작다.

즉, 18년= 23.1 - 1.3↓ = 21.7↑ 이므로 20조원 이상이다.

답 : (O)

다음 〈표〉는 '갑'국의 2013년 11월 군인 소속별 1인당 월지급액에 대한 자료이다. 이에 대한 〈설명〉의 정오는?

**〈표〉 2013년 11월 군인 소속별 1인당 월지급액**

(단위 : 원, %)

| 구분＼소속 | 육군 | 해군 | 공군 | 해병대 |
|---|---|---|---|---|
| 1인당 월지급액 | 105,000 | 120,000 | 125,000 | 100,000 |
| 군인수 비중 | 30 | 20 | 30 | 20 |

※ 1) '갑'국 군인의 소속은 육군, 해군, 공군, 해병대로만 구분됨.
　 2) 2013년 11월, 12월 '갑'국의 소속별 군인수는 변동 없음.

─── 〈설 명〉 ───

1. 2013년 12월에 1인당 월지급액이 모두 동일한 액수만큼 증가한다면, 전월대비 1인당 월지급액 증가율은 해병대가 가장 높다.

(O, X)

**자료**

**설명**

→ 2013년 12월에 1인당 월지급액이 모두 동일한 액수만큼 증가한다면, 전월대비 1인당 월지급액 증가율은 해병대가 가장 높다.

○ 목적 파트는?

○ 정보 파트는?

○ 정오 파트는?

**간단 해설**

목적 : 증가율 = 증가폭/과거값 → 증가폭이 주어지지 않음
　　　 가정으로 증가폭 제공 → 증가폭 모두 동일함

$$증가폭 = \frac{증가폭}{과거값} \ (증가폭, 모두 분자 동일)$$

　　　 즉, 과거값(분모)가 가장 작은 해병대의 증가율이 가장 크다.

답 : (O)

다음 〈표〉는 2019년 '갑'회사의 지점(A ~ E)별 매출 관련 현황에 관한 자료이다. 이에 대한 〈설명〉의 정오는?

**〈표〉 '갑'회사의 지점별 매출 관련 현황**

(단위: 억 원, 명)

| 구분＼지점 | A | B | C | D | E | 전체 |
|---|---|---|---|---|---|---|
| 매출액 | 10 | 21 | 18 | 10 | 12 | 71 |
| 목표매출액 | 15 | 26 | 20 | 13 | 16 | 90 |
| 직원수 | 5 | 10 | 8 | 3 | 6 | 32 |

※ 목표매출액 달성률(%) = $\dfrac{매출액}{목표매출액} \times 100$

---
**〈설 명〉**

1. 5개 지점의 매출액이 각각 20%씩 증가한다면, 전체 매출액은 전체 목표매출액을 초과한다.

(O, X)

---

**자료**

**설명**

→ 5개 지점의 매출액이 각각 20%씩 증가한다면, 전체 매출액은 전체 목표매출액을 초과한다.

○ 목적 파트는?

○ 정보 파트는?

○ 정오 파트는?

**간단 해설**

목적 : 전체 매출액과 전체 목표매출액의 비교
　　　가정으로 전체 매출액의 변화 제공
　　　각각이 20% 증가하면, 전체도 20% 증가한다.
　　　따라서, 전체 매출액 = 71×1.2 = 85.2
　　　전체 목표 매출액을 초과하지 못한다.

답 : (X)

다음 〈표〉는 A지역의 주화 공급에 관한 자료이다. 이에 대한 〈설명〉의 정오는?

〈표〉 주화종류별 공급량과 공급기관 수

(단위: 만 개, 개)

| 주화 종류 구분 | 액면가 | | | | |
|---|---|---|---|---|---|
| | 10원 | 50원 | 100원 | 500원 | 합 |
| 공급량 | 3,469 | 2,140 | 2,589 | 1,825 | 10,023 |
| 공급기관 수 | 1,519 | 929 | 801 | 953 | 4,202 |

※ 1) 평균 주화 공급량 = $\dfrac{주화종류별\ 공급량의\ 합}{주화\ 종류\ 수}$

2) 주화 공급액 = 주화 공급량 × 액면가

───── 〈설 명〉 ─────

1. 총 주화 공급액 규모가 12% 증가해도 주화종류별 주화 공급량 비율은 변하지 않는다.

(O, X)

2. 각 주화별로 공급량이 20% 증가한다면, 총 주화 공급액 규모는 20% 증가한다.

(O, X)

 자료

 설명

→ 총 주화 공급액 규모가 12% 증가해도 주화종류별 주화 공급량 비율은 변하지 않는다.

○ 목적 파트는?

○ 정보 파트는?

○ 정오 파트는?

→ 각 주화별로 공급량이 20% 증가한다면, 총 주화 공급액 규모는 20% 증가한다.

○ 목적 파트는?

○ 정보 파트는?

○ 정오 파트는?

간단 해설

목적: 주화 공급량의 비율의 변화
  가정 → 총 주화 공급액의 변화에 대한 정보를 줌.
  총 주화 공급액 = 공급량 × 액면가의 합 구성됨.
  각각의 합으로 구성되기에, 어떻게 변화했는지 알 수 없음.

총 주화 공급액 규모의 변화
  가정 → 주화 공급량의 변화에 대한 정보를 줌.
  총 주화 공급액 = 공급량 × 액면가의 합 구성됨.
  공급량의 변화로 공급액의 변화를 알 수 있다.

답 : (X, O)

다음 〈표〉는 2009 ~ 2012년 A 추모공원의 신규 안치건수 및 매출액 현황을 나타낸 자료이다. 이에 대한 〈설명〉의 정오는?

〈표〉A 추모공원의 신규 안치건수 및 매출액 현황

(단위 : 건, 만원)

| 안치<br>유형 | 구분 | 신규 안치건수 | | 매출액 | |
|---|---|---|---|---|---|
| | | 2009 ~ 2011년 | 2012년 | 2009 ~ 2011년 | 2012년 |
| 개인단 | 관내 | 719 | 606 | 291,500 | 289,000 |
| | 관외 | 176 | 132 | 160,000 | 128,500 |
| 부부단 | 관내 | 632 | 557 | 323,900 | 330,000 |
| | 관외 | 221 | 134 | 291,800 | 171,000 |
| 계 | | 1,748 | 1,429 | 1,067,200 | 918,500 |

─── 〈설 명〉 ───

1. 2012년 개인단의 신규 안치건수는 2009 ~ 2012년 개인단 신규 안치건수 합의 50% 이하이다.

(O, X)

2. 2012년 부부단 관내와 부부단 관외의 매출액이 2011년에 비해 각각 50%가 증가한 것이라면, 2009 ~ 2010년 매출액의 합은 부부단 관내가 부부단 관외보다 작다.

(O, X)

 자료

 설명

→ 2012년 개인단의 신규 안치건수는 2009 ~ 2012년 개인단, 신규 안치건수 합의 50% 이하이다.
○ 목적 파트는?

○ 정보 파트는?

○ 정오 파트는?

→ 2012년 부부단 관내와 부부단 관외의 매출액이 2011년에 비해 각각 50%가 증가한 것이라면, 2009 ~ 2010년 매출액의 합은 부부단 관내가 부부단 관외보다 작다.
○ 목적 파트는?

○ 정보 파트는?

○ 정오 파트는?

 간단 해설

목적 : 비중 = 일부/전체
　　　관내와 관외 각각 50% 이하이므로 전체도 50% 이하이다.
　　　(※ 09~11이 아닌 09~12임을 주의해야한다.)

　　　09~10년 매출 관내 관외 비교 → 11년 매출 주어지지 않음. 가정을 통해서 11년과 12년 사이의 매출 관계를 제공 → 11년 매출 = 12년 매출/1.5
　　　09~10년 매출 = 09~11년 − 12년/1.5
　　　관내 = 323.9 − (330)/1.5 = 103.9
　　　관외 = 291.8 − (171)/1.5 = 177.8
　　　관내가 관외보다 작다.

답 : (O, O)

다음 〈그림〉은 A 자선단체의 지출액에 관한 자료이다. 이에 대한 〈설명〉의 정오는?

〈그림 1〉 지출액 구성비

(단위 : %)

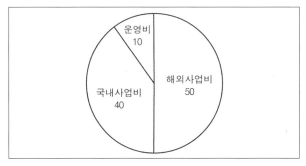

〈그림 2〉 국내사업비 지출액 세부 구성비

(단위 : %)

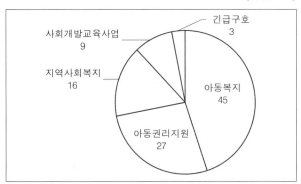

〈그림 3〉 해외사업비 지출액 세부 구성비

(단위 : %)

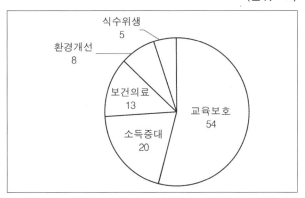

─── 〈설 명〉 ───

1. A 자선단체 전체 지출액이 6% 증가하고 지역사회복지 지출액을 제외한 다른 모든 지출액이 동일하게 유지된다면, 지역사회복지 지출액은 2배 이상이 된다.

(O, X)

 자료

 설명

→ A 자선단체 전체 지출액이 6% 증가하고 지역사회복지 지출액을 제외한 다른 모든 지출액이 동일하게 유지된다면, 지역사회복지 지출액은 2배 이상이 된다.

○ 목적 파트는?

○ 정보 파트는?

○ 정오 파트는?

 간단 해설

목적 : 지역사회복지 지출액 비교 → 비교 대상이 가정으로 주어짐.
   가정으로 비교 대상 제공
   → 전체 지출액의 6%가 증가했다.
   증가 전의 전체는 100%, 증가 후의 전체는 106%
   → 증가분 지출액 6%가 모두 지역사회복지 지출액이다.
   증가전의 지역사회복지 = 40%×16% = 6.4%
   증가후의 지역사회복지 = 6.4% + 6% = 12.4%
   즉, 6.4% → 12.4% 2배 이상이 아니다.

답 : (X)

다음 〈표〉는 A ~ D국 화폐 대비 원화 환율 및 음식 가격에 대한 자료이다. 이에 대한 〈설명〉의 정오는?

〈표 1〉 A ~ D국 화폐 대비 원화 환율

| 국가 | 화폐단위 | 환율(원/각 국의 화폐 1단위) |
|---|---|---|
| A | a | 1,200 |
| B | b | 2,000 |
| C | c | 200 |
| D | d | 1,000 |

〈표 2〉 A ~ D국 판매단위별 음식가격

| 국가 \ 음식 \ 판매단위 | 햄버거 1개 | 피자 1조각 | 치킨 1마리 | 삼겹살 1인분 |
|---|---|---|---|---|
| A | 5a | 2a | 15a | 8a |
| B | 6b | 1b | 9b | 3b |
| C | 40c | 30c | 120c | 30c |
| D | 10d | 3d | 20d | 9d |

---
〈설 명〉

1. 원화 120,000원으로 가장 많은 개수의 햄버거를 구매할 수 있는 국가는 A국이다.

(O, X)

2. D국 화폐 대비 원화 환율이 1,000원/d에서 1,200원/d로 상승하면, D국에서 원화 600,000원으로 구매할 수 있는 치킨의 마리 수는 20% 이상 감소한다.

(O, X)

---

 자료

---

📖 설명

→ 원화 120,000원으로 가장 많은 개수의 햄버거를 구매할 수 있는 국가는 A국이다.

○ 목적 파트는?

○ 정보 파트는?

○ 정오 파트는?

→ D국 화폐 대비 원화 환율이 1,000원/d에서 1,200원/d로 상승하면, D국에서 원화 600,000원으로 구매할 수 있는 치킨의 마리 수는 20% 이상 감소한다.

○ 목적 파트는?

○ 정보 파트는?

○ 정오 파트는?

---

 간단 해설

목적 : 햄버거 구매 개수
햄버거 구매 개수 = 소지 금액 / 햄버거 값
(값 = 원화 기준의 햄버거 가격)
분자가 같음, 저렴할수록 가장 많이 살 수 있음.
→ A국이 가장 저렴하므로 A국이 가장 많이 살 수 있음.

D국의 치킨 구매 마리수 변화 → 가격변동이 가정으로 주어짐 원화는 동일, 가격은 20% 증가
구매 개수 = 원화/가격 → 원화 = 구매 개수 × 가격
구매개수는 1/1.2 = 83.33으로 20% 이상 감소 하지않음.

답 : (O, X)

다음 〈표〉는 A국에서 2016년에 채용된 공무원 인원에 관한 자료이다. 이에 대한 〈설명〉의 정오는?

〈표〉 A국의 2016년 공무원 채용 인원

(단위 : 명)

| 공무원구분 \ 채용방식 | 공개경쟁채용 | 경력경쟁채용 | 합 |
|---|---|---|---|
| 고위공무원 | – | 73 | 73 |
| 3급 | – | 17 | 17 |
| 4급 | – | 99 | 99 |
| 5급 | 296 | 205 | 501 |
| 6급 | – | 193 | 193 |
| 7급 | 639 | 509 | 1,148 |
| 8급 | – | 481 | 481 |
| 9급 | 3,000 | 1,466 | 4,466 |
| 연구직 | 17 | 357 | 374 |
| 지도직 | – | 3 | 3 |
| 우정직 | – | 599 | 599 |
| 전문경력관 | – | 104 | 104 |
| 전문임기제 | – | 241 | 241 |
| 한시임기제 | – | 743 | |
| 전체 | 3,952 | 5,090 | 9,042 |

※ 1) 채용방식은 공개경쟁채용과 경력경쟁채용으로만 이루어짐.
  2) 공무원구분은 〈표〉에 제시된 것으로 한정됨.

─── 〈설 명〉 ───

1. 2017년부터 공무원 채용 인원 중 9급 공개경쟁채용 인원만을 해마다 전년대비 10%씩 늘리고 그 외 나머지 채용 인원을 2016년과 동일하게 유지하여 채용한다면, 2018년 전체 공무원 채용 인원 중 9급 공개경쟁채용 인원의 비중은 40% 이하이다.

(O, X)

 자료

 설명

→ 2017년부터 공무원 채용 인원 중 9급 공개경쟁채용 인원만을 해마다 전년대비 10%씩 늘리고 그 외 나머지 채용 인원을 2016년과 동일하게 유지하여 채용한다면, 2018년 전체 공무원 채용 인원 중 9급 공개경쟁채용 인원의 비중은 40% 이하이다.

○ 목적 파트는?

○ 정보 파트는?

○ 정오 파트는?

 간단 해설

목적 : 18년의 비중 = 부분(9급 공개경쟁채용인원)/전체

  → 가정을 통해서 주어지지 않은 18년의 인원을 제공함
  가정에 의하면,
  17년과 18년 모두 9급 공개경쟁채용인원만 10%씩 증가

  $$비중 = \frac{3000 \times 1.1 \times 1.1}{6042 + 3000 \times 1.1 \times 1.1} = \frac{3630}{6042 + 3630}$$

  비중이 40%라면, 분자가 3600일 때 분모는 9000정도 여야하는데, 분모가 9000보다 훨씬 크므로, 비중은 40% 이하이다.

답 : (O)

다음 〈표〉와 〈그림〉은 2018년 A 대학의 학생상담 현황에 대한 자료이다. 이에 대한 〈설명〉의 정오는?

〈표〉 상담자별, 학년별 상담건수

(단위: 건)

| 상담자 \ 학년 | 1학년 | 2학년 | 3학년 | 4학년 | 합 |
|---|---|---|---|---|---|
| 교수 | 1,085 | 1,020 | 911 | 1,269 | 4,285 |
| 상담직원 | 154 | 97 | 107 | 56 | 414 |
| 진로컨설턴트 | 67 | 112 | 64 | 398 | 641 |
| 전체 | 1,306 | 1,229 | 1,082 | 1,723 | 5,340 |

〈그림 1〉 상담횟수별 학생 수

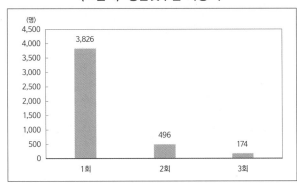

〈그림 2〉 전체 상담건수의 유형별 구성비

(단위: %)

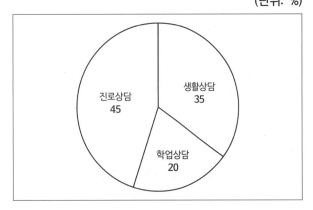

─── 〈설 명〉 ───

1. 최소 한 번이라도 상담을 받은 학생 수는 4,600명 이하이다.

(O, X)

2. '진로컨설턴트'가 상담한 유형이 모두 진로상담이고, '상담직원'이 상담한 유형이 모두 생활상담 또는 학업상담이라면, '교수'가 상담한 유형 중 진로상담이 차지하는 비중은 30% 이상이다.

(O, X)

 자료

 설명

→ 최소 한 번이라도 상담을 받은 학생 수는 4,600명 이하이다.
○ 목적 파트는?

○ 정보 파트는?

○ 정오 파트는?

→ '진로컨설턴트'가 상담한 유형이 모두 진로상담이고, '상담직원'이 상담한 유형이 모두 생활상담 또는 학업상담이라면, '교수'가 상담한 유형 중 진로상담이 차지하는 비중은 30% 이상이다.
○ 목적 파트는?

○ 정보 파트는?

○ 정오 파트는?

 간단 해설

목적 : 상담 받은 학생 수 = 〈그림 1〉의 학생들
〈그림 1〉의 학생 수 = 3826 + 496 + 174 = 4496명

비중 = 일부/전체 = 교수의 진로상담/교수의 전체상담
→ 교수의 진로상담 건수는 정확히 주어지지 않음
가정에서 일부의 제공 = 5340 × 45% − 641(≒전체의 12%)
교수의 진로상담은 전체의 33%이다.
목표의 분모는 교수의 전체상담이고, 교수의 전체상담 건수가 전체 상담건수보다 작으므로, 교수의 진로상담 비중은 33% 이상이다.

답 : (O, O)

다음 〈표〉와 〈그림〉은 2018년 테니스 팀 A∼E의 선수 인원수 및 총 연봉과 각각의 전년대비 증가율에 대한 자료이다. 이에 대한 〈설명〉의 정오는?

〈표〉 2018년 테니스 팀 A∼E의 선수 인원수 및 총 연봉
(단위: 명, 억 원)

| 테니스 팀 | 선수 인원수 | 총 연봉 |
|---|---|---|
| A | 5 | 15 |
| B | 10 | 25 |
| C | 8 | 24 |
| D | 6 | 30 |
| E | 6 | 24 |

※ 팀 선수 평균 연봉 = $\dfrac{\text{총 연봉}}{\text{선수 인원수}}$

〈그림〉 2018년 테니스 팀 A∼E의 선수 인원수 및 총 연봉의 전년대비 증가율

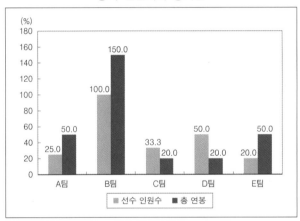

〈설 명〉

1. 2017년 총 연봉이 가장 많은 팀은 C팀이다.
(O, X)

2. 2018년 선수인원이 전년대비 가장 많이 증가한 팀은 B팀이다.
(O, X)

 자료

 설명

→ 2017년 총 연봉이 가장 많은 팀은 C팀이다.

○ 목적 파트는?

○ 정보 파트는?

○ 정오 파트는?

→ 2018년 선수인원이 전년대비 가장 많이 증가한 팀은 B팀이다.

○ 목적 파트는?

○ 정보 파트는?

○ 정오 파트는?

간단 해설

목적: 17년 총 연봉 = 18년 총 연봉 / (1+증가율)
(※ 18년 총 연봉 = 17년 총 연봉 × (1+증가율))
C팀 = 24/1.2 = 20 D팀 = 30/1.2이므로,
D팀이 더 크다.

18년 인원 증가폭
= 18년 인원-17년 인원 = 18년 인원×(증가율/(1+증가율))
(※ 17년 인원 = 18년 인원 / (1+증가율))
B팀 = 10×(1/2) = 5 → B팀보다 더 큰 팀은 없다.

답 : (X, O)

다음 〈표〉는 2017 ~ 2018년 '갑' 학교 학생식당의 메뉴별 제공횟수 및 만족도에 대한 자료이다. 이에 대한 〈설명〉의 정오는?

〈표〉 메뉴별 제공횟수 및 만족도

(단위: 회, 점)

| 구분 메뉴 연도 | 제공횟수 2017 | 만족도 2017 | 만족도 2018 |
|---|---|---|---|
| A | 40 | 87 | 75 |
| B | 34 | 71 | 72 |
| C | 45 | 53 | 35 |
| D | 31 | 79 | 79 |
| E | 40 | 62 | 77 |
| F | 60 | 74 | 68 |
| G | – | – | 73 |
| 전체 | 250 | – | – |

〈조 건〉

• 전체 메뉴 제공횟수는 매년 250회로 일정하며, 2018년에는 메뉴 G만 추가되었고, 2019년에는 메뉴 H만 추가되었다.
• 각 메뉴의 다음 연도 제공횟수는 당해 연도 만족도에 따라 아래와 같이 결정된다.

| 만족도 | 다음 연도 제공횟수 |
|---|---|
| 0점 이상 50점 미만 | 당해 연도 제공횟수 대비 100% 감소 |
| 50점 이상 60점 미만 | 당해 연도 제공횟수 대비 20% 감소 |
| 60점 이상 70점 미만 | 당해 연도 제공횟수 대비 10% 감소 |
| 70점 이상 80점 미만 | 당해 연도 제공횟수와 동일 |
| 80점 이상 90점 미만 | 당해 연도 제공횟수 대비 10% 증가 |
| 90점 이상 100점 이하 | 당해 연도 제공횟수 대비 20% 증가 |

〈설 명〉

1. 2019년 메뉴 H의 제공횟수는 42회이다.

(O, X)

 자료

 설명

→ 2019년 메뉴 H의 제공횟수는 42회이다.
○ 목적 파트는?

○ 정보 파트는?

○ 정오 파트는?

간단 해설

목적 : H의 제공횟수
H의 제공횟수를 구하기 위해서는
18년 G의 제공횟수와 A~G의 증감량을 모두 확인 해야한다.

18년 G의 제공횟수는 A의 증가량과 C,E의 감소량의 차이다.
→ A = 4개 증가, C = 9개 감소, E = 4개 감소
G = 9개

17년 대비 19년 A~G의 증감량
A = 10% 증가(4회), B = 변동 X, C = 100% 감소(45회)
D = 변동 X E = 10% 감소(4회) F = 10% 감소(6회)
G = 9회 증가
따라서, 13회가 증가하고 55회가 감소했음. H는 42회이다.

답 : (O)

다음 〈표〉는 2015년과 2016년 '갑' 회사의 강사 A
~ E의 시급과 수강생 만족도에 관한 자료이다. 이에
대한 〈설명〉의 정오는?

〈표〉 강사의 시급 및 수강생 만족도

(단위 : 원, 점)

| 강사 \ 연도 \ 구분 | 2015 | | 2016 | |
|---|---|---|---|---|
| | 시급 | 수강생 만족도 | 시급 | 수강생 만족도 |
| A | 50,000 | 4.6 | 55,000 | 4.1 |
| B | 45,000 | 3.5 | 45,000 | 4.2 |
| C | 52,000 | ( ) | 54,600 | 4.8 |
| D | 54,000 | 4.9 | 59,400 | 4.4 |
| E | 48,000 | 3.2 | ( ) | 3.5 |

─── 〈조 건〉 ───

• 당해 연도 시급 대비 다음 연도 시급의 인상률은 당해 연도
  수강생 만족도에 따라 아래와 같이 결정됨. (단, 강사가 받을
  수 있는 시급은 최대 60,000원임.)

| 수강생 만족도 | 인상률 |
|---|---|
| 4.5점 이상 | 10% 인상 |
| 4.0점 이상 4.5점 미만 | 5% 인상 |
| 3.0점 이상 4.0점 미만 | 동결 |
| 3.0점 미만 | 5% 인하 |

─── 〈설 명〉 ───

1. 강사 C의 2015년 수강생 만족도 점수는 4.5점 이상이다.

(O, X)

 자료

 설명

→ 강사 C의 2015년 수강생 만족도 점수는 4.5점 이상이다.

○ 목적 파트는?

○ 정보 파트는?

○ 정오 파트는?

 간단 해설

목적 : C의 15년 수강생 만족도

C의 수강생 만족도와 관련이 있는 정보는
15 → 16의 C의 시급의 인상률(증가율)이다.

$$인상률 = \frac{54600-52000}{52000} = \frac{2600}{52000}$$

인상률은 5%이므로,
C의 수강생 만족도는 4.0점 이상 4.5 미만이다.

답 : (X)

다음 〈표〉, 〈정보〉, 〈그림〉은 A사의 공장에서 물류센터까지의 수송량과 수송비용에 관한 자료이다. 이에 대한 〈설명〉의 정오는?

### 〈표〉 공장에서 물류센터까지의 수송량

(단위: 개)

| 공장 \ 물류센터 | 서울 | 부산 | 대구 | 광주 |
|---|---|---|---|---|
| 구미 | 0 | 200 | ( ) | ( ) |
| 청주 | 300 | ( ) | 0 | 0 |
| 덕평 | 300 | 0 | 0 | 0 |

────── 〈정 보〉 ──────

- 해당 공장에서 각 물류센터까지의 수송량의 합은 해당 공장의 '최대공급량'보다 작거나 같다.
- 각 공장에서 해당 물류센터까지의 수송량의 합은 해당 물류센터의 '최소요구량'보다 크거나 같다.
- 공장별 '최대공급량'은 구미 600개, 청주 500개, 덕평 300개이다.
- 물류센터별 '최소요구량'은 서울 600개, 부산 400개, 대구 200개, 광주 150개이다.
- 수송비용 = (수송량) × (개당 수송비용)
- 총 수송비용은 각 공장에서 각 물류센터까지의 수송비용의 합이다.

### 〈그림〉 공장에서 물류센터까지의 개당 수송비용

(단위: 천원/개)

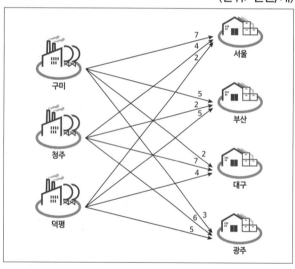

※ 예시: '청주 —2— 부산'은 청주 공장에서 부산 물류센터까지의 개당 수송비용이 2천원임을 의미함.

────── 〈설 명〉 ──────

1. 구미 공장에서 서울 물류센터까지의 개당 수송비용이 7천원에서 8천원으로 증가해도 총 수송비용의 최소 금액은 증가하지 않는다.

(O, X)

2. 구미 공장의 '최대공급량'이 600개에서 550개로 줄어들면, 총 수송비용의 최소 금액은 감소한다.

(O, X)

 **자료**

 **설명**

→ 구미 공장에서 서울 물류센터까지의 개당 수송비용이 7천원에서 8천원으로 증가해도 총 수송비용의 최소 금액은 증가하지 않는다.

○ 목적 파트는?

○ 정보 파트는?

○ 정오 파트는?

→ 구미 공장의 '최대공급량'이 600개에서 550개로 줄어들면, 총 수송비용의 최소 금액은 감소한다.

○ 목적 파트는?

○ 정보 파트는?

○ 정오 파트는?

**간단 해설**

목적 : 수송비용의 최소금액

수송비용을 최소로 하기 위해서는, 수송량을 최소로 해야한다. 따라서, 최소요구량만큼만 수송한다.

구미 → 부산 200개×5000원, 구미 → 대구 200개×2000원,
구미 → 광주 150개×3000원, 청주 → 서울 300개×4000원,
청주 → 부산 200개×2000원, 덕평 → 서울 300개×2000원,

가정.1 구미 → 서울의 가격변동 → 수송량 없음므로 가격 변동X
가정.2 구미의 최대공급량 감소
　　　 → 최소요구량의 변동 X → 가격 변동X

답 : (O, X)

다음 〈표〉는 A~F 행정동으로 구성된 '갑'시의 자치구 개편 및 행정동 간 인접 현황에 관한 자료이다. 이에 대한 〈설명〉의 정오는?

### 〈표 1〉 행정동별 인구와 개편 전·후 자치구 현황

| 구분<br>행정동 | 인구(명) | 개편 전 자치구 | 개편 후 자치구 |
|---|---|---|---|
| A | 1,500 | 가 | ( ) |
| B | 2,000 | ( ) | ( ) |
| C | 1,500 | 나 | ( ) |
| D | 1,500 | ( ) | 라 |
| E | 1,000 | ( ) | 마 |
| F | 1,500 | 다 | ( ) |

※ 자치구 개편 전·후 각 행정동의 인구수는 변화없음.

### 〈표 2〉 행정동 간 인접 현황

| 행정동 | A | B | C | D | E | F |
|---|---|---|---|---|---|---|
| A |  | 1 | 0 | 1 | 0 | 0 |
| B | 1 |  | 1 | 1 | 1 | 0 |
| C | 0 | 1 |  | 0 | 1 | 1 |
| D | 1 | 1 | 0 |  | 1 | 0 |
| E | 0 | 1 | 1 | 1 |  | 1 |
| F | 0 | 0 | 1 | 0 | 1 |  |

※ 두 행정동이 인접하면 1, 인접하지 않으면 0임.

─────── 〈조 건〉 ───────
• 개편 전 자치구는 '가', '나', '다' 3개이며, 개편 후 자치구는 '라', '마' 2개이다.
• 개편 전에는 한 자치구에 2개의 행정동이 속하고, 개편 후에는 3개의 행정동이 속한다.
• 동일 자치구에 속하는 행정동은 서로 인접하고 있으며, 행정동 간 인접 여부는 〈표 2〉에 따라 판단한다.

─────── 〈설 명〉 ───────
1. 자치구 개편 전, 자치구 '가'의 인구가 자치구 '나'의 인구보다 많다.

(O, X)

2. 자치구 개편 후, 자치구 '라'의 인구가 자치구 '마'의 인구보다 많다.

(O, X)

---

 자료

 설명

→ 자치구 개편 전, 자치구 '가'의 인구가 자치구 '나'의 인구보다 많다.
○ 목적 파트는?

○ 정보 파트는?

○ 정오 파트는?


→ 자치구 개편 후, 자치구 '라'의 인구가 자치구 '마'의 인구보다 많다.
○ 목적 파트는?

○ 정보 파트는?

○ 정오 파트는?

간단 해설

목적 : 개편 전 자치구 = 3개 / 가 = A, 나 = C, 다 = F
〈표 2〉에 의해, F는 C와 E만 인접해 있으므로, 다 = E,F 다.
C는 B, E, F와만 인접해있으므로 나 = B,C 다. 가 = A,D 다.
개편 후 자치구 = 2개 / 라 = D, 마 = E
〈표 2〉에 의해, D는 A, B, E와 인접해있으므로, 라 = A, B, D 다.
마 = C, E, F 다.
따라서, 가의 인구 = 3000명, 나의 인구 = 3500명
→ 가의 인구는 나의 인구보다 적다.
따라서, 라의 인구 = 5000명, 마의 인구 = 4000명이다.
→ 라의 인구는 마의 인구보다 많다.

답 : (X, O)

# 자료통역사의
# 통하는 자료해석

## ①권 세팅편

# VI. 계산연습

## 01 계산연습 Day.1 🔍학습 목표 : 덧셈과 뺄셈 감각을 만들기 위해 숫자 쌍을 암기하자.

### 1) 10을 만드는 숫자쌍과 9를 만드는 숫자쌍

| 10을 만드는 숫자 쌍 | | 9를 만드는 숫자 쌍 | |
|---|---|---|---|
| 1 | 9 | 1 | 8 |
| 2 | 8 | 2 | 7 |
| 3 | 7 | 3 | 6 |
| 4 | 6 | 4 | 5 |
| 5 | 5 | | |

### 2) 암기 확인하기

| 문제 | | 10를 만드는 숫자 쌍은? | 9를 만드는 숫자 쌍은? |
|---|---|---|---|
| 01) | 2 | | |
| 02) | 7 | | |
| 03) | 8 | | |
| 04) | 9 | | |
| 05) | 6 | | |
| 06) | 2 | | |
| 07) | 5 | | |
| 08) | 6 | | |
| 09) | 9 | | |
| 10) | 7 | | |
| 11) | 5 | | |
| 12) | 3 | | |
| 13) | 1 | | |
| 14) | 6 | | |
| 15) | 7 | | |
| 16) | 2 | | |
| 17) | 5 | | |
| 18) | 6 | | |
| 19) | 4 | | |
| 20) | 7 | | |
| 21) | 3 | | |
| 22) | 6 | | |
| 23) | 9 | | |
| 24) | 5 | | |
| 25) | 8 | | |
| 26) | 1 | | |
| 27) | 2 | | |
| 28) | 4 | | |
| 29) | 7 | | |
| 30) | 4 | | |

### 3) 덧셈에서 자리올림을 발생시키는 숫자 쌍

| 0 | – |
|---|---|
| 1 | 9 |
| 2 | 8,9 |
| 3 | 7,8,9 |
| 4 | 6,7,8,9 |
| 5 | 5,6,7,8,9 |
| 6 | 4,5,6,7,8,9 |
| 7 | 3,4,5,6,7,8,9 |
| 8 | 2,3,4,5,6,7,8,9 |
| 9 | 1,2,3,4,5,6,7,8,9 |

### 4) 뺄셈에서 자리내림을 발생시키는 숫자 쌍

| 앞 숫자 | 뒷 숫자 |
|---|---|
| 9 | – |
| 8 | 9 |
| 7 | 8,9 |
| 6 | 7,8,9 |
| 5 | 6,7,8,9 |
| 4 | 5,6,7,8,9 |
| 3 | 4,5,6,7,8,9 |
| 2 | 3,4,5,6,7,8,9 |
| 1 | 2,3,4,5,6,7,8,9 |
| 0 | 1,2,3,4,5,6,7,8,9 |

## 5) 암기 확인하기

| 문제 | | 자리올림을 발생시키는 숫자는? | 자리내림을 발생시키는 숫자는? |
|---|---|---|---|
| 01) | 5 | | |
| 02) | 1 | | |
| 03) | 2 | | |
| 04) | 4 | | |
| 05) | 3 | | |
| 06) | 7 | | |
| 07) | 0 | | |
| 08) | 1 | | |
| 09) | 3 | | |
| 10) | 9 | | |
| 11) | 6 | | |
| 12) | 7 | | |
| 13) | 8 | | |
| 14) | 5 | | |
| 15) | 4 | | |
| 16) | 1 | | |
| 17) | 6 | | |
| 18) | 8 | | |
| 19) | 9 | | |
| 20) | 3 | | |

## 6) 100을 만드는 숫자 쌍

| | | | | | | | | | |
|---|---|---|---|---|---|---|---|---|---|
| 1 | 99 | 11 | 89 | 21 | 79 | 31 | 69 | 41 | 59 |
| 2 | 98 | 12 | 88 | 22 | 78 | 32 | 68 | 42 | 58 |
| 3 | 97 | 13 | 87 | 23 | 77 | 33 | 67 | 43 | 57 |
| 4 | 96 | 14 | 86 | 24 | 76 | 34 | 66 | 44 | 56 |
| 5 | 95 | 15 | 85 | 25 | 75 | 35 | 65 | 45 | 55 |
| 6 | 94 | 16 | 84 | 26 | 74 | 36 | 64 | 46 | 54 |
| 7 | 93 | 17 | 83 | 27 | 73 | 37 | 63 | 47 | 53 |
| 8 | 92 | 18 | 82 | 28 | 72 | 38 | 62 | 48 | 52 |
| 9 | 91 | 19 | 81 | 29 | 71 | 39 | 61 | 49 | 51 |
| 10 | 90 | 20 | 80 | 30 | 70 | 40 | 60 | 50 | 50 |

## 7) 연습하기

| 문제 | | 100을 만드는 숫자 쌍은? | 문제 | | 100을 만드는 숫자 쌍은? |
|---|---|---|---|---|---|
| 01) | 60 | | 51) | 31 | |
| 02) | 77 | | 52) | 63 | |
| 03) | 57 | | 53) | 73 | |
| 04) | 30 | | 54) | 68 | |
| 05) | 57 | | 55) | 93 | |
| 06) | 73 | | 56) | 55 | |
| 07) | 30 | | 57) | 68 | |
| 08) | 9 | | 58) | 33 | |
| 09) | 71 | | 59) | 43 | |
| 10) | 32 | | 60) | 75 | |
| 11) | 48 | | 61) | 23 | |
| 12) | 64 | | 62) | 71 | |
| 13) | 1 | | 63) | 15 | |
| 14) | 7 | | 64) | 29 | |
| 15) | 34 | | 65) | 87 | |
| 16) | 78 | | 66) | 45 | |
| 17) | 63 | | 67) | 72 | |
| 18) | 73 | | 68) | 16 | |
| 19) | 91 | | 69) | 89 | |
| 20) | 66 | | 70) | 97 | |
| 21) | 78 | | 71) | 19 | |
| 22) | 24 | | 72) | 52 | |
| 23) | 58 | | 73) | 68 | |
| 24) | 77 | | 74) | 85 | |
| 25) | 92 | | 75) | 79 | |
| 26) | 5 | | 76) | 34 | |
| 27) | 50 | | 77) | 54 | |
| 28) | 54 | | 78) | 72 | |
| 29) | 97 | | 79) | 91 | |
| 30) | 3 | | 80) | 12 | |
| 31) | 71 | | 81) | 26 | |
| 32) | 78 | | 82) | 23 | |
| 33) | 56 | | 83) | 60 | |
| 34) | 73 | | 84) | 44 | |
| 35) | 31 | | 85) | 7 | |
| 36) | 24 | | 86) | 28 | |
| 37) | 95 | | 87) | 48 | |
| 38) | 85 | | 88) | 84 | |
| 39) | 62 | | 89) | 72 | |
| 40) | 17 | | 90) | 46 | |
| 41) | 28 | | 91) | 2 | |
| 42) | 38 | | 92) | 6 | |
| 43) | 6 | | 93) | 11 | |
| 44) | 54 | | 94) | 91 | |
| 45) | 94 | | 95) | 8 | |
| 46) | 37 | | 96) | 62 | |
| 47) | 42 | | 97) | 85 | |
| 48) | 56 | | 98) | 36 | |
| 49) | 97 | | 99) | 55 | |
| 50) | 28 | | 100) | 30 | |

🔍학습 목표 : 곱셈과 분수의 감각을 만들기 위해 숫자 값을 암기하자.

## 1) 구구단

|     | 2 | 3 | 4 | 5 | 6 | 7 | 8 | 9 |
|-----|---|---|---|---|---|---|---|---|
| ×1 | 2 | 3 | 4 | 5 | 6 | 7 | 8 | 9 |
| ×2 | 4 | 6 | 8 | 10 | 12 | 14 | 16 | 18 |
| ×3 | 6 | 9 | 12 | 15 | 18 | 21 | 24 | 27 |
| ×4 | 8 | 12 | 16 | 20 | 24 | 28 | 32 | 36 |
| ×5 | 10 | 15 | 20 | 25 | 30 | 35 | 40 | 45 |
| ×6 | 12 | 18 | 24 | 30 | 36 | 42 | 48 | 54 |
| ×7 | 14 | 21 | 28 | 35 | 42 | 49 | 56 | 63 |
| ×8 | 16 | 24 | 32 | 40 | 48 | 56 | 64 | 72 |
| ×9 | 18 | 27 | 36 | 45 | 54 | 63 | 72 | 81 |
| ×10 | 20 | 30 | 40 | 50 | 60 | 70 | 80 | 90 |

## 2) 확인하기

| 문제 | 답은? | 문제 | 답은? |
|------|------|------|------|
| 01) 8 × 7 = | | 26) 72 = | |
| 02) 3 × 4 = | | 27) 21 = | |
| 03) 9 × 2 = | | 28) 6 = | |
| 04) 8 × 8 = | | 29) 16 = | |
| 05) 4 × 9 = | | 30) 36 = | |
| 06) 9 × 6 = | | 31) 18 = | |
| 07) 7 × 3 = | | 32) 10 = | |
| 08) 6 × 6 = | | 33) 56 = | |
| 09) 4 × 8 = | | 34) 42 = | |
| 10) 8 × 6 = | | 35) 12 = | |
| 11) 9 × 5 = | | 36) 40 = | |
| 12) 4 × 4 = | | 37) 48 = | |
| 13) 2 × 6 = | | 38) 12 = | |
| 14) 5 × 7 = | | 39) 27 = | |
| 15) 7 × 5 = | | 40) 63 = | |
| 16) 9 × 5 = | | 41) 30 = | |
| 17) 6 × 8 = | | 42) 32 = | |
| 18) 7 × 4 = | | 43) 54 = | |
| 19) 8 × 9 = | | 44) 49 = | |
| 20) 2 × 8 = | | 45) 48 = | |
| 21) 7 × 7 = | | 46) 25 = | |
| 22) 5 × 3 = | | 47) 18 = | |
| 23) 4 × 9 = | | 48) 28 = | |
| 24) 7 × 5 = | | 49) 56 = | |
| 25) 5 × 9 = | | 50) 64 = | |

## 3) 기타 곱셈 암기

| | |
|---|---|
| 01) 11 × 11 = 121 | 11) 4 × 25 = 100 |
| 02) 12 × 12 = 144 | 12) 5 × 20 = 100 |
| 03) 13 × 13 = 169 | 13) 2 × 1.5 = 3 |
| 04) 14 × 14 = 196 | 14) 25 × 25 = 625 |
| 05) 15 × 15 = 225 | 15) $2^{10}$ = 1024 |
| 06) 16 × 16 = 256 | 16) x × 5 = 10x ÷ 2 |
| 07) 17 × 17 = 289 | 17) $(x+a)(x-a) = x^2 - a^2$ |
| 08) 18 × 18 = 324 | ex) 13 × 17 |
| 09) 19 × 19 = 361 | $= (15-2) \times (15+2)$ |
| 10) 20 × 20 = 400 | $= 15^2 - 2^2 = 221$ |

## 4) 확인하기

| | |
|---|---|
| 01) 11 × 11 = | 16) 121 = |
| 02) 12 × 12 = | 17) 144 = |
| 03) 13 × 13 = | 18) 169 = |
| 04) 14 × 14 = | 19) 196 = |
| 05) 15 × 15 = | 20) 225 = |
| 06) 16 × 16 = | 21) 256 = |
| 07) 17 × 17 = | 22) 289 = |
| 08) 18 × 18 = | 23) 324 = |
| 09) 19 × 19 = | 24) 361 = |
| 10) 20 × 20 = | 25) 400 = |
| 11) 4 × 25 = | 26) 100 = 4 × |
| 12) 5 × 20 = | 27) 100 = 5 × |
| 13) 2 × 1.5 = | 28) 3 = |
| 14) 25 × 25 = | 29) 625 = |
| 15) $2^{10}$ = | 30) 1024 = |

## 5) 인수분해 (20 이하의 숫자로 구성된 인수분해가 중요)

| | | | |
|---|---|---|---|
| 1 | – | 51 | 3×17 |
| 2 | – | 52 | 4×13 |
| 3 | 2×1.5 | 53 | – |
| 4 | 2×2 | 54 | 3×18, 6×9 |
| 5 | 2×2.5 | 55 | 5×11 |
| 6 | 2×3 | 56 | 4×14, 8×7 |
| 7 | 2×3.5 | 57 | 3×19 |
| 8 | 2×4 | 58 | – |
| 9 | 3×3 | 59 | – |
| 10 | 2×5, 4×2.5 | 60 | 3×20, 5×12, 6×10 |
| 11 | – | 61 | – |
| 12 | 2×6, 3×4 | 62 | – |
| 13 | – | 63 | 7×9 |
| 14 | 2×7 | 64 | 4×16, 8×8 |
| 15 | 3×5 | 65 | 5×13 |
| 16 | 2×8, 4×4 | 66 | 6×11 |
| 17 | – | 67 | – |
| 18 | 2×9, 3×6 | 68 | 4×17 |
| 19 | – | 69 | – |
| 20 | 2×10, 4×5 | 70 | 5×14, 7×10 |
| 21 | 3×7 | 71 | – |
| 22 | 2×11 | 72 | 4×18 6×12 8×9 |
| 23 | – | 73 | – |
| 24 | 2×12, 3×8, 4×6 | 74 | – |
| 25 | 5×5 | 75 | 5×15 |
| 26 | 2×13 | 76 | 4×19 |
| 27 | 3×9 | 77 | 7×11 |
| 28 | 2×14, 4×7 | 78 | – |
| 29 | – | 79 | – |
| 30 | 3×10, 5×6 | 80 | 4×20, 5×16, 8×10 |
| 31 | – | 81 | 9×9 |
| 32 | 2×16, 4×8 | 82 | – |
| 33 | 3×11 | 83 | – |
| 34 | 2×17 | 84 | 7×12 |
| 35 | 5×7 | 85 | 5×17 |
| 36 | 2×18, 3×12, 4×9, 6×6 | 86 | – |
| 37 | – | 87 | – |
| 38 | 2×19 | 88 | 8×11 |
| 39 | 3×13 | 89 | – |
| 40 | 2×20, 4×10, 8×5 | 90 | 5×18 9×10 |
| 41 | – | 91 | – |
| 42 | 3×14, 6×7 | 92 | – |
| 43 | – | 93 | – |
| 44 | 4×11 | 94 | – |
| 45 | 3×15, 5×9 | 95 | 5×19 |
| 46 | – | 96 | 6×16 8×12 |
| 47 | – | 97 | – |
| 48 | 4×12, 6×8 | 98 | 7×14 |
| 49 | 7×7 | 99 | 9×11 |
| 50 | 5×10 | 100 | 5×20, 10×10 |

## 6) 확인하기

| | | | |
|---|---|---|---|
| 1 | | 51 | |
| 2 | | 52 | |
| 3 | | 53 | |
| 4 | | 54 | |
| 5 | | 55 | |
| 6 | | 56 | |
| 7 | | 57 | |
| 8 | | 58 | |
| 9 | | 59 | |
| 10 | | 60 | |
| 11 | | 61 | |
| 12 | | 62 | |
| 13 | | 63 | |
| 14 | | 64 | |
| 15 | | 65 | |
| 16 | | 66 | |
| 17 | | 67 | |
| 18 | | 68 | |
| 19 | | 69 | |
| 20 | | 70 | |
| 21 | | 71 | |
| 22 | | 72 | |
| 23 | | 73 | |
| 24 | | 74 | |
| 25 | | 75 | |
| 26 | | 76 | |
| 27 | | 77 | |
| 28 | | 78 | |
| 29 | | 79 | |
| 30 | | 80 | |
| 31 | | 81 | |
| 32 | | 82 | |
| 33 | | 83 | |
| 34 | | 84 | |
| 35 | | 85 | |
| 36 | | 86 | |
| 37 | | 87 | |
| 38 | | 88 | |
| 39 | | 89 | |
| 40 | | 90 | |
| 41 | | 91 | |
| 42 | | 92 | |
| 43 | | 93 | |
| 44 | | 94 | |
| 45 | | 95 | |
| 46 | | 96 | |
| 47 | | 97 | |
| 48 | | 98 | |
| 49 | | 99 | |
| 50 | | 100 | |

## 7) ×2

|    | 1X | 2X | 3X | 4X | 5X | 6X | 7X | 8X | 9X |
|----|----|----|----|----|----|----|----|----|----|
| X0 | 20 | 40 | 60 | 80 | 100 | 120 | 140 | 160 | 180 |
| X1 | 22 | 42 | 62 | 82 | 102 | 122 | 142 | 162 | 182 |
| X2 | 24 | 44 | 64 | 84 | 104 | 124 | 144 | 164 | 184 |
| X3 | 26 | 46 | 66 | 86 | 106 | 126 | 146 | 166 | 186 |
| X4 | 28 | 48 | 68 | 88 | 108 | 128 | 148 | 168 | 188 |
| X5 | 30 | 50 | 70 | 90 | 110 | 130 | 150 | 170 | 190 |
| X6 | 32 | 52 | 72 | 92 | 112 | 132 | 152 | 172 | 192 |
| X7 | 34 | 54 | 74 | 94 | 114 | 134 | 154 | 174 | 194 |
| X8 | 36 | 56 | 76 | 96 | 116 | 136 | 156 | 176 | 196 |
| X9 | 38 | 58 | 78 | 98 | 118 | 138 | 158 | 178 | 198 |

## 9) ×3

|    | 1X | 2X | 3X | 4X | 5X | 6X | 7X | 8X | 9X |
|----|----|----|----|----|----|----|----|----|----|
| X0 | 30 | 60 | 90 | 120 | 150 | 180 | 210 | 240 | 270 |
| X1 | 33 | 63 | 93 | 123 | 153 | 183 | 213 | 243 | 273 |
| X2 | 36 | 66 | 96 | 126 | 156 | 186 | 216 | 246 | 276 |
| X3 | 39 | 69 | 99 | 129 | 159 | 189 | 219 | 249 | 279 |
| X4 | 42 | 72 | 102 | 132 | 162 | 192 | 222 | 252 | 282 |
| X5 | 45 | 75 | 105 | 135 | 165 | 195 | 225 | 255 | 285 |
| X6 | 48 | 78 | 108 | 138 | 168 | 198 | 228 | 258 | 288 |
| X7 | 51 | 81 | 111 | 141 | 171 | 201 | 231 | 261 | 291 |
| X8 | 54 | 84 | 114 | 144 | 174 | 204 | 234 | 264 | 294 |
| X9 | 57 | 87 | 117 | 147 | 177 | 207 | 237 | 267 | 297 |

## 8) 확인하기

| 문제 | 답은? | 문제 | 답은? |
|------|-------|------|-------|
| 01) 2 × 60 = | | 31) 168 = | |
| 02) 2 × 65 = | | 32) 92 = | |
| 03) 2 × 51 = | | 33) 78 = | |
| 04) 2 × 38 = | | 34) 68 = | |
| 05) 2 × 50 = | | 35) 196 = | |
| 06) 2 × 53 = | | 36) 38 = | |
| 07) 2 × 58 = | | 37) 76 = | |
| 08) 2 × 93 = | | 38) 156 = | |
| 09) 2 × 67 = | | 39) 150 = | |
| 10) 2 × 25 = | | 40) 54 = | |
| 11) 2 × 88 = | | 41) 88 = | |
| 12) 2 × 34 = | | 42) 56 = | |
| 13) 2 × 61 = | | 43) 76 = | |
| 14) 2 × 41 = | | 44) 150 = | |
| 15) 2 × 51 = | | 45) 84 = | |
| 16) 2 × 90 = | | 46) 114 = | |
| 17) 2 × 23 = | | 47) 88 = | |
| 18) 2 × 94 = | | 48) 146 = | |
| 19) 2 × 47 = | | 49) 26 = | |
| 20) 2 × 92 = | | 50) 96 = | |
| 21) 2 × 84 = | | 51) 122 = | |
| 22) 2 × 41 = | | 52) 50 = | |
| 23) 2 × 75 = | | 53) 140 = | |
| 24) 2 × 60 = | | 54) 46 = | |
| 25) 2 × 71 = | | 55) 192 = | |
| 26) 2 × 82 = | | 56) 140 = | |
| 27) 2 × 51 = | | 57) 188 = | |
| 28) 2 × 44 = | | 58) 148 = | |
| 29) 2 × 64 = | | 59) 178 = | |
| 30) 2 × 29 = | | 60) 28 = | |

## 10) 확인하기

| 문제 | 답은? | 문제 | 답은? |
|------|-------|------|-------|
| 01) 3 × 84 = | | 31) 126 = | |
| 02) 3 × 46 = | | 32) 120 = | |
| 03) 3 × 39 = | | 33) 72 = | |
| 04) 3 × 34 = | | 34) 36 = | |
| 05) 3 × 98 = | | 35) 105 = | |
| 06) 3 × 19 = | | 36) 201 = | |
| 07) 3 × 38 = | | 37) 108 = | |
| 08) 3 × 78 = | | 38) 294 = | |
| 09) 3 × 75 = | | 39) 183 = | |
| 10) 3 × 27 = | | 40) 282 = | |
| 11) 3 × 44 = | | 41) 189 = | |
| 12) 3 × 28 = | | 42) 297 = | |
| 13) 3 × 38 = | | 43) 216 = | |
| 14) 3 × 75 = | | 44) 270 = | |
| 15) 3 × 42 = | | 45) 78 = | |
| 16) 3 × 57 = | | 46) 207 = | |
| 17) 3 × 44 = | | 47) 105 = | |
| 18) 3 × 73 = | | 48) 144 = | |
| 19) 3 × 13 = | | 49) 174 = | |
| 20) 3 × 48 = | | 50) 69 = | |
| 21) 3 × 61 = | | 51) 291 = | |
| 22) 3 × 25 = | | 52) 129 = | |
| 23) 3 × 70 = | | 53) 168 = | |
| 24) 3 × 23 = | | 54) 201 = | |
| 25) 3 × 96 = | | 55) 48 = | |
| 26) 3 × 70 = | | 56) 177 = | |
| 27) 3 × 94 = | | 57) 222 = | |
| 28) 3 × 74 = | | 58) 36 = | |
| 29) 3 × 89 = | | 59) 132 = | |
| 30) 3 × 14 = | | 60) 171 = | |

## 11) ×4

|  | 1X | 2X | 3X | 4X | 5X | 6X | 7X | 8X | 9X |
|---|---|---|---|---|---|---|---|---|---|
| X0 | 40 | 80 | 120 | 160 | 200 | 240 | 280 | 320 | 360 |
| X1 | 44 | 84 | 124 | 164 | 204 | 244 | 284 | 324 | 364 |
| X2 | 48 | 88 | 128 | 168 | 208 | 248 | 288 | 328 | 368 |
| X3 | 52 | 92 | 132 | 172 | 212 | 252 | 292 | 332 | 372 |
| X4 | 56 | 96 | 136 | 176 | 216 | 256 | 296 | 336 | 376 |
| X5 | 60 | 100 | 140 | 180 | 220 | 260 | 300 | 340 | 380 |
| X6 | 64 | 104 | 144 | 184 | 224 | 264 | 304 | 344 | 384 |
| X7 | 68 | 108 | 148 | 188 | 228 | 268 | 308 | 348 | 388 |
| X8 | 72 | 112 | 152 | 192 | 232 | 272 | 312 | 352 | 392 |
| X9 | 76 | 116 | 156 | 196 | 236 | 276 | 316 | 356 | 396 |

## 13) ×5

|  | 1X | 2X | 3X | 4X | 5X | 6X | 7X | 8X | 9X |
|---|---|---|---|---|---|---|---|---|---|
| X0 | 50 | 100 | 150 | 200 | 250 | 300 | 350 | 400 | 450 |
| X1 | 55 | 105 | 155 | 205 | 255 | 305 | 355 | 405 | 455 |
| X2 | 60 | 110 | 160 | 210 | 260 | 310 | 360 | 410 | 460 |
| X3 | 65 | 115 | 165 | 215 | 265 | 315 | 365 | 415 | 465 |
| X4 | 70 | 120 | 170 | 220 | 270 | 320 | 370 | 420 | 470 |
| X5 | 75 | 125 | 175 | 225 | 275 | 325 | 375 | 425 | 475 |
| X6 | 80 | 130 | 180 | 230 | 280 | 330 | 380 | 430 | 480 |
| X7 | 85 | 135 | 185 | 235 | 285 | 335 | 385 | 435 | 485 |
| X8 | 90 | 140 | 190 | 240 | 290 | 340 | 390 | 440 | 490 |
| X9 | 95 | 145 | 195 | 245 | 295 | 345 | 395 | 445 | 495 |

## 12) 연습하기

| 문제 | 답은? | 문제 | 답은? |
|---|---|---|---|
| 01) 4 × 76 = | | 31) 272 = | |
| 02) 4 × 84 = | | 32) 156 = | |
| 03) 4 × 66 = | | 33) 376 = | |
| 04) 4 × 13 = | | 34) 304 = | |
| 05) 4 × 81 = | | 35) 176 = | |
| 06) 4 × 47 = | | 36) 104 = | |
| 07) 4 × 82 = | | 37) 44 = | |
| 08) 4 × 97 = | | 38) 396 = | |
| 09) 4 × 87 = | | 39) 312 = | |
| 10) 4 × 41 = | | 40) 184 = | |
| 11) 4 × 76 = | | 41) 384 = | |
| 12) 4 × 77 = | | 42) 280 = | |
| 13) 4 × 30 = | | 43) 280 = | |
| 14) 4 × 95 = | | 44) 64 = | |
| 15) 4 × 63 = | | 45) 80 = | |
| 16) 4 × 78 = | | 46) 388 = | |
| 17) 4 × 65 = | | 47) 292 = | |
| 18) 4 × 97 = | | 48) 248 = | |
| 19) 4 × 63 = | | 49) 364 = | |
| 20) 4 × 79 = | | 50) 140 = | |
| 21) 4 × 82 = | | 51) 216 = | |
| 22) 4 × 27 = | | 52) 160 = | |
| 23) 4 × 30 = | | 53) 148 = | |
| 24) 4 × 83 = | | 54) 52 = | |
| 25) 4 × 87 = | | 55) 388 = | |
| 26) 4 × 49 = | | 56) 228 = | |
| 27) 4 × 54 = | | 57) 332 = | |
| 28) 4 × 85 = | | 58) 92 = | |
| 29) 4 × 40 = | | 59) 256 = | |
| 30) 4 × 91 = | | 60) 232 = | |

## 14) 연습하기

| 문제 | 답은? | 문제 | 답은? |
|---|---|---|---|
| 01) 5 × 50 = | | 31) 240 = | |
| 02) 5 × 98 = | | 32) 165 = | |
| 03) 5 × 55 = | | 33) 425 = | |
| 04) 5 × 35 = | | 34) 205 = | |
| 05) 5 × 47 = | | 35) 345 = | |
| 06) 5 × 92 = | | 36) 120 = | |
| 07) 5 × 51 = | | 37) 380 = | |
| 08) 5 × 77 = | | 38) 210 = | |
| 09) 5 × 20 = | | 39) 245 = | |
| 10) 5 × 30 = | | 40) 335 = | |
| 11) 5 × 87 = | | 41) 80 = | |
| 12) 5 × 62 = | | 42) 135 = | |
| 13) 5 × 36 = | | 43) 300 = | |
| 14) 5 × 78 = | | 44) 425 = | |
| 15) 5 × 71 = | | 45) 165 = | |
| 16) 5 × 96 = | | 46) 365 = | |
| 17) 5 × 47 = | | 47) 115 = | |
| 18) 5 × 94 = | | 48) 320 = | |
| 19) 5 × 18 = | | 49) 480 = | |
| 20) 5 × 94 = | | 50) 265 = | |
| 21) 5 × 68 = | | 51) 380 = | |
| 22) 5 × 13 = | | 52) 275 = | |
| 23) 5 × 33 = | | 53) 85 = | |
| 24) 5 × 41 = | | 54) 235 = | |
| 25) 5 × 73 = | | 55) 475 = | |
| 26) 5 × 54 = | | 56) 340 = | |
| 27) 5 × 28 = | | 57) 120 = | |
| 28) 5 × 92 = | | 58) 75 = | |
| 29) 5 × 84 = | | 59) 495 = | |
| 30) 5 × 22 = | | 60) 300 = | |

## 15) 확인하기.1

| 문제 | 답은? | 문제 | 답은? |
|---|---|---|---|
| 01) 3 × 16 = | | 41) 2 × 87 = | |
| 02) 5 × 15 = | | 42) 2 × 60 = | |
| 03) 2 × 75 = | | 43) 4 × 85 = | |
| 04) 3 × 58 = | | 44) 3 × 69 = | |
| 05) 5 × 13 = | | 45) 3 × 42 = | |
| 06) 4 × 46 = | | 46) 5 × 75 = | |
| 07) 4 × 91 = | | 47) 5 × 18 = | |
| 08) 4 × 42 = | | 48) 4 × 38 = | |
| 09) 3 × 35 = | | 49) 4 × 37 = | |
| 10) 3 × 46 = | | 50) 4 × 42 = | |
| 11) 4 × 25 = | | 51) 5 × 63 = | |
| 12) 4 × 56 = | | 52) 2 × 57 = | |
| 13) 4 × 92 = | | 53) 3 × 84 = | |
| 14) 4 × 15 = | | 54) 3 × 74 = | |
| 15) 2 × 45 = | | 55) 5 × 35 = | |
| 16) 3 × 51 = | | 56) 3 × 60 = | |
| 17) 4 × 53 = | | 57) 3 × 62 = | |
| 18) 2 × 25 = | | 58) 2 × 59 = | |
| 19) 5 × 20 = | | 59) 3 × 77 = | |
| 20) 3 × 21 = | | 60) 2 × 60 = | |
| 21) 4 × 24 = | | 61) 5 × 99 = | |
| 22) 2 × 28 = | | 62) 3 × 77 = | |
| 23) 3 × 64 = | | 63) 5 × 76 = | |
| 24) 5 × 60 = | | 64) 2 × 26 = | |
| 25) 4 × 78 = | | 65) 2 × 70 = | |
| 26) 5 × 14 = | | 66) 4 × 98 = | |
| 27) 3 × 34 = | | 67) 4 × 51 = | |
| 28) 3 × 56 = | | 68) 3 × 67 = | |
| 29) 4 × 77 = | | 69) 4 × 37 = | |
| 30) 3 × 14 = | | 70) 5 × 15 = | |
| 31) 2 × 18 = | | 71) 2 × 39 = | |
| 32) 4 × 58 = | | 72) 4 × 76 = | |
| 33) 5 × 91 = | | 73) 4 × 69 = | |
| 34) 2 × 14 = | | 74) 4 × 45 = | |
| 35) 4 × 28 = | | 75) 3 × 43 = | |
| 36) 4 × 59 = | | 76) 2 × 94 = | |
| 37) 3 × 16 = | | 77) 2 × 54 = | |
| 38) 4 × 72 = | | 78) 5 × 97 = | |
| 39) 3 × 20 = | | 79) 2 × 30 = | |
| 40) 5 × 70 = | | 80) 4 × 64 = | |

## 16) 확인하기.2

| 문제 | 답은? | 문제 | 답은? |
|---|---|---|---|
| 01) 150 = | | 41) 243 = | |
| 02) 140 = | | 42) 80 = | |
| 03) 186 = | | 43) 198 = | |
| 04) 325 = | | 44) 240 = | |
| 05) 140 = | | 45) 392 = | |
| 06) 280 = | | 46) 205 = | |
| 07) 152 = | | 47) 210 = | |
| 08) 184 = | | 48) 160 = | |
| 09) 490 = | | 49) 168 = | |
| 10) 26 = | | 50) 138 = | |
| 11) 36 = | | 51) 38 = | |
| 12) 270 = | | 52) 215 = | |
| 13) 110 = | | 53) 228 = | |
| 14) 72 = | | 54) 48 = | |
| 15) 248 = | | 55) 180 = | |
| 16) 395 = | | 56) 60 = | |
| 17) 388 = | | 57) 308 = | |
| 18) 156 = | | 58) 72 = | |
| 19) 24 = | | 59) 96 = | |
| 20) 207 = | | 60) 96 = | |
| 21) 208 = | | 61) 182 = | |
| 22) 252 = | | 62) 176 = | |
| 23) 42 = | | 63) 261 = | |
| 24) 192 = | | 64) 66 = | |
| 25) 440 = | | 65) 132 = | |
| 26) 170 = | | 66) 332 = | |
| 27) 455 = | | 67) 108 = | |
| 28) 192 = | | 68) 58 = | |
| 29) 490 = | | 69) 285 = | |
| 30) 425 = | | 70) 156 = | |
| 31) 355 = | | 71) 308 = | |
| 32) 44 = | | 72) 485 = | |
| 33) 128 = | | 73) 244 = | |
| 34) 45 = | | 74) 360 = | |
| 35) 372 = | | 75) 155 = | |
| 36) 300 = | | 76) 410 = | |
| 37) 152 = | | 77) 304 = | |
| 38) 356 = | | 78) 72 = | |
| 39) 69 = | | 79) 264 = | |
| 40) 196 = | | 80) 261 = | |

## 17) 확인하기.3

| 문제 | 답은? | 문제 | 답은? |
|---|---|---|---|
| 01) 4 × 93 = | | 41) 3 × 82 = | |
| 02) 5 × 89 = | | 42) 2 × 40 = | |
| 03) 5 × 24 = | | 43) 2 × 43 = | |
| 04) 4 × 62 = | | 44) 2 × 11 = | |
| 05) 3 × 62 = | | 45) 2 × 51 = | |
| 06) 3 × 78 = | | 46) 3 × 79 = | |
| 07) 3 × 80 = | | 47) 5 × 72 = | |
| 08) 3 × 11 = | | 48) 2 × 16 = | |
| 09) 5 × 12 = | | 49) 5 × 51 = | |
| 10) 4 × 45 = | | 50) 3 × 56 = | |
| 11) 3 × 51 = | | 51) 2 × 99 = | |
| 12) 4 × 65 = | | 52) 4 × 32 = | |
| 13) 2 × 23 = | | 53) 5 × 18 = | |
| 14) 5 × 81 = | | 54) 3 × 66 = | |
| 15) 3 × 12 = | | 55) 4 × 54 = | |
| 16) 5 × 48 = | | 56) 2 × 96 = | |
| 17) 5 × 52 = | | 57) 4 × 79 = | |
| 18) 3 × 97 = | | 58) 5 × 80 = | |
| 19) 4 × 85 = | | 59) 2 × 71 = | |
| 20) 2 × 37 = | | 60) 3 × 19 = | |
| 21) 2 × 64 = | | 61) 4 × 36 = | |
| 22) 5 × 56 = | | 62) 5 × 44 = | |
| 23) 2 × 59 = | | 63) 4 × 47 = | |
| 24) 3 × 41 = | | 64) 4 × 70 = | |
| 25) 4 × 12 = | | 65) 2 × 76 = | |
| 26) 4 × 39 = | | 66) 4 × 86 = | |
| 27) 4 × 34 = | | 67) 3 × 28 = | |
| 28) 2 × 31 = | | 68) 5 × 92 = | |
| 29) 3 × 57 = | | 69) 3 × 33 = | |
| 30) 5 × 11 = | | 70) 4 × 35 = | |
| 31) 3 × 20 = | | 71) 5 × 98 = | |
| 32) 5 × 77 = | | 72) 2 × 47 = | |
| 33) 2 × 32 = | | 73) 3 × 39 = | |
| 34) 4 × 71 = | | 74) 5 × 54 = | |
| 35) 2 × 44 = | | 75) 2 × 98 = | |
| 36) 3 × 64 = | | 76) 2 × 18 = | |
| 37) 5 × 57 = | | 77) 5 × 25 = | |
| 38) 2 × 40 = | | 78) 4 × 31 = | |
| 39) 2 × 69 = | | 79) 2 × 61 = | |
| 40) 4 × 90 = | | 80) 4 × 64 = | |

## 18) 확인하기.4

| 문제 | 답은? | 문제 | 답은? |
|---|---|---|---|
| 01) 90 = | | 41) 282 = | |
| 02) 180 = | | 42) 165 = | |
| 03) 268 = | | 43) 291 = | |
| 04) 245 = | | 44) 111 = | |
| 05) 168 = | | 45) 189 = | |
| 06) 240 = | | 46) 350 = | |
| 07) 260 = | | 47) 28 = | |
| 08) 220 = | | 48) 192 = | |
| 09) 64 = | | 49) 215 = | |
| 10) 182 = | | 50) 130 = | |
| 11) 268 = | | 51) 72 = | |
| 12) 114 = | | 52) 80 = | |
| 13) 138 = | | 53) 267 = | |
| 14) 148 = | | 54) 186 = | |
| 15) 106 = | | 55) 115 = | |
| 16) 192 = | | 56) 228 = | |
| 17) 111 = | | 57) 365 = | |
| 18) 195 = | | 58) 142 = | |
| 19) 81 = | | 59) 75 = | |
| 20) 96 = | | 60) 150 = | |
| 21) 74 = | | 61) 195 = | |
| 22) 430 = | | 62) 228 = | |
| 23) 26 = | | 63) 196 = | |
| 24) 63 = | | 64) 164 = | |
| 25) 180 = | | 65) 116 = | |
| 26) 180 = | | 66) 116 = | |
| 27) 80 = | | 67) 177 = | |
| 28) 90 = | | 68) 68 = | |
| 29) 455 = | | 69) 98 = | |
| 30) 105 = | | 70) 364 = | |
| 31) 160 = | | 71) 175 = | |
| 32) 132 = | | 72) 110 = | |
| 33) 80 = | | 73) 42 = | |
| 34) 255 = | | 74) 190 = | |
| 35) 395 = | | 75) 180 = | |
| 36) 252 = | | 76) 385 = | |
| 37) 445 = | | 77) 100 = | |
| 38) 175 = | | 78) 55 = | |
| 39) 130 = | | 79) 105 = | |
| 40) 104 = | | 80) 160 = | |

### 1) 분수값

| 분모 | 분수 값 | | | |
|---|---|---|---|---|
| 2 | $\frac{1}{2}$ =50.00% | | | |
| 3 | $\frac{1}{3}$ =33.33% | $\frac{2}{3}$ =66.66% | | |
| 4 | $\frac{1}{4}$ =25.00% | $\frac{3}{4}$ =75.00% | | |
| 5 | $\frac{1}{5}$ =20.00% | $\frac{2}{5}$ =40.00% | $\frac{3}{5}$ =60.00% | $\frac{4}{5}$ =80.00% |
| 6 | $\frac{1}{6}$ =16.66% | $\frac{5}{6}$ =83.33% | | |
| 7 | $\frac{1}{7}$ =14.2857% | $\frac{2}{7}$ =28.5714% | $\frac{3}{7}$ =42.8571% | |
| | $\frac{4}{7}$ =57.1428% | $\frac{5}{7}$ =71.4285% | $\frac{6}{7}$ =85.7142% | |
| 8 | $\frac{1}{8}$ =12.50% | $\frac{3}{8}$ =37.50% | $\frac{5}{8}$ =62.50% | $\frac{7}{8}$ =87.50% |
| 9 | $\frac{1}{9}$ =11.11% | $\frac{2}{9}$ =22.22% | $\frac{3}{9}$ =33.33% | $\frac{4}{9}$ =44.44% |
| | $\frac{5}{9}$ =55.55% | $\frac{6}{9}$ =66.66% | $\frac{7}{9}$ =77.77% | $\frac{8}{9}$ =88.88% |
| 11 | $\frac{1}{11}$ =9.09% | $\frac{5}{11}$ =45.45% | $\frac{6}{11}$ =54.54% | $\frac{10}{11}$ =90.90% |
| 12 | $\frac{1}{12}$ =8.33% | $\frac{5}{12}$ =41.66% | $\frac{7}{12}$ =58.33% | $\frac{11}{12}$ =91.66% |
| 13 | $\frac{1}{13}$ =7.69% | $\frac{6}{13}$ =46.15% | $\frac{7}{13}$ =53.85% | $\frac{12}{13}$ =92.31% |
| 14 | $\frac{1}{14}$ =7.14% | | | $\frac{13}{14}$ =92.86% |
| 15 | $\frac{1}{15}$ =6.66% | $\frac{7}{15}$ =46.66% | $\frac{8}{15}$ =53.33% | $\frac{14}{15}$ =93.33% |
| 16 | $\frac{1}{16}$ =6.25% | $\frac{7}{16}$ =43.75% | $\frac{9}{16}$ =56.25% | $\frac{15}{16}$ =93.75% |
| 17 | $\frac{1}{17}$ =5.88% | $\frac{8}{17}$ =47.06% | $\frac{9}{17}$ =52.94% | $\frac{16}{17}$ =94.12% |
| 18 | $\frac{1}{18}$ =5.55% | | | $\frac{17}{18}$ =94.44% |
| 19 | $\frac{1}{19}$ =5.26% | $\frac{9}{19}$ =47.37% | $\frac{10}{19}$ =52.63% | $\frac{18}{19}$ =94.74% |
| 20 | $\frac{1}{20}$ =5.00% | | | $\frac{19}{20}$ =95.00% |

### 2) 확인하기 (분수 → 퍼센트)

| 분모 | 분수 값 | | | |
|---|---|---|---|---|
| 2 | $\frac{1}{2}$ = | | | |
| 3 | $\frac{1}{3}$ = | $\frac{2}{3}$ = | | |
| 4 | $\frac{1}{4}$ = | $\frac{3}{4}$ = | | |
| 5 | $\frac{1}{5}$ = | $\frac{2}{5}$ = | $\frac{3}{5}$ = | $\frac{4}{5}$ = |
| 6 | $\frac{1}{6}$ = | $\frac{5}{6}$ = | | |
| 7 | $\frac{1}{7}$ = | $\frac{2}{7}$ = | $\frac{3}{7}$ = | |
| | $\frac{4}{7}$ = | $\frac{5}{7}$ = | $\frac{6}{7}$ = | |
| 8 | $\frac{1}{8}$ = | $\frac{3}{8}$ = | $\frac{5}{8}$ = | $\frac{7}{8}$ = |
| 9 | $\frac{1}{9}$ = | $\frac{2}{9}$ = | $\frac{3}{9}$ = | $\frac{4}{9}$ = |
| | $\frac{5}{9}$ = | $\frac{6}{9}$ = | $\frac{7}{9}$ = | $\frac{8}{9}$ = |
| 11 | $\frac{1}{11}$ = | $\frac{5}{11}$ = | $\frac{6}{11}$ = | $\frac{10}{11}$ = |
| 12 | $\frac{1}{12}$ = | $\frac{5}{12}$ = | $\frac{7}{12}$ = | $\frac{11}{12}$ = |
| 13 | $\frac{1}{13}$ = | $\frac{6}{13}$ = | $\frac{7}{13}$ = | $\frac{12}{13}$ = |
| 14 | $\frac{1}{14}$ = | | | $\frac{13}{14}$ = |
| 15 | $\frac{1}{15}$ = | $\frac{7}{15}$ = | $\frac{8}{15}$ = | $\frac{14}{15}$ = |
| 16 | $\frac{1}{16}$ = | $\frac{7}{16}$ = | $\frac{9}{16}$ = | $\frac{15}{16}$ = |
| 17 | $\frac{1}{17}$ = | $\frac{8}{17}$ = | $\frac{9}{17}$ = | $\frac{16}{17}$ = |
| 18 | $\frac{1}{18}$ = | | | $\frac{17}{18}$ = |
| 19 | $\frac{1}{19}$ = | $\frac{9}{19}$ = | $\frac{10}{19}$ = | $\frac{18}{19}$ = |
| 20 | $\frac{1}{20}$ = | | | $\frac{19}{20}$ = |

### 3) X0%

| 분수값 \ 분모값 | 10 | 20 | 30 | 40 | 50 | 60 | 70 | 80 | 90 |
|---|---|---|---|---|---|---|---|---|---|
| 10% | $\frac{1}{10}$ | $\frac{2}{20}$ | $\frac{3}{30}$ | $\frac{4}{40}$ | $\frac{5}{50}$ | $\frac{6}{60}$ | $\frac{7}{70}$ | $\frac{8}{80}$ | $\frac{9}{90}$ |
| 20% | $\frac{2}{10}$ | $\frac{4}{20}$ | $\frac{6}{30}$ | $\frac{8}{40}$ | $\frac{10}{50}$ | $\frac{12}{60}$ | $\frac{14}{70}$ | $\frac{16}{80}$ | $\frac{18}{90}$ |
| 30% | $\frac{3}{10}$ | $\frac{6}{20}$ | $\frac{9}{30}$ | $\frac{12}{40}$ | $\frac{15}{50}$ | $\frac{18}{60}$ | $\frac{21}{70}$ | $\frac{24}{80}$ | $\frac{27}{90}$ |
| 40% | $\frac{4}{10}$ | $\frac{8}{20}$ | $\frac{12}{30}$ | $\frac{16}{40}$ | $\frac{20}{50}$ | $\frac{24}{60}$ | $\frac{28}{70}$ | $\frac{32}{80}$ | $\frac{36}{90}$ |
| 50% | $\frac{5}{10}$ | $\frac{10}{20}$ | $\frac{15}{30}$ | $\frac{20}{40}$ | $\frac{25}{50}$ | $\frac{30}{60}$ | $\frac{35}{70}$ | $\frac{40}{80}$ | $\frac{45}{90}$ |
| 60% | $\frac{6}{10}$ | $\frac{12}{20}$ | $\frac{18}{30}$ | $\frac{24}{40}$ | $\frac{30}{50}$ | $\frac{36}{60}$ | $\frac{42}{70}$ | $\frac{48}{80}$ | $\frac{54}{90}$ |
| 70% | $\frac{7}{10}$ | $\frac{14}{20}$ | $\frac{21}{30}$ | $\frac{28}{40}$ | $\frac{35}{50}$ | $\frac{42}{60}$ | $\frac{49}{70}$ | $\frac{56}{80}$ | $\frac{63}{90}$ |
| 80% | $\frac{8}{10}$ | $\frac{16}{20}$ | $\frac{24}{30}$ | $\frac{32}{40}$ | $\frac{40}{50}$ | $\frac{48}{60}$ | $\frac{56}{70}$ | $\frac{64}{80}$ | $\frac{72}{90}$ |
| 90% | $\frac{9}{10}$ | $\frac{18}{20}$ | $\frac{27}{30}$ | $\frac{36}{40}$ | $\frac{45}{50}$ | $\frac{54}{60}$ | $\frac{63}{70}$ | $\frac{72}{80}$ | $\frac{81}{90}$ |

### 5) 확인하기 (빈칸을 채워보자)

| 분수값 \ 분모값 | 10 | 20 | 30 | 40 | 50 | 60 | 70 | 80 | 90 |
|---|---|---|---|---|---|---|---|---|---|
| 10% | $\frac{\ }{10}$ | $\frac{\ }{20}$ | $\frac{\ }{30}$ | $\frac{\ }{40}$ | $\frac{\ }{50}$ | $\frac{\ }{60}$ | $\frac{\ }{70}$ | $\frac{\ }{80}$ | $\frac{\ }{90}$ |
| 20% | $\frac{\ }{10}$ | $\frac{\ }{20}$ | $\frac{\ }{30}$ | $\frac{\ }{40}$ | $\frac{\ }{50}$ | $\frac{\ }{60}$ | $\frac{\ }{70}$ | $\frac{\ }{80}$ | $\frac{\ }{90}$ |
| 30% | $\frac{\ }{10}$ | $\frac{\ }{20}$ | $\frac{\ }{30}$ | $\frac{\ }{40}$ | $\frac{\ }{50}$ | $\frac{\ }{60}$ | $\frac{\ }{70}$ | $\frac{\ }{80}$ | $\frac{\ }{90}$ |
| 40% | $\frac{\ }{10}$ | $\frac{\ }{20}$ | $\frac{\ }{30}$ | $\frac{\ }{40}$ | $\frac{\ }{50}$ | $\frac{\ }{60}$ | $\frac{\ }{70}$ | $\frac{\ }{80}$ | $\frac{\ }{90}$ |
| 50% | $\frac{\ }{10}$ | $\frac{\ }{20}$ | $\frac{\ }{30}$ | $\frac{\ }{40}$ | $\frac{\ }{50}$ | $\frac{\ }{60}$ | $\frac{\ }{70}$ | $\frac{\ }{80}$ | $\frac{\ }{90}$ |
| 60% | $\frac{\ }{10}$ | $\frac{\ }{20}$ | $\frac{\ }{30}$ | $\frac{\ }{40}$ | $\frac{\ }{50}$ | $\frac{\ }{60}$ | $\frac{\ }{70}$ | $\frac{\ }{80}$ | $\frac{\ }{90}$ |
| 70% | $\frac{\ }{10}$ | $\frac{\ }{20}$ | $\frac{\ }{30}$ | $\frac{\ }{40}$ | $\frac{\ }{50}$ | $\frac{\ }{60}$ | $\frac{\ }{70}$ | $\frac{\ }{80}$ | $\frac{\ }{90}$ |
| 80% | $\frac{\ }{10}$ | $\frac{\ }{20}$ | $\frac{\ }{30}$ | $\frac{\ }{40}$ | $\frac{\ }{50}$ | $\frac{\ }{60}$ | $\frac{\ }{70}$ | $\frac{\ }{80}$ | $\frac{\ }{90}$ |
| 90% | $\frac{\ }{10}$ | $\frac{\ }{20}$ | $\frac{\ }{30}$ | $\frac{\ }{40}$ | $\frac{\ }{50}$ | $\frac{\ }{60}$ | $\frac{\ }{70}$ | $\frac{\ }{80}$ | $\frac{\ }{90}$ |

### 4) X5%

| 분수값 \ 분모값 | 20 | 40 | 60 | 80 | 100 |
|---|---|---|---|---|---|
| 15% | $\frac{3}{20}$ | $\frac{6}{40}$ | $\frac{9}{60}$ | $\frac{12}{80}$ | $\frac{15}{100}$ |
| 25% | $\frac{5}{20}$ | $\frac{10}{40}$ | $\frac{15}{60}$ | $\frac{20}{80}$ | $\frac{25}{100}$ |
| 35% | $\frac{7}{20}$ | $\frac{14}{40}$ | $\frac{21}{60}$ | $\frac{28}{80}$ | $\frac{35}{100}$ |
| 45% | $\frac{9}{20}$ | $\frac{18}{40}$ | $\frac{27}{60}$ | $\frac{36}{80}$ | $\frac{45}{100}$ |
| 55% | $\frac{11}{20}$ | $\frac{22}{40}$ | $\frac{33}{60}$ | $\frac{44}{80}$ | $\frac{55}{100}$ |
| 65% | $\frac{13}{20}$ | $\frac{26}{40}$ | $\frac{39}{60}$ | $\frac{52}{80}$ | $\frac{65}{100}$ |
| 75% | $\frac{15}{20}$ | $\frac{30}{40}$ | $\frac{45}{60}$ | $\frac{60}{80}$ | $\frac{75}{100}$ |
| 85% | $\frac{17}{20}$ | $\frac{34}{40}$ | $\frac{51}{60}$ | $\frac{68}{80}$ | $\frac{85}{100}$ |
| 95% | $\frac{19}{20}$ | $\frac{38}{40}$ | $\frac{57}{60}$ | $\frac{76}{80}$ | $\frac{95}{100}$ |

### 6) 확인하기 (빈칸을 채워보자)

| 분수값 \ 분모값 | 20 | 40 | 60 | 80 | 100 |
|---|---|---|---|---|---|
| 15% | $\frac{\ }{20}$ | $\frac{\ }{40}$ | $\frac{\ }{60}$ | $\frac{\ }{80}$ | $\frac{\ }{100}$ |
| 25% | $\frac{\ }{20}$ | $\frac{\ }{40}$ | $\frac{\ }{60}$ | $\frac{\ }{80}$ | $\frac{\ }{100}$ |
| 35% | $\frac{\ }{20}$ | $\frac{\ }{40}$ | $\frac{\ }{60}$ | $\frac{\ }{80}$ | $\frac{\ }{100}$ |
| 45% | $\frac{\ }{20}$ | $\frac{\ }{40}$ | $\frac{\ }{60}$ | $\frac{\ }{80}$ | $\frac{\ }{100}$ |
| 55% | $\frac{\ }{20}$ | $\frac{\ }{40}$ | $\frac{\ }{60}$ | $\frac{\ }{80}$ | $\frac{\ }{100}$ |
| 65% | $\frac{\ }{20}$ | $\frac{\ }{40}$ | $\frac{\ }{60}$ | $\frac{\ }{80}$ | $\frac{\ }{100}$ |
| 75% | $\frac{\ }{20}$ | $\frac{\ }{40}$ | $\frac{\ }{60}$ | $\frac{\ }{80}$ | $\frac{\ }{100}$ |
| 85% | $\frac{\ }{20}$ | $\frac{\ }{40}$ | $\frac{\ }{60}$ | $\frac{\ }{80}$ | $\frac{\ }{100}$ |
| 95% | $\frac{\ }{20}$ | $\frac{\ }{40}$ | $\frac{\ }{60}$ | $\frac{\ }{80}$ | $\frac{\ }{100}$ |

🔍학습 목표 : Day,2와 Day,3를 복습하고, 곱셈 실력을 키우자.

## 1) 2일차 암기 복습

| 2단 | 1X | 2X | 3X | 4X | 5X | 6X | 7X | 8X | 9X |
|---|---|---|---|---|---|---|---|---|---|
| X0 | 20 | 40 | 60 | 80 | 100 | 120 | 140 | 160 | 180 |
| X1 | 22 | 42 | 62 | 82 | 102 | 122 | 142 | 162 | 182 |
| X2 | 24 | 44 | 64 | 84 | 104 | 124 | 144 | 164 | 184 |
| X3 | 26 | 46 | 66 | 86 | 106 | 126 | 146 | 166 | 186 |
| X4 | 28 | 48 | 68 | 88 | 108 | 128 | 148 | 168 | 188 |
| X5 | 30 | 50 | 70 | 90 | 110 | 130 | 150 | 170 | 190 |
| X6 | 32 | 52 | 72 | 92 | 112 | 132 | 152 | 172 | 192 |
| X7 | 34 | 54 | 74 | 94 | 114 | 134 | 154 | 174 | 194 |
| X8 | 36 | 56 | 76 | 96 | 116 | 136 | 156 | 176 | 196 |
| X9 | 38 | 58 | 78 | 98 | 118 | 138 | 158 | 178 | 198 |

| 3단 | 1X | 2X | 3X | 4X | 5X | 6X | 7X | 8X | 9X |
|---|---|---|---|---|---|---|---|---|---|
| X0 | 30 | 60 | 90 | 120 | 150 | 180 | 210 | 240 | 270 |
| X1 | 33 | 63 | 93 | 123 | 153 | 183 | 213 | 243 | 273 |
| X2 | 36 | 66 | 96 | 126 | 156 | 186 | 216 | 246 | 276 |
| X3 | 39 | 69 | 99 | 129 | 159 | 189 | 219 | 249 | 279 |
| X4 | 42 | 72 | 102 | 132 | 162 | 192 | 222 | 252 | 282 |
| X5 | 45 | 75 | 105 | 135 | 165 | 195 | 225 | 255 | 285 |
| X6 | 48 | 78 | 108 | 138 | 168 | 198 | 228 | 258 | 288 |
| X7 | 51 | 81 | 111 | 141 | 171 | 201 | 231 | 261 | 291 |
| X8 | 54 | 84 | 114 | 144 | 174 | 204 | 234 | 264 | 294 |
| X9 | 57 | 87 | 117 | 147 | 177 | 207 | 237 | 267 | 297 |

| 4단 | 1X | 2X | 3X | 4X | 5X | 6X | 7X | 8X | 9X |
|---|---|---|---|---|---|---|---|---|---|
| X0 | 40 | 80 | 120 | 160 | 200 | 240 | 280 | 320 | 360 |
| X1 | 44 | 84 | 124 | 164 | 204 | 244 | 284 | 324 | 364 |
| X2 | 48 | 88 | 128 | 168 | 208 | 248 | 288 | 328 | 368 |
| X3 | 52 | 92 | 132 | 172 | 212 | 252 | 292 | 332 | 372 |
| X4 | 56 | 96 | 136 | 176 | 216 | 256 | 296 | 336 | 376 |
| X5 | 60 | 100 | 140 | 180 | 220 | 260 | 300 | 340 | 380 |
| X6 | 64 | 104 | 144 | 184 | 224 | 264 | 304 | 344 | 384 |
| X7 | 68 | 108 | 148 | 188 | 228 | 268 | 308 | 348 | 388 |
| X8 | 72 | 112 | 152 | 192 | 232 | 272 | 312 | 352 | 392 |
| X9 | 76 | 116 | 156 | 196 | 236 | 276 | 316 | 356 | 396 |

| 5단 | 1X | 2X | 3X | 4X | 5X | 6X | 7X | 8X | 9X |
|---|---|---|---|---|---|---|---|---|---|
| X0 | 50 | 100 | 150 | 200 | 250 | 300 | 350 | 400 | 450 |
| X1 | 55 | 105 | 155 | 205 | 255 | 305 | 355 | 405 | 455 |
| X2 | 60 | 110 | 160 | 210 | 260 | 310 | 360 | 410 | 460 |
| X3 | 65 | 115 | 165 | 215 | 265 | 315 | 365 | 415 | 465 |
| X4 | 70 | 120 | 170 | 220 | 270 | 320 | 370 | 420 | 470 |
| X5 | 75 | 125 | 175 | 225 | 275 | 325 | 375 | 425 | 475 |
| X6 | 80 | 130 | 180 | 230 | 280 | 330 | 380 | 430 | 480 |
| X7 | 85 | 135 | 185 | 235 | 285 | 335 | 385 | 435 | 485 |
| X8 | 90 | 140 | 190 | 240 | 290 | 340 | 390 | 440 | 490 |
| X9 | 95 | 145 | 195 | 245 | 295 | 345 | 395 | 445 | 495 |

## 2) 확인하기

| | | | | | | | |
|---|---|---|---|---|---|---|---|
| 01) | 3 | × | 29 | = | 31) | 348 | = |
| 02) | 5 | × | 46 | = | 32) | 84 | = |
| 03) | 2 | × | 15 | = | 33) | 120 | = |
| 04) | 4 | × | 38 | = | 34) | 44 | = |
| 05) | 3 | × | 29 | = | 35) | 210 | = |
| 06) | 4 | × | 39 | = | 36) | 480 | = |
| 07) | 4 | × | 98 | = | 37) | 194 | = |
| 08) | 2 | × | 29 | = | 38) | 240 | = |
| 09) | 5 | × | 32 | = | 39) | 116 | = |
| 10) | 3 | × | 23 | = | 40) | 297 | = |
| 11) | 2 | × | 87 | = | 41) | 396 | = |
| 12) | 2 | × | 48 | = | 42) | 256 | = |
| 13) | 4 | × | 28 | = | 43) | 105 | = |
| 14) | 5 | × | 64 | = | 44) | 224 | = |
| 15) | 5 | × | 33 | = | 45) | 44 | = |
| 16) | 2 | × | 66 | = | 46) | 96 | = |
| 17) | 4 | × | 79 | = | 47) | 330 | = |
| 18) | 2 | × | 28 | = | 48) | 80 | = |
| 19) | 2 | × | 57 | = | 49) | 250 | = |
| 20) | 5 | × | 22 | = | 50) | 360 | = |
| 21) | 4 | × | 45 | = | 51) | 96 | = |
| 22) | 5 | × | 45 | = | 52) | 364 | = |
| 23) | 3 | × | 95 | = | 53) | 90 | = |
| 24) | 3 | × | 22 | = | 54) | 435 | = |
| 25) | 3 | × | 86 | = | 55) | 225 | = |
| 26) | 4 | × | 92 | = | 56) | 74 | = |
| 27) | 5 | × | 53 | = | 57) | 192 | = |
| 28) | 3 | × | 58 | = | 58) | 55 | = |
| 29) | 3 | × | 44 | = | 59) | 316 | = |
| 30) | 3 | × | 18 | = | 60) | 140 | = |

### ■ 답안지 (31~60에는 복수정답 존재)

| 01) | 87 | 16) | 132 | 31) | 4 | × | 87 | 46) | 3 | × | 32 |
|---|---|---|---|---|---|---|---|---|---|---|---|
| 02) | 230 | 17) | 316 | 32) | 2 | × | 42 | 47) | 5 | × | 66 |
| 03) | 30 | 18) | 56 | 33) | 4 | × | 30 | 48) | 2 | × | 40 |
| 04) | 152 | 19) | 114 | 34) | 4 | × | 11 | 49) | 5 | × | 50 |
| 05) | 87 | 20) | 110 | 35) | 3 | × | 70 | 50) | 5 | × | 72 |
| 06) | 156 | 21) | 180 | 36) | 5 | × | 96 | 51) | 4 | × | 24 |
| 07) | 392 | 22) | 225 | 37) | 2 | × | 97 | 52) | 4 | × | 91 |
| 08) | 58 | 23) | 285 | 38) | 4 | × | 60 | 53) | 2 | × | 45 |
| 09) | 160 | 24) | 66 | 39) | 2 | × | 58 | 54) | 5 | × | 87 |
| 10) | 69 | 25) | 258 | 40) | 3 | × | 99 | 55) | 3 | × | 75 |
| 11) | 174 | 26) | 368 | 41) | 4 | × | 99 | 56) | 2 | × | 37 |
| 12) | 96 | 27) | 265 | 42) | 4 | × | 64 | 57) | 4 | × | 48 |
| 13) | 112 | 28) | 174 | 43) | 3 | × | 35 | 58) | 5 | × | 11 |
| 14) | 320 | 29) | 132 | 44) | 4 | × | 56 | 59) | 4 | × | 79 |
| 15) | 165 | 30) | 54 | 45) | 2 | × | 22 | 60) | 2 | × | 70 |

## 3) 분수값

| 분모 | 분수 값 | | | |
|---|---|---|---|---|
| 2 | $\frac{1}{2}$=50.00% | | | |
| 3 | $\frac{1}{3}$=33.33% | $\frac{2}{3}$=66.66% | | |
| 4 | $\frac{1}{4}$=25.00% | $\frac{3}{4}$=75.00% | | |
| 5 | $\frac{1}{5}$=20.00% | $\frac{2}{5}$=40.00% | $\frac{3}{5}$=60.00% | $\frac{4}{5}$=80.00% |
| 6 | $\frac{1}{6}$=16.66% | $\frac{5}{6}$=83.33% | | |
| 7 | $\frac{1}{7}$=14.2857% $\frac{4}{7}$=57.1428% | $\frac{2}{7}$=28.5714% $\frac{5}{7}$=71.4285% | $\frac{3}{7}$=42.8571% $\frac{6}{7}$=85.7142% | |
| 8 | $\frac{1}{8}$=12.50% | $\frac{3}{8}$=37.50% | $\frac{5}{8}$=62.50% | $\frac{7}{8}$=87.50% |
| 9 | $\frac{1}{9}$=11.11% $\frac{5}{9}$=55.55% | $\frac{2}{9}$=22.22% $\frac{6}{9}$=66.66% | $\frac{3}{9}$=33.33% $\frac{7}{9}$=77.77% | $\frac{4}{9}$=44.44% $\frac{8}{9}$=88.88% |
| 11 | $\frac{1}{11}$=9.09% | $\frac{5}{11}$=45.45% | $\frac{6}{11}$=54.54% | $\frac{10}{11}$=90.90% |
| 12 | $\frac{1}{12}$=8.33% | $\frac{5}{12}$=41.66% | $\frac{7}{12}$=58.33% | $\frac{11}{12}$=91.66% |
| 13 | $\frac{1}{13}$=7.69% | $\frac{6}{13}$=46.15% | $\frac{7}{13}$=53.85% | $\frac{12}{13}$=92.31% |
| 14 | $\frac{1}{14}$=7.14% | | | $\frac{13}{14}$=92.86% |
| 15 | $\frac{1}{15}$=6.66% | $\frac{7}{15}$=46.66% | $\frac{8}{15}$=53.33% | $\frac{14}{15}$=93.33% |
| 16 | $\frac{1}{16}$=6.25% | $\frac{7}{16}$=43.75% | $\frac{9}{16}$=56.25% | $\frac{15}{16}$=93.75% |
| 17 | $\frac{1}{17}$=5.88% | $\frac{8}{17}$=47.06% | $\frac{9}{17}$=52.94% | $\frac{16}{17}$=94.12% |
| 18 | $\frac{1}{18}$=5.55% | | | $\frac{17}{18}$=94.44% |
| 19 | $\frac{1}{19}$=5.26% | $\frac{9}{19}$=47.37% | $\frac{10}{19}$=52.63% | $\frac{18}{19}$=94.74% |
| 20 | $\frac{1}{20}$=5.00% | | | $\frac{19}{20}$=95.00% |

## 4) 확인하기 (분수 → 퍼센트)

| 분모 | 분수 값 | | | |
|---|---|---|---|---|
| 2 | $\frac{1}{2}$= | | | |
| 3 | $\frac{1}{3}$= | $\frac{2}{3}$= | | |
| 4 | $\frac{1}{4}$= | $\frac{3}{4}$= | | |
| 5 | $\frac{1}{5}$= | $\frac{2}{5}$= | $\frac{3}{5}$= | $\frac{4}{5}$= |
| 6 | $\frac{1}{6}$= | $\frac{5}{6}$= | | |
| 7 | $\frac{1}{7}$= $\frac{4}{7}$= | $\frac{2}{7}$= $\frac{5}{7}$= | $\frac{3}{7}$= $\frac{6}{7}$= | |
| 8 | $\frac{1}{8}$= | $\frac{3}{8}$= | $\frac{5}{8}$= | $\frac{7}{8}$= |
| 9 | $\frac{1}{9}$= $\frac{5}{9}$= | $\frac{2}{9}$= $\frac{6}{9}$= | $\frac{3}{9}$= $\frac{7}{9}$= | $\frac{4}{9}$= $\frac{8}{9}$= |
| 11 | $\frac{1}{11}$= | $\frac{5}{11}$= | $\frac{6}{11}$= | $\frac{10}{11}$= |
| 12 | $\frac{1}{12}$= | $\frac{5}{12}$= | $\frac{7}{12}$= | $\frac{11}{12}$= |
| 13 | $\frac{1}{13}$= | $\frac{6}{13}$= | $\frac{7}{13}$= | $\frac{12}{13}$= |
| 14 | $\frac{1}{14}$= | | | $\frac{13}{14}$= |
| 15 | $\frac{1}{15}$= | $\frac{7}{15}$= | $\frac{8}{15}$= | $\frac{14}{15}$= |
| 16 | $\frac{1}{16}$= | $\frac{7}{16}$= | $\frac{9}{16}$= | $\frac{15}{16}$= |
| 17 | $\frac{1}{17}$= | $\frac{8}{17}$= | $\frac{9}{17}$= | $\frac{16}{17}$= |
| 18 | $\frac{1}{18}$= | | | $\frac{17}{18}$= |
| 19 | $\frac{1}{19}$= | $\frac{9}{19}$= | $\frac{10}{19}$= | $\frac{18}{19}$= |
| 20 | $\frac{1}{20}$= | | | $\frac{19}{20}$= |

※ 주의 아래의 풀이 방법에 정답은 없습니다. 많은 것을 시도해보세요.

## 5) 곱셈 연습하기.1

| | | | | | |
|---|---|---|---|---|---|
| 01) | 456 | > | 78.5% | = | |
| 02) | 513 | > | 10.5% | = | |
| 03) | 256 | > | 32.4% | = | |
| 04) | 785 | > | 92.5% | = | |
| 05) | 932 | > | 77.0% | = | |
| 06) | 761 | > | 65.2% | = | |
| 07) | 830 | > | 37.2% | = | |
| 08) | 711 | > | 63.6% | = | |
| 09) | 676 | > | 39.8% | = | |
| 10) | 162 | > | 46.1% | = | |
| 11) | 549 | > | 92.5% | = | |
| 12) | 330 | > | 20.9% | = | |
| 13) | 147 | > | 26.5% | = | |
| 14) | 664 | > | 24.3% | = | |
| 15) | 878 | > | 70.4% | = | |
| 16) | 535 | > | 17.3% | = | |
| 17) | 517 | > | 54.3% | = | |
| 18) | 468 | > | 67.3% | = | |
| 19) | 962 | > | 95.2% | = | |
| 20) | 901 | > | 96.8% | = | |

## 6) 곱셈 연습하기.2

| | | | | | |
|---|---|---|---|---|---|
| 01) | 875 | × | 58.0% | = | |
| 02) | 515 | × | 92.6% | = | |
| 03) | 773 | × | 97.6% | = | |
| 04) | 923 | × | 30.3% | = | |
| 05) | 702 | × | 13.6% | = | |
| 06) | 997 | × | 42.2% | = | |
| 07) | 134 | × | 61.8% | = | |
| 08) | 575 | × | 32.0% | = | |
| 09) | 902 | × | 74.0% | = | |
| 10) | 181 | × | 26.2% | = | |
| 11) | 556 | × | 91.7% | = | |
| 12) | 581 | × | 15.3% | = | |
| 13) | 392 | × | 95.0% | = | |
| 14) | 577 | × | 18.7% | = | |
| 15) | 238 | × | 88.0% | = | |
| 16) | 264 | × | 94.1% | = | |
| 17) | 403 | × | 87.1% | = | |
| 18) | 593 | × | 61.0% | = | |
| 19) | 538 | × | 74.5% | = | |
| 20) | 172 | × | 50.0% | = | |

### ■ 답안지 (5)

| 01) 340.1 ~ 375.9 | 11) 482.4 ~ 533.2 |
|---|---|
| 정밀값 : 358 | 정밀값 : 507.8 |
| 02) 51.2 ~ 56.6 | 12) 65.6 ~ 72.5 |
| 정밀값 : 53.9 | 정밀값 : 69 |
| 03) 78.8 ~ 87.0 | 13) 37.1 ~ 41.0 |
| 정밀값 : 82.9 | 정밀값 : 39 |
| 04) 689.8 ~ 762.4 | 14) 153.3 ~ 169.5 |
| 정밀값 : 726.1 | 정밀값 : 161.4 |
| 05) 681.7 ~ 753.5 | 15) 587.2 ~ 649.0 |
| 정밀값 : 717.6 | 정밀값 : 618.1 |
| 06) 471.4 ~ 521.0 | 16) 88.0 ~ 97.2 |
| 정밀값 : 496.2 | 정밀값 : 92.6 |
| 07) 293.4 ~ 324.2 | 17) 266.7 ~ 294.7 |
| 정밀값 : 308.8 | 정밀값 : 280.7 |
| 08) 429.6 ~ 474.8 | 18) 299.3 ~ 330.8 |
| 정밀값 : 452.2 | 정밀값 : 315 |
| 09) 255.6 ~ 282.5 | 19) 870.0 ~ 961.6 |
| 정밀값 : 269 | 정밀값 : 915.8 |
| 10) 71.0 ~ 78.4 | 20) 828.6 ~ 915.8 |
| 정밀값 : 74.7 | 정밀값 : 872.2 |

### ■ 답안지 (6)

| 01) 482.1 ~ 532.9 | 11) 484.4 ~ 535.4 |
|---|---|
| 정밀값 : 507.5 | 정밀값 : 509.9 |
| 02) 453.1 ~ 500.7 | 12) 84.5 ~ 93.3 |
| 정밀값 : 476.9 | 정밀값 : 88.9 |
| 03) 716.7 ~ 792.1 | 13) 353.8 ~ 391.0 |
| 정밀값 : 754.4 | 정밀값 : 372.4 |
| 04) 265.7 ~ 293.7 | 14) 102.5 ~ 113.3 |
| 정밀값 : 279.7 | 정밀값 : 107.9 |
| 05) 90.7 ~ 100.3 | 15) 198.9 ~ 219.9 |
| 정밀값 : 95.5 | 정밀값 : 209.4 |
| 06) 399.7 ~ 441.7 | 16) 236.0 ~ 260.8 |
| 정밀값 : 420.7 | 정밀값 : 248.4 |
| 07) 78.7 ~ 86.9 | 17) 333.5 ~ 368.6 |
| 정밀값 : 82.8 | 정밀값 : 351 |
| 08) 174.8 ~ 193.2 | 18) 343.6 ~ 379.8 |
| 정밀값 : 184 | 정밀값 : 361.7 |
| 09) 634.1 ~ 700.9 | 19) 380.8 ~ 420.8 |
| 정밀값 : 667.5 | 정밀값 : 400.8 |
| 10) 45.0 ~ 49.8 | 20) 81.7 ~ 90.3 |
| 정밀값 : 47.4 | 정밀값 : 86 |

## 7) 곱셈 연습하기.3

| | | | | |
|---|---|---|---|---|
| 01) | 946 | × | 72.0% | = |
| 02) | 685 | × | 44.4% | = |
| 03) | 204 | × | 98.8% | = |
| 04) | 436 | × | 31.1% | = |
| 05) | 313 | × | 97.2% | = |
| 06) | 221 | × | 65.3% | = |
| 07) | 679 | × | 42.5% | = |
| 08) | 475 | × | 31.9% | = |
| 09) | 507 | × | 96.2% | = |
| 10) | 313 | × | 90.9% | = |
| 11) | 939 | × | 48.6% | = |
| 12) | 725 | × | 33.0% | = |
| 13) | 837 | × | 24.4% | = |
| 14) | 534 | × | 30.2% | = |
| 15) | 333 | × | 36.0% | = |
| 16) | 829 | × | 75.2% | = |
| 17) | 930 | × | 63.5% | = |
| 18) | 938 | × | 80.2% | = |
| 19) | 190 | × | 73.2% | = |
| 20) | 353 | × | 47.5% | = |

## 8) 곱셈 연습하기.4

| | | | | |
|---|---|---|---|---|
| 01) | 352 | × | 89.4% | = |
| 02) | 578 | × | 67.5% | = |
| 03) | 135 | × | 45.8% | = |
| 04) | 536 | × | 86.5% | = |
| 05) | 932 | × | 40.0% | = |
| 06) | 195 | × | 12.2% | = |
| 07) | 594 | × | 53.2% | = |
| 08) | 732 | × | 20.4% | = |
| 09) | 241 | × | 76.9% | = |
| 10) | 535 | × | 88.3% | = |
| 11) | 552 | × | 45.2% | = |
| 12) | 617 | × | 92.0% | = |
| 13) | 141 | × | 60.4% | = |
| 14) | 222 | × | 87.0% | = |
| 15) | 734 | × | 58.1% | = |
| 16) | 259 | × | 86.4% | = |
| 17) | 608 | × | 85.7% | = |
| 18) | 179 | × | 48.7% | = |
| 19) | 639 | × | 45.1% | = |
| 20) | 938 | × | 61.1% | = |

### ■ 답안지 (7)

| | | | | | |
|---|---|---|---|---|---|
| 01) | 647.1 | ~ | 715.2 | | |
| 정밀값 : | 681.1 | | | | |
| 02) | 288.9 | ~ | 319.3 | | |
| 정밀값 : | 304.1 | | | | |
| 03) | 191.5 | ~ | 211.6 | | |
| 정밀값 : | 201.6 | | | | |
| 04) | 128.8 | ~ | 142.4 | | |
| 정밀값 : | 135.6 | | | | |
| 05) | 289.0 | ~ | 319.4 | | |
| 정밀값 : | 304.2 | | | | |
| 06) | 137.1 | ~ | 151.5 | | |
| 정밀값 : | 144.3 | | | | |
| 07) | 274.1 | ~ | 303.0 | | |
| 정밀값 : | 288.6 | | | | |
| 08) | 143.9 | ~ | 159.1 | | |
| 정밀값 : | 151.5 | | | | |
| 09) | 463.3 | ~ | 512.1 | | |
| 정밀값 : | 487.7 | | | | |
| 10) | 270.3 | ~ | 298.7 | | |
| 정밀값 : | 284.5 | | | | |
| 11) | 433.5 | ~ | 479.2 | | |
| 정밀값 : | 456.4 | | | | |
| 12) | 227.3 | ~ | 251.2 | | |
| 정밀값 : | 239.3 | | | | |
| 13) | 194.0 | ~ | 214.4 | | |
| 정밀값 : | 204.2 | | | | |
| 14) | 153.2 | ~ | 169.3 | | |
| 정밀값 : | 161.3 | | | | |
| 15) | 113.9 | ~ | 125.9 | | |
| 정밀값 : | 119.9 | | | | |
| 16) | 592.2 | ~ | 654.6 | | |
| 정밀값 : | 623.4 | | | | |
| 17) | 561.0 | ~ | 620.1 | | |
| 정밀값 : | 590.6 | | | | |
| 18) | 714.7 | ~ | 789.9 | | |
| 정밀값 : | 752.3 | | | | |
| 19) | 132.1 | ~ | 146.0 | | |
| 정밀값 : | 139.1 | | | | |
| 20) | 159.3 | ~ | 176.1 | | |
| 정밀값 : | 167.7 | | | | |

### ■ 답안지 (8)

| | | | |
|---|---|---|---|
| 01) | 299.0 | ~ | 330.4 |
| 정밀값 : | 314.7 | | |
| 02) | 370.6 | ~ | 409.7 |
| 정밀값 : | 390.2 | | |
| 03) | 58.7 | ~ | 64.9 |
| 정밀값 : | 61.8 | | |
| 04) | 440.5 | ~ | 486.8 |
| 정밀값 : | 463.6 | | |
| 05) | 354.2 | ~ | 391.4 |
| 정밀값 : | 372.8 | | |
| 06) | 22.6 | ~ | 25.0 |
| 정밀값 : | 23.8 | | |
| 07) | 300.2 | ~ | 331.8 |
| 정밀값 : | 316.0 | | |
| 08) | 141.9 | ~ | 156.8 |
| 정밀값 : | 149.3 | | |
| 09) | 176.1 | ~ | 194.6 |
| 정밀값 : | 185.3 | | |
| 10) | 448.8 | ~ | 496.0 |
| 정밀값 : | 472.4 | | |
| 11) | 237.0 | ~ | 262.0 |
| 정밀값 : | 249.5 | | |
| 12) | 539.3 | ~ | 596.0 |
| 정밀값 : | 567.6 | | |
| 13) | 80.9 | ~ | 89.4 |
| 정밀값 : | 85.2 | | |
| 14) | 183.5 | ~ | 202.8 |
| 정밀값 : | 193.1 | | |
| 15) | 405.1 | ~ | 447.8 |
| 정밀값 : | 426.5 | | |
| 16) | 212.6 | ~ | 235.0 |
| 정밀값 : | 223.8 | | |
| 17) | 495.0 | ~ | 547.1 |
| 정밀값 : | 521.1 | | |
| 18) | 82.8 | ~ | 91.5 |
| 정밀값 : | 87.2 | | |
| 19) | 273.8 | ~ | 302.6 |
| 정밀값 : | 288.2 | | |
| 20) | 544.5 | ~ | 601.8 |
| 정밀값 : | 573.1 | | |

🔍 학습 목표 : Day,2와 Day,3을 복습하고, 분수 실력을 키우자.

## 1) 분수값

| 분모 | 분수 값 | | | |
|---|---|---|---|---|
| 2 | $\frac{1}{2}$=50.00% | | | |
| 3 | $\frac{1}{3}$=33.33% | $\frac{2}{3}$=66.66% | | |
| 4 | $\frac{1}{4}$=25.00% | $\frac{3}{4}$=75.00% | | |
| 5 | $\frac{1}{5}$=20.00% | $\frac{2}{5}$=40.00% | $\frac{3}{5}$=60.00% | $\frac{4}{5}$=80.00% |
| 6 | $\frac{1}{6}$=16.66% | $\frac{5}{6}$=83.33% | | |
| 7 | $\frac{1}{7}$=14.2857% | $\frac{2}{7}$=28.5714% | $\frac{3}{7}$=42.8571% | |
| | $\frac{4}{7}$=57.1428% | $\frac{5}{7}$=71.4285% | $\frac{6}{7}$=85.7142% | |
| 8 | $\frac{1}{8}$=12.50% | $\frac{3}{8}$=37.50% | $\frac{5}{8}$=62.50% | $\frac{7}{8}$=87.50% |
| 9 | $\frac{1}{9}$=11.11% | $\frac{2}{9}$=22.22% | $\frac{3}{9}$=33.33% | $\frac{4}{9}$=44.44% |
| | $\frac{5}{9}$=55.55% | $\frac{6}{9}$=66.66% | $\frac{7}{9}$=77.77% | $\frac{8}{9}$=88.88% |
| 11 | $\frac{1}{11}$=9.09% | $\frac{5}{11}$=45.45% | $\frac{6}{11}$=54.54% | $\frac{10}{11}$=90.90% |
| 12 | $\frac{1}{12}$=8.33% | $\frac{5}{12}$=41.66% | $\frac{7}{12}$=58.33% | $\frac{11}{12}$=91.66% |
| 13 | $\frac{1}{13}$=7.69% | $\frac{6}{13}$=46.15% | $\frac{7}{13}$=53.85% | $\frac{12}{13}$=92.31% |
| 14 | $\frac{1}{14}$=7.14% | | | $\frac{13}{14}$=92.86% |
| 15 | $\frac{1}{15}$=6.66% | $\frac{7}{15}$=46.66% | $\frac{8}{15}$=53.33% | $\frac{14}{15}$=93.33% |
| 16 | $\frac{1}{16}$=6.25% | $\frac{7}{16}$=43.75% | $\frac{9}{16}$=56.25% | $\frac{15}{16}$=93.75% |
| 17 | $\frac{1}{17}$=5.88% | $\frac{8}{17}$=47.06% | $\frac{9}{17}$=52.94% | $\frac{16}{17}$=94.12% |
| 18 | $\frac{1}{18}$=5.55% | | | $\frac{17}{18}$=94.44% |
| 19 | $\frac{1}{19}$=5.26% | $\frac{9}{19}$=47.37% | $\frac{10}{19}$=52.63% | $\frac{18}{19}$=94.74% |
| 20 | $\frac{1}{20}$=5.00% | | | $\frac{19}{20}$=95.00% |

## 2) 확인하기 (분수 → 퍼센트)

| 분모 | 분수 값 | | | |
|---|---|---|---|---|
| 2 | $\frac{1}{2}=$ | | | |
| 3 | $\frac{1}{3}=$ | $\frac{2}{3}=$ | | |
| 4 | $\frac{1}{4}=$ | $\frac{3}{4}=$ | | |
| 5 | $\frac{1}{5}=$ | $\frac{2}{5}=$ | $\frac{3}{5}=$ | $\frac{4}{5}=$ |
| 6 | $\frac{1}{6}=$ | $\frac{5}{6}=$ | | |
| 7 | $\frac{1}{7}=$ | $\frac{2}{7}=$ | $\frac{3}{7}=$ | |
| | $\frac{4}{7}=$ | $\frac{5}{7}=$ | $\frac{6}{7}=$ | |
| 8 | $\frac{1}{8}=$ | $\frac{3}{8}=$ | $\frac{5}{8}=$ | $\frac{7}{8}=$ |
| 9 | $\frac{1}{9}=$ | $\frac{2}{9}=$ | $\frac{3}{9}=$ | $\frac{4}{9}=$ |
| | $\frac{5}{9}=$ | $\frac{6}{9}=$ | $\frac{7}{9}=$ | $\frac{8}{9}=$ |
| 11 | $\frac{1}{11}=$ | $\frac{5}{11}=$ | $\frac{6}{11}=$ | $\frac{10}{11}=$ |
| 12 | $\frac{1}{12}=$ | $\frac{5}{12}=$ | $\frac{7}{12}=$ | $\frac{11}{12}=$ |
| 13 | $\frac{1}{13}=$ | $\frac{6}{13}=$ | $\frac{7}{13}=$ | $\frac{12}{13}=$ |
| 14 | $\frac{1}{14}=$ | | | $\frac{13}{14}=$ |
| 15 | $\frac{1}{15}=$ | $\frac{7}{15}=$ | $\frac{8}{15}=$ | $\frac{14}{15}=$ |
| 16 | $\frac{1}{16}=$ | $\frac{7}{16}=$ | $\frac{9}{16}=$ | $\frac{15}{16}=$ |
| 17 | $\frac{1}{17}=$ | $\frac{8}{17}=$ | $\frac{9}{17}=$ | $\frac{16}{17}=$ |
| 18 | $\frac{1}{18}=$ | | | $\frac{17}{18}=$ |
| 19 | $\frac{1}{19}=$ | $\frac{9}{19}=$ | $\frac{10}{19}=$ | $\frac{18}{19}=$ |
| 20 | $\frac{1}{20}=$ | | | $\frac{19}{20}=$ |

## 3) X0%

| 분모값 분수값 | 10 | 20 | 30 | 40 | 50 | 60 | 70 | 80 | 90 |
|---|---|---|---|---|---|---|---|---|---|
| 10% | 1/10 | 2/20 | 3/30 | 4/40 | 5/50 | 6/60 | 7/70 | 8/80 | 9/90 |
| 20% | 2/10 | 4/20 | 6/30 | 8/40 | 10/50 | 12/60 | 14/70 | 16/80 | 18/90 |
| 30% | 3/10 | 6/20 | 9/30 | 12/40 | 15/50 | 18/60 | 21/70 | 24/80 | 27/90 |
| 40% | 4/10 | 8/20 | 12/30 | 16/40 | 20/50 | 24/60 | 28/70 | 32/80 | 36/90 |
| 50% | 5/10 | 10/20 | 15/30 | 20/40 | 25/50 | 30/60 | 35/70 | 40/80 | 45/90 |
| 60% | 6/10 | 12/20 | 18/30 | 24/40 | 30/50 | 36/60 | 42/70 | 48/80 | 54/90 |
| 70% | 7/10 | 14/20 | 21/30 | 28/40 | 35/50 | 42/60 | 49/70 | 56/80 | 63/90 |
| 80% | 8/10 | 16/20 | 24/30 | 32/40 | 40/50 | 48/60 | 56/70 | 64/80 | 72/90 |
| 90% | 9/10 | 18/20 | 27/30 | 36/40 | 45/50 | 54/60 | 63/70 | 72/80 | 81/90 |

## 5) 확인하기 (빈칸을 채워보자)

| 분모값 분수값 | 10 | 20 | 30 | 40 | 50 | 60 | 70 | 80 | 90 |
|---|---|---|---|---|---|---|---|---|---|
| 10% | /10 | /20 | /30 | /40 | /50 | /60 | /70 | /80 | /90 |
| 20% | /10 | /20 | /30 | /40 | /50 | /60 | /70 | /80 | /90 |
| 30% | /10 | /20 | /30 | /40 | /50 | /60 | /70 | /80 | /90 |
| 40% | /10 | /20 | /30 | /40 | /50 | /60 | /70 | /80 | /90 |
| 50% | /10 | /20 | /30 | /40 | /50 | /60 | /70 | /80 | /90 |
| 60% | /10 | /20 | /30 | /40 | /50 | /60 | /70 | /80 | /90 |
| 70% | /10 | /20 | /30 | /40 | /50 | /60 | /70 | /80 | /90 |
| 80% | /10 | /20 | /30 | /40 | /50 | /60 | /70 | /80 | /90 |
| 90% | /10 | /20 | /30 | /40 | /50 | /60 | /70 | /80 | /90 |

## 4) X5%

| 분모값 분수값 | 20 | 40 | 60 | 80 | 100 |
|---|---|---|---|---|---|
| 15% | 3/20 | 6/40 | 9/60 | 12/80 | 15/100 |
| 25% | 5/20 | 10/40 | 15/60 | 20/80 | 25/100 |
| 35% | 7/20 | 14/40 | 21/60 | 28/80 | 35/100 |
| 45% | 9/20 | 18/40 | 27/60 | 36/80 | 45/100 |
| 55% | 11/20 | 22/40 | 33/60 | 44/80 | 55/100 |
| 65% | 13/20 | 26/40 | 39/60 | 52/80 | 65/100 |
| 75% | 15/20 | 30/40 | 45/60 | 60/80 | 75/100 |
| 85% | 17/20 | 34/40 | 51/60 | 68/80 | 85/100 |
| 95% | 19/20 | 38/40 | 57/60 | 76/80 | 95/100 |

## 6) 확인하기 (빈칸을 채워보자)

| 분모값 분수값 | 20 | 40 | 60 | 80 | 100 |
|---|---|---|---|---|---|
| 15% | /20 | /40 | /60 | /80 | /100 |
| 25% | /20 | /40 | /60 | /80 | /100 |
| 35% | /20 | /40 | /60 | /80 | /100 |
| 45% | /20 | /40 | /60 | /80 | /100 |
| 55% | /20 | /40 | /60 | /80 | /100 |
| 65% | /20 | /40 | /60 | /80 | /100 |
| 75% | /20 | /40 | /60 | /80 | /100 |
| 85% | /20 | /40 | /60 | /80 | /100 |
| 95% | /20 | /40 | /60 | /80 | /100 |

※ 주의 아래의 풀이 방법에 정답은 없습니다. 많은 것을 시도해보세요.

※ 숫자를 그대로 보지 마시고 예쁘게 바꾸어 생각해보세요.

### 7) 분수 연습하기.1

| | | | |
|---|---|---|---|
| 01) $\dfrac{3564}{8743} =$ | | 11) $\dfrac{5696}{7407} =$ | |
| 02) $\dfrac{6009}{5947} =$ | | 12) $\dfrac{8512}{2670} =$ | |
| 03) $\dfrac{9595}{5656} =$ | | 13) $\dfrac{8506}{7109} =$ | |
| 04) $\dfrac{3459}{6476} =$ | | 14) $\dfrac{5471}{7517} =$ | |
| 05) $\dfrac{2906}{5722} =$ | | 15) $\dfrac{6544}{3787} =$ | |
| 06) $\dfrac{5518}{5851} =$ | | 16) $\dfrac{1804}{2106} =$ | |
| 07) $\dfrac{7600}{6277} =$ | | 17) $\dfrac{6408}{5317} =$ | |
| 08) $\dfrac{3044}{4812} =$ | | 18) $\dfrac{6699}{9221} =$ | |
| 09) $\dfrac{1369}{7936} =$ | | 19) $\dfrac{3032}{2509} =$ | |
| 10) $\dfrac{6773}{2486} =$ | | 20) $\dfrac{2628}{7636} =$ | |

■ 답안지

| | | | |
|---|---|---|---|
| 01) | 0.408 | 11) | 0.769 |
| 02) | 1.010 | 12) | 3.188 |
| 03) | 1.696 | 13) | 1.197 |
| 04) | 0.534 | 14) | 0.728 |
| 05) | 0.508 | 15) | 1.728 |
| 06) | 0.943 | 16) | 0.857 |
| 07) | 1.211 | 17) | 1.205 |
| 08) | 0.633 | 18) | 0.726 |
| 09) | 0.173 | 19) | 1.208 |
| 10) | 2.724 | 20) | 0.344 |

### 8) 분수 연습하기.2

| | | | |
|---|---|---|---|
| 01) $\dfrac{5480}{9843} =$ | | 11) $\dfrac{8043}{9421} =$ | |
| 02) $\dfrac{3719}{3293} =$ | | 12) $\dfrac{3550}{3785} =$ | |
| 03) $\dfrac{4176}{8780} =$ | | 13) $\dfrac{6745}{6082} =$ | |
| 04) $\dfrac{9983}{8044} =$ | | 14) $\dfrac{3103}{5090} =$ | |
| 05) $\dfrac{7481}{6488} =$ | | 15) $\dfrac{6326}{2753} =$ | |
| 06) $\dfrac{5658}{4394} =$ | | 16) $\dfrac{5812}{1701} =$ | |
| 07) $\dfrac{7539}{4447} =$ | | 17) $\dfrac{4182}{9289} =$ | |
| 08) $\dfrac{2415}{2064} =$ | | 18) $\dfrac{4685}{6743} =$ | |
| 09) $\dfrac{8697}{2286} =$ | | 19) $\dfrac{8764}{1764} =$ | |
| 10) $\dfrac{7464}{4710} =$ | | 20) $\dfrac{6962}{5477} =$ | |

■ 답안지

| | | | |
|---|---|---|---|
| 01) | 0.557 | 11) | 0.854 |
| 02) | 1.129 | 12) | 0.938 |
| 03) | 0.476 | 13) | 1.109 |
| 04) | 1.241 | 14) | 0.610 |
| 05) | 1.153 | 15) | 2.298 |
| 06) | 1.288 | 16) | 3.417 |
| 07) | 1.695 | 17) | 0.450 |
| 08) | 1.170 | 18) | 0.695 |
| 09) | 3.804 | 19) | 4.968 |
| 10) | 1.585 | 20) | 1.271 |

※ 주의 아래의 풀이 방법에 정답은 없습니다. 많은 것을 시도해보세요.

※ 숫자를 그대로 보지 마시고 예쁘게 바꾸어 생각해보세요.

9) 분수 연습하기.3

| | | | |
|---|---|---|---|
| 01) $\dfrac{8630}{6173} =$ | | 11) $\dfrac{1184}{8481} =$ | |
| 02) $\dfrac{7551}{3824} =$ | | 12) $\dfrac{7700}{5475} =$ | |
| 03) $\dfrac{1518}{4087} =$ | | 13) $\dfrac{9772}{2412} =$ | |
| 04) $\dfrac{8780}{9273} =$ | | 14) $\dfrac{8880}{5646} =$ | |
| 05) $\dfrac{9394}{2509} =$ | | 15) $\dfrac{6707}{5059} =$ | |
| 06) $\dfrac{7723}{1315} =$ | | 16) $\dfrac{9979}{8459} =$ | |
| 07) $\dfrac{6318}{9116} =$ | | 17) $\dfrac{1830}{4076} =$ | |
| 08) $\dfrac{9664}{4414} =$ | | 18) $\dfrac{8844}{2503} =$ | |
| 09) $\dfrac{4103}{2827} =$ | | 19) $\dfrac{9939}{2179} =$ | |
| 10) $\dfrac{3989}{8209} =$ | | 20) $\dfrac{4280}{8628} =$ | |

10) 분수 연습하기.4

| | | | |
|---|---|---|---|
| 01) $\dfrac{4157}{8846} =$ | | 11) $\dfrac{8820}{9006} =$ | |
| 02) $\dfrac{8634}{2638} =$ | | 12) $\dfrac{7363}{2642} =$ | |
| 03) $\dfrac{2208}{6598} =$ | | 13) $\dfrac{3679}{5734} =$ | |
| 04) $\dfrac{6884}{6278} =$ | | 14) $\dfrac{2318}{8765} =$ | |
| 05) $\dfrac{1929}{7827} =$ | | 15) $\dfrac{9041}{5978} =$ | |
| 06) $\dfrac{3099}{2600} =$ | | 16) $\dfrac{1356}{5848} =$ | |
| 07) $\dfrac{8980}{1561} =$ | | 17) $\dfrac{8277}{2011} =$ | |
| 08) $\dfrac{4501}{2058} =$ | | 18) $\dfrac{3067}{9902} =$ | |
| 09) $\dfrac{4359}{1293} =$ | | 19) $\dfrac{4319}{7018} =$ | |
| 10) $\dfrac{7399}{7091} =$ | | 20) $\dfrac{7104}{4147} =$ | |

■ 답안지

| | | | |
|---|---|---|---|
| 01) | 1.398 | 11) | 0.140 |
| 02) | 1.975 | 12) | 1.406 |
| 03) | 0.371 | 13) | 4.051 |
| 04) | 0.947 | 14) | 1.573 |
| 05) | 3.744 | 15) | 1.326 |
| 06) | 5.873 | 16) | 1.180 |
| 07) | 0.693 | 17) | 0.449 |
| 08) | 2.189 | 18) | 3.533 |
| 09) | 1.451 | 19) | 4.561 |
| 10) | 0.486 | 20) | 0.496 |

■ 답안지

| | | | |
|---|---|---|---|
| 01) | 0.470 | 11) | 0.979 |
| 02) | 3.273 | 12) | 2.787 |
| 03) | 0.335 | 13) | 0.642 |
| 04) | 1.097 | 14) | 0.264 |
| 05) | 0.246 | 15) | 1.512 |
| 06) | 1.192 | 16) | 0.232 |
| 07) | 5.753 | 17) | 4.116 |
| 08) | 2.187 | 18) | 0.310 |
| 09) | 3.371 | 19) | 0.615 |
| 10) | 1.043 | 20) | 1.713 |

🔍 학습 목표 : 곱셈과 분수 비교 실력을 키우자.

1) 곱셈과 분수 연습하기 [※숫자를 그대로 보지 마시고 예쁘게 바꾸어 생각해보세요.]
  [※주의 아래의 풀이 방법에 정답은 없습니다. 모든걸 시도해보세요.]

■ 문제지

| 곱셈 | | | | 분수 | | | |
|---|---|---|---|---|---|---|---|
| 01) | 124 × 77.9% = | | | 01) | $\dfrac{2519}{9313}$ = | 11) | $\dfrac{8642}{7139}$ = |
| 02) | 110 × 57.6% = | | | | | | |
| 03) | 442 × 39.1% = | | | 02) | $\dfrac{4780}{3658}$ = | 12) | $\dfrac{3539}{8154}$ = |
| 04) | 870 × 73.8% = | | | | | | |
| 05) | 247 × 86.5% = | | | 03) | $\dfrac{7110}{1467}$ = | 13) | $\dfrac{3888}{4030}$ = |
| 06) | 467 × 54.8% = | | | | | | |
| 07) | 919 × 49.3% = | | | 04) | $\dfrac{8921}{2558}$ = | 14) | $\dfrac{2329}{6884}$ = |
| 08) | 122 × 23.5% = | | | | | | |
| 09) | 549 × 19.0% = | | | 05) | $\dfrac{8263}{5074}$ = | 15) | $\dfrac{6341}{9570}$ = |
| 10) | 413 × 30.4% = | | | | | | |
| 11) | 265 × 76.1% = | | | 06) | $\dfrac{2378}{4029}$ = | 16) | $\dfrac{4090}{1467}$ = |
| 12) | 119 × 11.7% = | | | | | | |
| 13) | 252 × 70.7% = | | | 07) | $\dfrac{2978}{5791}$ = | 17) | $\dfrac{1754}{4244}$ = |
| 14) | 497 × 40.7% = | | | | | | |
| 15) | 509 × 21.4% = | | | 08) | $\dfrac{5495}{4933}$ = | 18) | $\dfrac{3555}{5018}$ = |
| 16) | 808 × 32.3% = | | | | | | |
| 17) | 559 × 97.5% = | | | 09) | $\dfrac{5985}{8305}$ = | 19) | $\dfrac{4415}{3338}$ = |
| 18) | 508 × 49.9% = | | | | | | |
| 19) | 198 × 53.4% = | | | 10) | $\dfrac{3928}{3519}$ = | 20) | $\dfrac{6201}{6889}$ = |
| 20) | 876 × 83.6% = | | | | | | |

■ 답안지

| 곱셈 | | | | 분수 | | | |
|---|---|---|---|---|---|---|---|
| 01) | 96.6 | 11) | 201.7 | 01) | 0.27 | 11) | 1.21 |
| 02) | 63.4 | 12) | 13.9 | 02) | 1.31 | 12) | 0.43 |
| 03) | 172.8 | 13) | 178.2 | 03) | 4.85 | 13) | 0.96 |
| 04) | 642.1 | 14) | 202.3 | 04) | 3.49 | 14) | 0.34 |
| 05) | 213.7 | 15) | 108.9 | 05) | 1.63 | 15) | 0.66 |
| 06) | 255.9 | 16) | 261.0 | 06) | 0.59 | 16) | 2.79 |
| 07) | 453.1 | 17) | 545.0 | 07) | 0.51 | 17) | 0.41 |
| 08) | 28.7 | 18) | 253.5 | 08) | 1.11 | 18) | 0.71 |
| 09) | 104.3 | 19) | 105.7 | 09) | 0.72 | 19) | 1.32 |
| 10) | 125.6 | 20) | 732.3 | 10) | 1.12 | 20) | 0.90 |

※ 주의 아래의 풀이 방법에 정답은 없습니다. 많은 것을 시도해보세요.

## 2) 곱셈과 분수 연습하기 [※숫자를 그대로 보지 마시고 예쁘게 바꾸어 생각해보세요.]

### ■ 문제지

| 곱셈 | | | | 분수 | | | | |
|---|---|---|---|---|---|---|---|---|
| 01) | 166 | × | 96.2% = | 01) | $\dfrac{9539}{9861}$ = | 11) | $\dfrac{9137}{1215}$ = |
| 02) | 165 | × | 50.7% = | | | | |
| 03) | 172 | × | 61.8% = | 02) | $\dfrac{2428}{1242}$ = | 12) | $\dfrac{5363}{4393}$ = |
| 04) | 980 | × | 53.1% = | | | | |
| 05) | 454 | × | 16.9% = | 03) | $\dfrac{1427}{5066}$ = | 13) | $\dfrac{5993}{8978}$ = |
| 06) | 177 | × | 46.5% = | | | | |
| 07) | 651 | × | 41.7% = | 04) | $\dfrac{6815}{1171}$ = | 14) | $\dfrac{9074}{7424}$ = |
| 08) | 630 | × | 37.7% = | | | | |
| 09) | 313 | × | 98.1% = | 05) | $\dfrac{4459}{2344}$ = | 15) | $\dfrac{1684}{5668}$ = |
| 10) | 185 | × | 17.3% = | | | | |
| 11) | 634 | × | 99.3% = | 06) | $\dfrac{1240}{4021}$ = | 16) | $\dfrac{8467}{1669}$ = |
| 12) | 467 | × | 32.9% = | | | | |
| 13) | 554 | × | 12.1% = | 07) | $\dfrac{3062}{5089}$ = | 17) | $\dfrac{8931}{1473}$ = |
| 14) | 287 | × | 90.9% = | | | | |
| 15) | 400 | × | 97.6% = | 08) | $\dfrac{7438}{1929}$ = | 18) | $\dfrac{9554}{8243}$ = |
| 16) | 310 | × | 93.6% = | | | | |
| 17) | 721 | × | 20.8% = | 09) | $\dfrac{1508}{8476}$ = | 19) | $\dfrac{1901}{2029}$ = |
| 18) | 550 | × | 51.7% = | | | | |
| 19) | 586 | × | 15.1% = | 10) | $\dfrac{1785}{6104}$ = | 20) | $\dfrac{9963}{6548}$ = |
| 20) | 920 | × | 64.0% = | | | | |

### ■ 답안지

| 곱셈 | | | | 분수 | | | |
|---|---|---|---|---|---|---|---|
| 01) | 159.7 | 11) | 629.6 | 01) | 0.97 | 11) | 7.52 |
| 02) | 83.7 | 12) | 153.6 | 02) | 1.95 | 12) | 1.22 |
| 03) | 106.3 | 13) | 67.0 | 03) | 0.28 | 13) | 0.67 |
| 04) | 520.4 | 14) | 260.9 | 04) | 5.82 | 14) | 1.22 |
| 05) | 76.7 | 15) | 390.4 | 05) | 1.90 | 15) | 0.30 |
| 06) | 82.3 | 16) | 290.2 | 06) | 0.31 | 16) | 5.07 |
| 07) | 271.5 | 17) | 150.0 | 07) | 0.60 | 17) | 6.06 |
| 08) | 237.5 | 18) | 284.4 | 08) | 3.86 | 18) | 1.16 |
| 09) | 307.1 | 19) | 88.5 | 09) | 0.18 | 19) | 0.94 |
| 10) | 32.0 | 20) | 588.8 | 10) | 0.29 | 20) | 1.52 |

※주의 아래의 풀이 방법에 정답은 없습니다. 많은 것을 시도해보세요.

3) 곱셈 비교와 분수 연습하기 [※숫자를 그대로 보지 마시고 예쁘게 바꾸어 생각해보세요.]

■ 문제지

| | 곱셈 | | | | | | | | 분수 | | | | |
|---|---|---|---|---|---|---|---|---|---|---|---|---|---|
| 01) | 299 | × | 50.7% | ○ | 266 | × | 54.1% | 01) | 1680/9831 | ○ | 445/2478 | 11) | 6442/6115 ○ 8617/9623 |
| 02) | 414 | × | 75.6% | ○ | 217 | × | 173.1% | | | | | | |
| 03) | 816 | × | 95.0% | ○ | 274 | × | 339.5% | 02) | 8088/5511 | ○ | 5344/4552 | 12) | 5963/5604 ○ 4253/4702 |
| 04) | 686 | × | 13.0% | ○ | 653 | × | 15.7% | | | | | | |
| 05) | 572 | × | 64.3% | ○ | 794 | × | 51.0% | 03) | 1466/3354 | ○ | 2779/5528 | 13) | 3596/6888 ○ 812/1944 |
| 06) | 468 | × | 72.1% | ○ | 857 | × | 33.5% | | | | | | |
| 07) | 530 | × | 17.2% | ○ | 989 | × | 9.7% | 04) | 9835/8245 | ○ | 7484/5975 | 14) | 7748/4107 ○ 13794/6358 |
| 08) | 875 | × | 30.2% | ○ | 509 | × | 62.3% | | | | | | |
| 09) | 821 | × | 35.9% | ○ | 510 | × | 54.9% | 05) | 5197/8952 | ○ | 6198/9706 | 15) | 6886/8877 ○ 5780/6209 |
| 10) | 694 | × | 52.4% | ○ | 705 | × | 54.2% | | | | | | |
| 11) | 744 | × | 67.1% | ○ | 517 | × | 111.0% | 06) | 4380/4190 | ○ | 8157/6503 | 16) | 9437/2482 ○ 36996/9267 |
| 12) | 439 | × | 38.2% | ○ | 823 | × | 24.5% | | | | | | |
| 13) | 770 | × | 10.9% | ○ | 398 | × | 22.1% | 07) | 5560/5860 | ○ | 1141/1336 | 17) | 8999/9090 ○ 10460/9188 |
| 14) | 368 | × | 21.7% | ○ | 574 | × | 12.5% | | | | | | |
| 15) | 140 | × | 42.1% | ○ | 361 | × | 13.1% | 08) | 7301/4987 | ○ | 3065/1903 | 18) | 6102/7361 ○ 7774/8155 |
| 16) | 243 | × | 47.7% | ○ | 843 | × | 14.4% | | | | | | |
| 17) | 357 | × | 75.8% | ○ | 988 | × | 32.9% | 09) | 9398/6931 | ○ | 5019/3365 | 19) | 9122/9504 ○ 8620/9454 |
| 18) | 493 | × | 62.6% | ○ | 452 | × | 78.5% | | | | | | |
| 19) | 420 | × | 72.0% | ○ | 929 | × | 30.9% | 10) | 5895/3202 | ○ | 13981/7994 | 20) | 6135/9088 ○ 3082/3804 |
| 20) | 636 | × | 61.4% | ○ | 692 | × | 50.8% | | | | | | |

■ 답안지

| | 곱셈 | | | | | | 분수 | | | | | |
|---|---|---|---|---|---|---|---|---|---|---|---|---|
| | 좌측 | 우측 | | 좌측 | 우측 | | 좌측 | 우측 | | 좌측 | 우측 | |
| 01) | 151.6 | 144.0 | 11) | 499.2 | 574.1 | 01) | 0.17 | 0.18 | 11) | 1.05 | 0.90 | |
| 02) | 313.0 | 375.6 | 12) | 167.7 | 201.2 | 02) | 1.47 | 1.17 | 12) | 1.06 | 0.90 | |
| 03) | 775.2 | 930.2 | 13) | 83.9 | 88.1 | 03) | 0.44 | 0.50 | 13) | 0.52 | 0.42 | |
| 04) | 89.2 | 102.6 | 14) | 79.9 | 71.9 | 04) | 1.19 | 1.25 | 14) | 1.89 | 2.17 | |
| 05) | 367.8 | 404.6 | 15) | 58.9 | 47.2 | 05) | 0.58 | 0.64 | 15) | 0.78 | 0.93 | |
| 06) | 337.4 | 286.8 | 16) | 115.9 | 121.7 | 06) | 1.05 | 1.25 | 16) | 3.80 | 3.99 | |
| 07) | 91.2 | 95.7 | 17) | 270.6 | 324.7 | 07) | 0.95 | 0.85 | 17) | 0.99 | 1.14 | |
| 08) | 264.3 | 317.1 | 18) | 308.6 | 354.9 | 08) | 1.46 | 1.61 | 18) | 0.83 | 0.95 | |
| 09) | 294.7 | 280.0 | 19) | 302.4 | 287.3 | 09) | 1.36 | 1.49 | 19) | 0.96 | 0.91 | |
| 10) | 363.7 | 381.8 | 20) | 390.5 | 351.5 | 10) | 1.84 | 1.75 | 20) | 0.68 | 0.81 | |

⚠️ ※ 주의 아래의 풀이 방법에 정답은 없습니다. 많은 것을 시도해보세요.

## 4) 곱셈 비교와 분수 연습하기 [※숫자를 그대로 보지 마시고 예쁘게 바꾸어 생각해보세요.]

### ■ 문제지

| | 곱셈 | | | | | | | 분수 | | | | | |
|---|---|---|---|---|---|---|---|---|---|---|---|---|---|
| 01) | 112 | × | 90.7% | ○ | 540 | × | 16.9% | 01) | 7024/9950 | ○ | 1195/1539 | 11) | 8733/3347 ○ 25764/9404 |
| 02) | 259 | × | 59.5% | ○ | 313 | × | 39.4% | | | | | | |
| 03) | 807 | × | 91.4% | ○ | 474 | × | 124.5% | 02) | 5027/6766 | ○ | 5255/5894 | 12) | 1638/7604 ○ 297/1531 |
| 04) | 713 | × | 85.1% | ○ | 799 | × | 72.1% | | | | | | |
| 05) | 609 | × | 72.1% | ○ | 263 | × | 141.9% | 03) | 8816/8067 | ○ | 7721/7850 | 13) | 6584/6224 ○ 3781/4205 |
| 06) | 181 | × | 13.6% | ○ | 633 | × | 4.7% | | | | | | |
| 07) | 318 | × | 84.2% | ○ | 313 | × | 68.4% | 04) | 5072/2738 | ○ | 6269/2820 | 14) | 3534/6568 ○ 1592/2465 |
| 08) | 971 | × | 94.3% | ○ | 369 | × | 297.8% | | | | | | |
| 09) | 811 | × | 83.2% | ○ | 566 | × | 131.1% | 05) | 4424/7086 | ○ | 2090/2911 | 15) | 9151/1359 ○ 64344/7963 |
| 10) | 380 | × | 76.0% | ○ | 816 | × | 37.2% | | | | | | |
| 11) | 227 | × | 52.5% | ○ | 397 | × | 33.0% | 06) | 4209/4051 | ○ | 2674/2238 | 16) | 8451/2846 ○ 6882/2575 |
| 12) | 741 | × | 59.5% | ○ | 761 | × | 69.5% | | | | | | |
| 13) | 622 | × | 71.0% | ○ | 717 | × | 58.5% | 07) | 1254/9300 | ○ | 962/8158 | 17) | 8879/6613 ○ 3225/3002 |
| 14) | 920 | × | 55.4% | ○ | 381 | × | 113.7% | | | | | | |
| 15) | 156 | × | 16.7% | ○ | 913 | × | 3.3% | 08) | 6786/9833 | ○ | 4476/7631 | 18) | 6922/6167 ○ 4970/5209 |
| 16) | 988 | × | 63.8% | ○ | 994 | × | 69.8% | | | | | | |
| 17) | 698 | × | 12.8% | ○ | 258 | × | 27.7% | 09) | 9023/8468 | ○ | 4195/4144 | 19) | 8651/5531 ○ 9197/6918 |
| 18) | 617 | × | 71.4% | ○ | 125 | × | 317.2% | | | | | | |
| 19) | 554 | × | 79.2% | ○ | 357 | × | 116.8% | 10) | 6805/9838 | ○ | 5068/7713 | 20) | 4347/5988 ○ 5215/8980 |
| 20) | 248 | × | 42.1% | ○ | 192 | × | 51.7% | | | | | | |

### ■ 답안지

| | 곱셈 | | | | | | 분수 | | | | | |
|---|---|---|---|---|---|---|---|---|---|---|---|---|
| | 좌측 | 우측 | | 좌측 | 우측 | | 좌측 | 우측 | | 좌측 | 우측 |
| 01) | 101.6 | 91.4 | 11) | 119.2 | 131.1 | 01) | 0.71 | 0.78 | 11) | 2.61 | 2.74 |
| 02) | 154.1 | 123.3 | 12) | 440.9 | 529.1 | 02) | 0.74 | 0.89 | 12) | 0.22 | 0.19 |
| 03) | 737.6 | 590.1 | 13) | 441.6 | 419.5 | 03) | 1.09 | 0.98 | 13) | 1.06 | 0.90 |
| 04) | 606.8 | 576.4 | 14) | 509.7 | 433.2 | 04) | 1.85 | 2.22 | 14) | 0.54 | 0.65 |
| 05) | 439.1 | 373.2 | 15) | 26.1 | 30.0 | 05) | 0.62 | 0.72 | 15) | 6.73 | 8.08 |
| 06) | 24.6 | 29.5 | 16) | 630.3 | 693.4 | 06) | 1.04 | 1.19 | 16) | 2.97 | 2.67 |
| 07) | 267.8 | 214.2 | 17) | 89.3 | 71.5 | 07) | 0.13 | 0.12 | 17) | 1.34 | 1.07 |
| 08) | 915.7 | 1098.8 | 18) | 440.5 | 396.5 | 08) | 0.69 | 0.59 | 18) | 1.12 | 0.95 |
| 09) | 674.8 | 742.2 | 19) | 438.8 | 416.8 | 09) | 1.07 | 1.01 | 19) | 1.56 | 1.33 |
| 10) | 288.8 | 303.2 | 20) | 104.4 | 99.2 | 10) | 0.69 | 0.66 | 20) | 0.73 | 0.58 |

07 **계산연습 Day.7**   학습 목표 : 사칙연산에 익숙해지기.

## 1) 덧셈 뺄셈 암기 확인하기

| 문제 | 100을 만드는 숫자쌍은? | 문제 | 100을 만드는 숫자쌍은? |
|---|---|---|---|
| 01) 57 | | 41) 18 | |
| 02) 34 | | 42) 68 | |
| 03) 61 | | 43) 55 | |
| 04) 48 | | 44) 11 | |
| 05) 86 | | 45) 24 | |
| 06) 48 | | 46) 69 | |
| 07) 27 | | 47) 84 | |
| 08) 74 | | 48) 75 | |
| 09) 51 | | 49) 78 | |
| 10) 41 | | 50) 31 | |
| 11) 31 | | 51) 59 | |
| 12) 39 | | 52) 91 | |
| 13) 38 | | 53) 19 | |
| 14) 83 | | 54) 47 | |
| 15) 64 | | 55) 51 | |
| 16) 12 | | 56) 36 | |
| 17) 80 | | 57) 37 | |
| 18) 65 | | 58) 23 | |
| 19) 66 | | 59) 63 | |
| 20) 79 | | 60) 73 | |
| 21) 63 | | 61) 24 | |
| 22) 41 | | 62) 49 | |
| 23) 87 | | 63) 73 | |
| 24) 16 | | 64) 44 | |
| 25) 75 | | 65) 66 | |
| 26) 89 | | 66) 65 | |
| 27) 90 | | 67) 93 | |
| 28) 51 | | 68) 44 | |
| 29) 50 | | 69) 99 | |
| 30) 44 | | 70) 72 | |
| 31) 16 | | 71) 37 | |
| 32) 30 | | 72) 85 | |
| 33) 18 | | 73) 84 | |
| 34) 75 | | 74) 70 | |
| 35) 56 | | 75) 51 | |
| 36) 28 | | 76) 95 | |
| 37) 96 | | 77) 55 | |
| 38) 86 | | 78) 20 | |
| 39) 11 | | 79) 54 | |
| 40) 84 | | 80) 36 | |

## 2) 덧셈과 뺄셈 연습하기

### ■ 문제지

| | | | | |
|---|---|---|---|---|
| 01) | 844 | + | 696 | = |
| 02) | 715 | + | 427 | = |
| 03) | 904 | + | 828 | = |
| 04) | 610 | + | 484 | = |
| 05) | 619 | + | 649 | = |
| 06) | 446 | + | 363 | = |
| 07) | 121 | + | 952 | = |
| 08) | 775 | + | 601 | = |
| 09) | 136 | + | 294 | = |
| 10) | 451 | + | 667 | = |
| 11) | 100 | + | 279 | = |
| 12) | 329 | + | 550 | = |
| 13) | 540 | + | 934 | = |
| 14) | 929 | + | 586 | = |
| 15) | 437 | + | 328 | = |
| 16) | 863 | − | 541 | = |
| 17) | 499 | − | 395 | = |
| 18) | 932 | − | 803 | = |
| 19) | 524 | − | 149 | = |
| 20) | 896 | − | 452 | = |
| 21) | 318 | − | 176 | = |
| 22) | 844 | − | 347 | = |
| 23) | 694 | − | 222 | = |
| 24) | 592 | − | 306 | = |
| 25) | 678 | − | 346 | = |
| 26) | 953 | − | 515 | = |
| 27) | 701 | − | 254 | = |
| 28) | 903 | − | 141 | = |
| 29) | 548 | − | 307 | = |
| 30) | 747 | − | 486 | = |

### ■ 답안지

| | | | |
|---|---|---|---|
| 01) | 1540 | 16) | 322 |
| 02) | 1142 | 17) | 104 |
| 03) | 1732 | 18) | 129 |
| 04) | 1094 | 19) | 375 |
| 05) | 1268 | 20) | 444 |
| 06) | 809 | 21) | 142 |
| 07) | 1073 | 22) | 497 |
| 08) | 1376 | 23) | 472 |
| 09) | 430 | 24) | 286 |
| 10) | 1118 | 25) | 332 |
| 11) | 379 | 26) | 438 |
| 12) | 879 | 27) | 447 |
| 13) | 1474 | 28) | 762 |
| 14) | 1515 | 29) | 241 |
| 15) | 765 | 30) | 261 |

※ 주의 아래의 풀이 방법에 정답은 없습니다. 많은 것을 시도해보세요.

## 2) 곱셈과 분수 연습하기 [※숫자를 그대로 보지 마시고 예쁘게 바꾸어 생각해보세요.]

### ■ 문제지

| | | 곱셈 | | | | 분수 | | | |
|---|---|---|---|---|---|---|---|---|---|
| 01) | 695 | × | 15.5% | = | 01) | $\dfrac{2585}{5437}$ = | 11) | $\dfrac{6498}{7251}$ = | |
| 02) | 986 | × | 62.7% | = | | | | | |
| 03) | 149 | × | 79.0% | = | 02) | $\dfrac{5725}{9004}$ = | 12) | $\dfrac{6623}{4537}$ = | |
| 04) | 375 | × | 58.0% | = | | | | | |
| 05) | 905 | × | 48.9% | = | 03) | $\dfrac{5714}{7876}$ = | 13) | $\dfrac{4974}{8853}$ = | |
| 06) | 604 | × | 29.2% | = | | | | | |
| 07) | 285 | × | 54.6% | = | 04) | $\dfrac{6186}{9142}$ = | 14) | $\dfrac{3724}{7284}$ = | |
| 08) | 618 | × | 87.1% | = | | | | | |
| 09) | 692 | × | 86.0% | = | 05) | $\dfrac{4161}{3508}$ = | 15) | $\dfrac{4765}{6890}$ = | |
| 10) | 767 | × | 12.5% | = | | | | | |
| 11) | 106 | × | 42.5% | = | 06) | $\dfrac{9909}{1891}$ = | 16) | $\dfrac{6740}{7130}$ = | |
| 12) | 269 | × | 41.8% | = | | | | | |
| 13) | 694 | × | 29.8% | = | 07) | $\dfrac{1558}{8509}$ = | 17) | $\dfrac{3883}{2363}$ = | |
| 14) | 132 | × | 30.7% | = | | | | | |
| 15) | 998 | × | 93.4% | = | 08) | $\dfrac{5782}{4568}$ = | 18) | $\dfrac{5770}{4148}$ = | |
| 16) | 402 | × | 56.4% | = | | | | | |
| 17) | 904 | × | 40.3% | = | 09) | $\dfrac{5646}{8942}$ = | 19) | $\dfrac{7897}{7935}$ = | |
| 18) | 516 | × | 90.7% | = | | | | | |
| 19) | 310 | × | 38.7% | = | 10) | $\dfrac{6508}{2912}$ = | 20) | $\dfrac{6139}{7041}$ = | |
| 20) | 412 | × | 96.3% | = | | | | | |

### ■ 답안지

| | 곱셈 | | | | 분수 | | |
|---|---|---|---|---|---|---|---|
| 01) | 107.7 | 11) | 45.1 | 01) | 0.48 | 11) | 0.90 |
| 02) | 618.2 | 12) | 112.4 | 02) | 0.64 | 12) | 1.46 |
| 03) | 117.7 | 13) | 206.8 | 03) | 0.73 | 13) | 0.56 |
| 04) | 217.5 | 14) | 40.5 | 04) | 0.68 | 14) | 0.51 |
| 05) | 442.5 | 15) | 932.1 | 05) | 1.19 | 15) | 0.69 |
| 06) | 176.4 | 16) | 226.7 | 06) | 5.24 | 16) | 0.95 |
| 07) | 155.6 | 17) | 364.3 | 07) | 0.18 | 17) | 1.64 |
| 08) | 538.3 | 18) | 468.0 | 08) | 1.27 | 18) | 1.39 |
| 09) | 595.1 | 19) | 120.0 | 09) | 0.63 | 19) | 1.00 |
| 10) | 95.9 | 20) | 396.8 | 10) | 2.23 | 20) | 0.87 |

3) 배수, 증가율 연습하기 [※숫자를 그대로 보지 마시고 예쁘게 바꾸어 생각해보세요.]

■ 문제지

| | 문제지 | 어림셈 | 결과는? | | 문제지 | 어림셈 | 결과는? |
|---|---|---|---|---|---|---|---|
| 01) | $\dfrac{8080}{7125} =$ | | | 11) | $\dfrac{5533}{3741} =$ | | |
| 02) | $\dfrac{5307}{3591} =$ | | | 12) | $\dfrac{3495}{2741} =$ | | |
| 03) | $\dfrac{1381}{1149} =$ | | | 13) | $\dfrac{7560}{5815} =$ | | |
| 04) | $\dfrac{4643}{3627} =$ | | | 14) | $\dfrac{6281}{5243} =$ | | |
| 05) | $\dfrac{2915}{2341} =$ | | | 15) | $\dfrac{11111}{8647} =$ | | |
| 06) | $\dfrac{9769}{6682} =$ | | | 16) | $\dfrac{9849}{6835} =$ | | |
| 07) | $\dfrac{10274}{7349} =$ | | | 17) | $\dfrac{9782}{6746} =$ | | |
| 08) | $\dfrac{2824}{2393} =$ | | | 18) | $\dfrac{8174}{5962} =$ | | |
| 09) | $\dfrac{7392}{6838} =$ | | | 19) | $\dfrac{2726}{2548} =$ | | |
| 10) | $\dfrac{11464}{9917} =$ | | | 20) | $\dfrac{3791}{3167} =$ | | |

■ 답안지

| | | | |
|---|---|---|---|
| 01) | 113.4% | 11) | 140.5% |
| 02) | 147.8% | 12) | 122.6% |
| 03) | 120.2% | 13) | 135.0% |
| 04) | 128.0% | 14) | 136.8% |
| 05) | 124.5% | 15) | 119.9% |
| 06) | 146.2% | 16) | 137.4% |
| 07) | 139.8% | 17) | 112.3% |
| 08) | 118.0% | 18) | 131.3% |
| 09) | 108.1% | 19) | 125.6% |
| 10) | 115.6% | 20) | 121.1% |

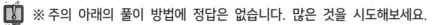

※ 주의 아래의 풀이 방법에 정답은 없습니다. 많은 것을 시도해보세요.

## 4) 곱셈 비교와 분수 연습하기 [※숫자를 그대로 보지 마시고 예쁘게 바꾸어 생각해보세요.]

### ■ 문제지

| | 곱셈 | | | | | | 분수 | | | | | |
|---|---|---|---|---|---|---|---|---|---|---|---|---|
| 01) | 991 | × | 26.4% | ○ | 327 | × | 68.0% | 01) | $\frac{6873}{6043}$ | ○ | $\frac{5373}{5558}$ | 11) | $\frac{3829}{4851}$ | ○ | $\frac{2264}{3375}$ |
| 02) | 534 | × | 51.2% | ○ | 295 | × | 74.1% | | | | | | |
| 03) | 643 | × | 30.4% | ○ | 807 | × | 25.4% | 02) | $\frac{1564}{7168}$ | ○ | $\frac{2019}{8413}$ | 12) | $\frac{8207}{9147}$ | ○ | $\frac{4316}{5345}$ |
| 04) | 122 | × | 23.4% | ○ | 874 | × | 3.9% | | | | | | |
| 05) | 734 | × | 58.1% | ○ | 605 | × | 81.1% | 03) | $\frac{1529}{2797}$ | ○ | $\frac{3495}{5559}$ | 13) | $\frac{8378}{7204}$ | ○ | $\frac{6044}{5471}$ |
| 06) | 134 | × | 64.1% | ○ | 382 | × | 19.1% | | | | | | |
| 07) | 498 | × | 59.8% | ○ | 970 | × | 32.2% | 04) | $\frac{4825}{4558}$ | ○ | $\frac{5681}{4879}$ | 14) | $\frac{5079}{5547}$ | ○ | $\frac{1772}{2037}$ |
| 08) | 920 | × | 85.4% | ○ | 108 | × | 691.1% | | | | | | |
| 09) | 288 | × | 22.9% | ○ | 162 | × | 42.7% | 05) | $\frac{6192}{8232}$ | ○ | $\frac{3317}{3675}$ | 15) | $\frac{8872}{4999}$ | ○ | $\frac{9122}{4283}$ |
| 10) | 308 | × | 48.6% | ○ | 466 | × | 33.7% | | | | | | |
| 11) | 258 | × | 89.2% | ○ | 812 | × | 31.2% | 06) | $\frac{1958}{3046}$ | ○ | $\frac{4771}{9277}$ | 16) | $\frac{3321}{8656}$ | ○ | $\frac{2327}{6385}$ |
| 12) | 132 | × | 75.0% | ○ | 316 | × | 36.0% | | | | | | |
| 13) | 904 | × | 92.8% | ○ | 842 | × | 89.7% | 07) | $\frac{5944}{5970}$ | ○ | $\frac{4319}{5103}$ | 17) | $\frac{6617}{1069}$ | ○ | $\frac{36476}{7366}$ |
| 14) | 973 | × | 44.7% | ○ | 100 | × | 456.7% | | | | | | |
| 15) | 860 | × | 66.7% | ○ | 889 | × | 71.0% | 08) | $\frac{4904}{2765}$ | ○ | $\frac{1649}{1094}$ | 18) | $\frac{2439}{7610}$ | ○ | $\frac{754}{1960}$ |
| 16) | 871 | × | 69.1% | ○ | 374 | × | 169.0% | | | | | | |
| 17) | 842 | × | 69.0% | ○ | 451 | × | 154.6% | 09) | $\frac{2861}{1389}$ | ○ | $\frac{2385}{1362}$ | 19) | $\frac{5732}{7029}$ | ○ | $\frac{8763}{9769}$ |
| 18) | 823 | × | 82.5% | ○ | 418 | × | 194.9% | | | | | | |
| 19) | 409 | × | 28.1% | ○ | 680 | × | 17.7% | 10) | $\frac{1968}{1779}$ | ○ | $\frac{2690}{2211}$ | 20) | $\frac{2550}{3741}$ | ○ | $\frac{6776}{8284}$ |
| 20) | 342 | × | 17.8% | ○ | 786 | × | 8.5% | | | | | | |

### ■ 답안지

| | 곱셈 | | | | | | 분수 | | | | | |
|---|---|---|---|---|---|---|---|---|---|---|---|---|
| | 좌측 | 우측 | | 좌측 | 우측 | | 좌측 | 우측 | | 좌측 | 우측 |
| 01) | 261.6 | 222.4 | 11) | 230.1 | 253.1 | 01) | 1.14 | 0.97 | 11) | 0.79 | 0.67 |
| 02) | 273.4 | 218.7 | 12) | 99.0 | 113.9 | 02) | 0.22 | 0.24 | 12) | 0.90 | 0.81 |
| 03) | 195.5 | 205.2 | 13) | 838.9 | 755.0 | 03) | 0.55 | 0.63 | 13) | 1.16 | 1.10 |
| 04) | 28.5 | 34.3 | 14) | 434.9 | 456.7 | 04) | 1.06 | 1.16 | 14) | 0.92 | 0.87 |
| 05) | 426.5 | 490.4 | 15) | 573.6 | 631.0 | 05) | 0.75 | 0.90 | 15) | 1.77 | 2.13 |
| 06) | 85.9 | 73.0 | 16) | 601.9 | 632.0 | 06) | 0.64 | 0.51 | 16) | 0.38 | 0.36 |
| 07) | 297.8 | 312.7 | 17) | 581.0 | 697.2 | 07) | 1.00 | 0.85 | 17) | 6.19 | 4.95 |
| 08) | 785.7 | 746.4 | 18) | 679.0 | 814.8 | 08) | 1.77 | 1.51 | 18) | 0.32 | 0.38 |
| 09) | 66.0 | 69.2 | 19) | 114.9 | 120.7 | 09) | 2.06 | 1.75 | 19) | 0.82 | 0.90 |
| 10) | 149.7 | 157.2 | 20) | 60.9 | 67.0 | 10) | 1.11 | 1.22 | 20) | 0.68 | 0.82 |

학습 목표 : 사칙연산에 익숙해지기.

## 1) 인수분해 빈칸 채우기

| | | | | |
|---|---|---|---|---|
| 1 | | | 51 | |
| 2 | | | 52 | |
| 3 | | | 53 | |
| 4 | | | 54 | |
| 5 | | | 55 | |
| 6 | | | 56 | |
| 7 | | | 57 | |
| 8 | | | 58 | |
| 9 | | | 59 | |
| 10 | | | 60 | |
| 11 | | | 61 | |
| 12 | | | 62 | |
| 13 | | | 63 | |
| 14 | | | 64 | |
| 15 | | | 65 | |
| 16 | | | 66 | |
| 17 | | | 67 | |
| 18 | | | 68 | |
| 19 | | | 69 | |
| 20 | | | 70 | |
| 21 | | | 71 | |
| 22 | | | 72 | |
| 23 | | | 73 | |
| 24 | | | 74 | |
| 25 | | | 75 | |
| 26 | | | 76 | |
| 27 | | | 77 | |
| 28 | | | 78 | |
| 29 | | | 79 | |
| 30 | | | 80 | |
| 31 | | | 81 | |
| 32 | | | 82 | |
| 33 | | | 83 | |
| 34 | | | 84 | |
| 35 | | | 85 | |
| 36 | | | 86 | |
| 37 | | | 87 | |
| 38 | | | 88 | |
| 39 | | | 89 | |
| 40 | | | 90 | |
| 41 | | | 91 | |
| 42 | | | 92 | |
| 43 | | | 93 | |
| 44 | | | 94 | |
| 45 | | | 95 | |
| 46 | | | 96 | |
| 47 | | | 97 | |
| 48 | | | 98 | |
| 49 | | | 99 | |
| 50 | | | 100 | |

## 2) 덧셈과 뺄셈 연습하기

### ■ 문제지

| | | | |
|---|---|---|---|
| 01) | 765 | + 275 | = |
| 02) | 536 | + 320 | = |
| 03) | 583 | + 728 | = |
| 04) | 741 | + 922 | = |
| 05) | 885 | + 455 | = |
| 06) | 714 | + 748 | = |
| 07) | 664 | + 141 | = |
| 08) | 103 | + 736 | = |
| 09) | 976 | + 558 | = |
| 10) | 511 | + 342 | = |
| 11) | 554 | + 784 | = |
| 12) | 107 | + 122 | = |
| 13) | 141 | + 896 | = |
| 14) | 917 | + 581 | = |
| 15) | 548 | + 280 | = |
| 16) | 418 | − 259 | = |
| 17) | 849 | − 241 | = |
| 18) | 969 | − 687 | = |
| 19) | 915 | − 393 | = |
| 20) | 909 | − 651 | = |
| 21) | 707 | − 426 | = |
| 22) | 816 | − 217 | = |
| 23) | 207 | − 104 | = |
| 24) | 838 | − 440 | = |
| 25) | 865 | − 348 | = |
| 26) | 974 | − 488 | = |
| 27) | 825 | − 364 | = |
| 28) | 918 | − 470 | = |
| 29) | 997 | − 151 | = |
| 30) | 438 | − 335 | = |

### ■ 답안지

| | | | |
|---|---|---|---|
| 01) | 1040 | 16) | 159 |
| 02) | 856 | 17) | 608 |
| 03) | 1311 | 18) | 282 |
| 04) | 1663 | 19) | 522 |
| 05) | 1340 | 20) | 258 |
| 06) | 1462 | 21) | 281 |
| 07) | 805 | 22) | 599 |
| 08) | 839 | 23) | 103 |
| 09) | 1534 | 24) | 398 |
| 10) | 853 | 25) | 517 |
| 11) | 1338 | 26) | 486 |
| 12) | 229 | 27) | 461 |
| 13) | 1037 | 28) | 448 |
| 14) | 1498 | 29) | 846 |
| 15) | 828 | 30) | 103 |

※ 주의 아래의 풀이 방법에 정답은 없습니다. 많은 것을 시도해보세요.

## 2) 곱셈과 분수 연습하기 [※숫자를 그대로 보지 마시고 예쁘게 바꾸어 생각해보세요.]

### ■ 문제지

| | 곱셈 | | | | | 분수 | | | | |
|---|---|---|---|---|---|---|---|---|---|---|
| 01) | 828 | × | 35.0% | = | 01) | $\dfrac{7271}{7821}$ = | 11) | $\dfrac{6137}{6952}$ = | | |
| 02) | 971 | × | 67.7% | = | | | | | | |
| 03) | 673 | × | 52.0% | = | 02) | $\dfrac{5731}{3105}$ = | 12) | $\dfrac{2530}{3876}$ = | | |
| 04) | 658 | × | 24.1% | = | | | | | | |
| 05) | 855 | × | 98.2% | = | 03) | $\dfrac{2434}{9431}$ = | 13) | $\dfrac{5942}{7614}$ = | | |
| 06) | 767 | × | 25.0% | = | | | | | | |
| 07) | 788 | × | 93.1% | = | 04) | $\dfrac{4594}{9640}$ = | 14) | $\dfrac{1703}{2604}$ = | | |
| 08) | 821 | × | 16.9% | = | | | | | | |
| 09) | 892 | × | 29.4% | = | 05) | $\dfrac{2367}{8573}$ = | 15) | $\dfrac{1290}{6792}$ = | | |
| 10) | 336 | × | 68.5% | = | | | | | | |
| 11) | 876 | × | 60.1% | = | 06) | $\dfrac{6057}{9875}$ = | 16) | $\dfrac{6517}{6167}$ = | | |
| 12) | 500 | × | 72.5% | = | | | | | | |
| 13) | 924 | × | 61.4% | = | 07) | $\dfrac{6452}{5697}$ = | 17) | $\dfrac{6973}{2893}$ = | | |
| 14) | 377 | × | 35.6% | = | | | | | | |
| 15) | 526 | × | 97.1% | = | 08) | $\dfrac{3445}{5430}$ = | 18) | $\dfrac{9294}{6040}$ = | | |
| 16) | 300 | × | 50.7% | = | | | | | | |
| 17) | 270 | × | 19.9% | = | 09) | $\dfrac{4970}{8115}$ = | 19) | $\dfrac{5514}{4471}$ = | | |
| 18) | 616 | × | 14.8% | = | | | | | | |
| 19) | 472 | × | 64.4% | = | 10) | $\dfrac{4460}{6283}$ = | 20) | $\dfrac{5167}{9235}$ = | | |
| 20) | 732 | × | 40.0% | = | | | | | | |

### ■ 답안지

| | 곱셈 | | | | 분수 | | | |
|---|---|---|---|---|---|---|---|---|
| 01) | 289.8 | 11) | 526.5 | 01) | 0.93 | 11) | 0.88 |
| 02) | 657.4 | 12) | 362.5 | 02) | 1.85 | 12) | 0.65 |
| 03) | 350.0 | 13) | 567.3 | 03) | 0.26 | 13) | 0.78 |
| 04) | 158.6 | 14) | 134.2 | 04) | 0.48 | 14) | 0.65 |
| 05) | 839.6 | 15) | 510.7 | 05) | 0.28 | 15) | 0.19 |
| 06) | 191.8 | 16) | 152.1 | 06) | 0.61 | 16) | 1.06 |
| 07) | 733.6 | 17) | 53.7 | 07) | 1.13 | 17) | 2.41 |
| 08) | 138.7 | 18) | 91.2 | 08) | 0.63 | 18) | 1.54 |
| 09) | 262.2 | 19) | 304.0 | 09) | 0.61 | 19) | 1.23 |
| 10) | 230.2 | 20) | 292.8 | 10) | 0.71 | 20) | 0.56 |

※ 주의 아래의 풀이 방법에 정답은 없습니다. 많은 것을 시도해보세요.

3) 배수, 증가율 연습하기 [※숫자를 그대로 보지 마시고 예쁘게 바꾸어 생각해보세요.]

■ 문제지

| 문제지 | 어림셈 | 결과는? | 문제지 | 어림셈 | 결과는? |
|---|---|---|---|---|---|
| 01) $\dfrac{7829}{6808}$ = | | | 11) $\dfrac{13290}{8992}$ = | | |
| 02) $\dfrac{1354}{1230}$ = | | | 12) $\dfrac{6485}{4442}$ = | | |
| 03) $\dfrac{7806}{6142}$ = | | | 13) $\dfrac{8473}{5615}$ = | | |
| 04) $\dfrac{7920}{6159}$ = | | | 14) $\dfrac{10717}{7874}$ = | | |
| 05) $\dfrac{1351}{1113}$ = | | | 15) $\dfrac{3243}{2335}$ = | | |
| 06) $\dfrac{8697}{8244}$ = | | | 16) $\dfrac{6066}{4467}$ = | | |
| 07) $\dfrac{1949}{1498}$ = | | | 17) $\dfrac{11987}{9529}$ = | | |
| 08) $\dfrac{4323}{3456}$ = | | | 18) $\dfrac{2322}{1730}$ = | | |
| 09) $\dfrac{9238}{6967}$ = | | | 19) $\dfrac{4552}{3725}$ = | | |
| 10) $\dfrac{3169}{2543}$ = | | | 20) $\dfrac{7295}{4725}$ = | | |

■ 답안지

| | | | | |
|---|---|---|---|---|
| 01) | 115.0% | 11) | 147.8% |
| 02) | 110.1% | 12) | 146.0% |
| 03) | 127.1% | 13) | 150.9% |
| 04) | 128.6% | 14) | 136.1% |
| 05) | 121.4% | 15) | 138.9% |
| 06) | 105.5% | 16) | 135.8% |
| 07) | 130.1% | 17) | 125.8% |
| 08) | 125.1% | 18) | 134.2% |
| 09) | 132.6% | 19) | 122.2% |
| 10) | 124.6% | 20) | 154.4% |

## 4) 곱셈 비교와 분수 연습하기 [※숫자를 그대로 보지 마시고 예쁘게 바꾸어 생각해보세요.]

### ■ 문제지

| | 곱셈 | | | | | | | 분수 | | | | | |
|---|---|---|---|---|---|---|---|---|---|---|---|---|---|
| 01) | 479 | × | 54.1% | ○ | 285 | × | 86.4% | 01) | 4176/4720 | ○ | 4134/5840 | 11) | 2714/9709 ○ 1945/6628 |
| 02) | 695 | × | 50.5% | ○ | 514 | × | 58.0% | | | | | | |
| 03) | 752 | × | 30.0% | ○ | 756 | × | 34.3% | 02) | 6154/4482 | ○ | 4288/3287 | 12) | 9869/1453 ○ 16845/3100 |
| 04) | 582 | × | 98.8% | ○ | 300 | × | 201.3% | | | | | | |
| 05) | 600 | × | 41.4% | ○ | 656 | × | 43.5% | 03) | 3612/4984 | ○ | 1707/2141 | 13) | 7354/9188 ○ 3251/3385 |
| 06) | 593 | × | 16.5% | ○ | 272 | × | 37.8% | | | | | | |
| 07) | 213 | × | 33.5% | ○ | 216 | × | 34.7% | 04) | 1445/8875 | ○ | 1389/7108 | 14) | 2193/3730 ○ 5576/9983 |
| 08) | 412 | × | 62.8% | ○ | 169 | × | 176.1% | | | | | | |
| 09) | 787 | × | 45.1% | ○ | 383 | × | 83.4% | 05) | 1501/8519 | ○ | 349/1888 | 15) | 3330/9849 ○ 1642/5397 |
| 10) | 193 | × | 24.6% | ○ | 993 | × | 5.7% | | | | | | |
| 11) | 772 | × | 37.0% | ○ | 426 | × | 53.6% | 06) | 7451/4969 | ○ | 11289/7170 | 16) | 4502/3987 ○ 7223/6733 |
| 12) | 244 | × | 87.5% | ○ | 335 | × | 66.9% | | | | | | |
| 13) | 422 | × | 78.9% | ○ | 232 | × | 136.3% | 07) | 8015/5304 | ○ | 16543/9952 | 17) | 1304/2777 ○ 4143/8402 |
| 14) | 539 | × | 53.1% | ○ | 491 | × | 46.6% | | | | | | |
| 15) | 857 | × | 25.1% | ○ | 748 | × | 34.5% | 08) | 1512/9183 | ○ | 861/6154 | 18) | 4217/6839 ○ 1509/2330 |
| 16) | 330 | × | 24.5% | ○ | 597 | × | 12.2% | | | | | | |
| 17) | 152 | × | 35.8% | ○ | 625 | × | 9.6% | 09) | 3975/8963 | ○ | 1520/3809 | 19) | 5420/8251 ○ 1238/2217 |
| 18) | 538 | × | 41.8% | ○ | 603 | × | 41.0% | | | | | | |
| 19) | 719 | × | 21.8% | ○ | 483 | × | 30.8% | 10) | 4849/3781 | ○ | 6336/6176 | 20) | 6930/8074 ○ 7120/9217 |
| 20) | 414 | × | 96.1% | ○ | 871 | × | 54.8% | | | | | | |

### ■ 답안지

| | 곱셈 | | | | | | 분수 | | | | | |
|---|---|---|---|---|---|---|---|---|---|---|---|---|
| | 좌측 | 우측 | | 좌측 | 우측 | | 좌측 | 우측 | | 좌측 | 우측 |
| 01) | 259.1 | 246.2 | 11) | 285.6 | 228.5 | 01) | 0.88 | 0.71 | 11) | 0.28 | 0.29 |
| 02) | 351.0 | 298.3 | 12) | 213.5 | 224.2 | 02) | 1.37 | 1.30 | 12) | 6.79 | 5.43 |
| 03) | 225.6 | 259.4 | 13) | 333.0 | 316.3 | 03) | 0.72 | 0.80 | 13) | 0.80 | 0.96 |
| 04) | 575.0 | 603.8 | 14) | 286.2 | 229.0 | 04) | 0.16 | 0.20 | 14) | 0.59 | 0.56 |
| 05) | 248.4 | 285.7 | 15) | 215.1 | 258.1 | 05) | 0.18 | 0.19 | 15) | 0.34 | 0.30 |
| 06) | 97.8 | 102.7 | 16) | 80.9 | 72.8 | 06) | 1.50 | 1.57 | 16) | 1.13 | 1.07 |
| 07) | 71.4 | 74.9 | 17) | 54.4 | 59.9 | 07) | 1.51 | 1.66 | 17) | 0.47 | 0.49 |
| 08) | 258.7 | 297.5 | 18) | 224.9 | 247.4 | 08) | 0.16 | 0.14 | 18) | 0.62 | 0.65 |
| 09) | 354.9 | 319.4 | 19) | 156.7 | 148.9 | 09) | 0.44 | 0.40 | 19) | 0.66 | 0.56 |
| 10) | 47.5 | 57.0 | 20) | 397.9 | 477.4 | 10) | 1.28 | 1.03 | 20) | 0.86 | 0.77 |

🔍학습 목표 : 사칙연산에 익숙해지기.

## 1) 분수 빈칸 채우기

| 분모 | 분수 값 | | | |
|---|---|---|---|---|
| 2 | $\frac{1}{2}=$ | | | |
| 3 | $\frac{1}{3}=$ | $\frac{2}{3}=$ | | |
| 4 | $\frac{1}{4}=$ | $\frac{3}{4}=$ | | |
| 5 | $\frac{1}{5}=$ | $\frac{2}{5}=$ | $\frac{3}{5}=$ | $\frac{4}{5}=$ |
| 6 | $\frac{1}{6}=$ | $\frac{5}{6}=$ | | |
| 7 | $\frac{1}{7}=$ | $\frac{2}{7}=$ | $\frac{3}{7}=$ | |
| 7 | $\frac{4}{7}=$ | $\frac{5}{7}=$ | $\frac{6}{7}=$ | |
| 8 | $\frac{1}{8}=$ | $\frac{3}{8}=$ | $\frac{5}{8}=$ | $\frac{7}{8}=$ |
| 9 | $\frac{1}{9}=$ | $\frac{2}{9}=$ | $\frac{3}{9}=$ | $\frac{4}{9}=$ |
| 9 | $\frac{5}{9}=$ | $\frac{6}{9}=$ | $\frac{7}{9}=$ | $\frac{8}{9}=$ |
| 11 | $\frac{1}{11}=$ | $\frac{5}{11}=$ | $\frac{6}{11}=$ | $\frac{10}{11}=$ |
| 12 | $\frac{1}{12}=$ | $\frac{5}{12}=$ | $\frac{7}{12}=$ | $\frac{11}{12}=$ |
| 13 | $\frac{1}{13}=$ | $\frac{6}{13}=$ | $\frac{7}{13}=$ | $\frac{12}{13}=$ |
| 14 | $\frac{1}{14}=$ | | | $\frac{13}{14}=$ |
| 15 | $\frac{1}{15}=$ | $\frac{7}{15}=$ | $\frac{8}{15}=$ | $\frac{14}{15}=$ |
| 16 | $\frac{1}{16}=$ | $\frac{7}{16}=$ | $\frac{9}{16}=$ | $\frac{15}{16}=$ |
| 17 | $\frac{1}{17}=$ | $\frac{8}{17}=$ | $\frac{9}{17}=$ | $\frac{16}{17}=$ |
| 18 | $\frac{1}{18}=$ | | | $\frac{17}{18}=$ |
| 19 | $\frac{1}{19}=$ | $\frac{9}{19}=$ | $\frac{10}{19}=$ | $\frac{18}{19}=$ |
| 20 | $\frac{1}{20}=$ | | | $\frac{19}{20}=$ |

## 2) 덧셈과 뺄셈 연습하기

### ■ 문제지

| | | | | |
|---|---|---|---|---|
| 01) | 714 | + | 785 | = |
| 02) | 200 | + | 124 | = |
| 03) | 721 | + | 156 | = |
| 04) | 515 | + | 974 | = |
| 05) | 212 | + | 330 | = |
| 06) | 745 | + | 149 | = |
| 07) | 333 | + | 910 | = |
| 08) | 342 | + | 393 | = |
| 09) | 845 | + | 315 | = |
| 10) | 521 | + | 125 | = |
| 11) | 675 | + | 794 | = |
| 12) | 495 | + | 457 | = |
| 13) | 937 | + | 225 | = |
| 14) | 448 | + | 650 | = |
| 15) | 803 | + | 275 | = |
| 16) | 473 | − | 396 | = |
| 17) | 916 | − | 695 | = |
| 18) | 523 | − | 248 | = |
| 19) | 927 | − | 691 | = |
| 20) | 620 | − | 398 | = |
| 21) | 608 | − | 373 | = |
| 22) | 920 | − | 252 | = |
| 23) | 987 | − | 367 | = |
| 24) | 525 | − | 290 | = |
| 25) | 980 | − | 392 | = |
| 26) | 812 | − | 577 | = |
| 27) | 391 | − | 257 | = |
| 28) | 859 | − | 273 | = |
| 29) | 517 | − | 287 | = |
| 30) | 840 | − | 763 | = |

### ■ 답안지

| | | | |
|---|---|---|---|
| 01) | 1499 | 16) | 77 |
| 02) | 324 | 17) | 221 |
| 03) | 877 | 18) | 275 |
| 04) | 1489 | 19) | 236 |
| 05) | 542 | 20) | 222 |
| 06) | 894 | 21) | 235 |
| 07) | 1243 | 22) | 668 |
| 08) | 735 | 23) | 620 |
| 09) | 1160 | 24) | 235 |
| 10) | 646 | 25) | 588 |
| 11) | 1469 | 26) | 235 |
| 12) | 952 | 27) | 134 |
| 13) | 1162 | 28) | 586 |
| 14) | 1098 | 29) | 230 |
| 15) | 1078 | 30) | 77 |

※ 주의 아래의 풀이 방법에 정답은 없습니다. 많은 것을 시도해보세요.

## 2) 곱셈과 분수 연습하기 [※숫자를 그대로 보지 마시고 예쁘게 바꾸어 생각해보세요.]

### ■ 문제지

| | 곱셈 | | | | 분수 | | | |
|---|---|---|---|---|---|---|---|---|
| 01) | 974 | × | 44.3% | = | 01) | $\dfrac{6905}{8637}$ = | 11) | $\dfrac{7366}{9623}$ = |
| 02) | 826 | × | 67.3% | = | | | | |
| 03) | 656 | × | 54.2% | = | 02) | $\dfrac{9683}{4396}$ = | 12) | $\dfrac{5837}{6043}$ = |
| 04) | 620 | × | 24.8% | = | | | | |
| 05) | 567 | × | 32.0% | = | 03) | $\dfrac{4370}{7372}$ = | 13) | $\dfrac{4865}{4941}$ = |
| 06) | 646 | × | 75.8% | = | | | | |
| 07) | 143 | × | 39.5% | = | 04) | $\dfrac{5097}{2374}$ = | 14) | $\dfrac{1713}{4464}$ = |
| 08) | 334 | × | 95.3% | = | | | | |
| 09) | 574 | × | 84.2% | = | 05) | $\dfrac{3140}{1271}$ = | 15) | $\dfrac{7718}{7171}$ = |
| 10) | 593 | × | 26.9% | = | | | | |
| 11) | 957 | × | 22.3% | = | 06) | $\dfrac{7984}{8545}$ = | 16) | $\dfrac{6375}{7287}$ = |
| 12) | 859 | × | 52.2% | = | | | | |
| 13) | 852 | × | 89.8% | = | 07) | $\dfrac{3540}{2004}$ = | 17) | $\dfrac{8166}{5231}$ = |
| 14) | 638 | × | 87.9% | = | | | | |
| 15) | 154 | × | 85.6% | = | 08) | $\dfrac{3451}{8599}$ = | 18) | $\dfrac{3373}{9028}$ = |
| 16) | 354 | × | 46.1% | = | | | | |
| 17) | 972 | × | 16.4% | = | 09) | $\dfrac{3370}{4279}$ = | 19) | $\dfrac{5313}{4881}$ = |
| 18) | 211 | × | 87.9% | = | | | | |
| 19) | 539 | × | 47.9% | = | 10) | $\dfrac{2195}{7116}$ = | 20) | $\dfrac{6917}{6932}$ = |
| 20) | 333 | × | 69.1% | = | | | | |

### ■ 답안지

| | 곱셈 | | | | 분수 | | | |
|---|---|---|---|---|---|---|---|---|
| 01) | 431.5 | 11) | 213.4 | 01) | 0.80 | 11) | 0.77 |
| 02) | 555.9 | 12) | 448.4 | 02) | 2.20 | 12) | 0.97 |
| 03) | 355.6 | 13) | 765.1 | 03) | 0.59 | 13) | 0.98 |
| 04) | 153.8 | 14) | 560.8 | 04) | 2.15 | 14) | 0.38 |
| 05) | 181.4 | 15) | 131.8 | 05) | 2.47 | 15) | 1.08 |
| 06) | 489.7 | 16) | 163.2 | 06) | 0.93 | 16) | 0.87 |
| 07) | 56.5 | 17) | 159.4 | 07) | 1.77 | 17) | 1.56 |
| 08) | 318.3 | 18) | 185.5 | 08) | 0.40 | 18) | 0.37 |
| 09) | 483.3 | 19) | 258.2 | 09) | 0.79 | 19) | 1.09 |
| 10) | 159.5 | 20) | 230.1 | 10) | 0.31 | 20) | 1.00 |

※ 주의 아래의 풀이 방법에 정답은 없습니다. 많은 것을 시도해보세요.

### 3) 배수, 증가율 연습하기 [※숫자를 그대로 보지 마시고 예쁘게 바꾸어 생각해보세요.]

■ 문제지

| | 문제지 | 어림셈 | 결과는? | | 문제지 | 어림셈 | 결과는? |
|---|---|---|---|---|---|---|---|
| 01) | $\dfrac{4587}{3251}$ = | | | 11) | $\dfrac{1775}{1676}$ = | | |
| 02) | $\dfrac{5272}{3579}$ = | | | 12) | $\dfrac{10132}{7237}$ = | | |
| 03) | $\dfrac{8018}{6830}$ = | | | 13) | $\dfrac{9202}{6188}$ = | | |
| 04) | $\dfrac{3359}{2842}$ = | | | 14) | $\dfrac{7578}{5093}$ = | | |
| 05) | $\dfrac{5381}{4034}$ = | | | 15) | $\dfrac{10909}{7121}$ = | | |
| 06) | $\dfrac{3766}{2800}$ = | | | 16) | $\dfrac{10697}{9733}$ = | | |
| 07) | $\dfrac{4205}{3847}$ = | | | 17) | $\dfrac{6904}{4530}$ = | | |
| 08) | $\dfrac{3785}{2767}$ = | | | 18) | $\dfrac{7048}{6055}$ = | | |
| 09) | $\dfrac{7459}{5546}$ = | | | 19) | $\dfrac{4634}{3045}$ = | | |
| 10) | $\dfrac{8369}{7413}$ = | | | 20) | $\dfrac{5576}{3678}$ = | | |

■ 답안지

| | | | | |
|---|---|---|---|---|
| 01) | 141.1% | 11) | 105.9% |
| 02) | 147.3% | 12) | 140.0% |
| 03) | 117.4% | 13) | 148.7% |
| 04) | 118.2% | 14) | 148.8% |
| 05) | 133.4% | 15) | 153.2% |
| 06) | 134.5% | 16) | 109.9% |
| 07) | 109.3% | 17) | 152.4% |
| 08) | 136.8% | 18) | 116.4% |
| 09) | 134.5% | 19) | 152.2% |
| 10) | 112.9% | 20) | 151.6% |

※ 주의 아래의 풀이 방법에 정답은 없습니다. 많은 것을 시도해보세요.

## 4) 곱셈 비교와 분수 연습하기 [※숫자를 그대로 보지 마시고 예쁘게 바꾸어 생각해보세요.]

■ 문제지

| | | 곱셈 | | | | | | | | 분수 | | | | | |
|---|---|---|---|---|---|---|---|---|---|---|---|---|---|---|---|
| 01) | 879 | × | 39.2% | ○ | 458 | × | 60.2% | 01) | 3905/1862 | ○ | 10581/4387 | 11) | 5731/8372 | ○ | 4201/7672 |
| 02) | 454 | × | 50.0% | ○ | 473 | × | 55.2% | | | | | | | | |
| 03) | 988 | × | 28.1% | ○ | 376 | × | 62.8% | 02) | 1667/8241 | ○ | 1300/7143 | 12) | 2850/2024 | ○ | 14996/8875 |
| 04) | 752 | × | 75.2% | ○ | 663 | × | 98.1% | | | | | | | | |
| 05) | 245 | × | 75.9% | ○ | 104 | × | 205.6% | 03) | 7387/6998 | ○ | 4538/3738 | 13) | 1094/1431 | ○ | 3293/3746 |
| 06) | 642 | × | 85.5% | ○ | 295 | × | 223.3% | | | | | | | | |
| 07) | 273 | × | 45.3% | ○ | 375 | × | 39.6% | 04) | 7442/8588 | ○ | 4381/5618 | 14) | 8145/5632 | ○ | 4920/4002 |
| 08) | 112 | × | 42.6% | ○ | 520 | × | 7.8% | | | | | | | | |
| 09) | 583 | × | 68.8% | ○ | 563 | × | 85.5% | 05) | 1463/5503 | ○ | 792/3312 | 15) | 9994/3784 | ○ | 24767/9871 |
| 10) | 239 | × | 80.7% | ○ | 801 | × | 20.5% | | | | | | | | |
| 11) | 761 | × | 22.4% | ○ | 989 | × | 16.4% | 06) | 3427/9496 | ○ | 1606/4046 | 16) | 5658/9530 | ○ | 6574/9228 |
| 12) | 580 | × | 98.3% | ○ | 460 | × | 130.1% | | | | | | | | |
| 13) | 433 | × | 81.4% | ○ | 888 | × | 35.7% | 07) | 1416/5334 | ○ | 1404/4599 | 17) | 5715/1495 | ○ | 38735/8444 |
| 14) | 245 | × | 12.2% | ○ | 309 | × | 10.6% | | | | | | | | |
| 15) | 683 | × | 66.7% | ○ | 623 | × | 84.1% | 08) | 8730/9106 | ○ | 2445/2125 | 18) | 4094/5145 | ○ | 5436/6506 |
| 16) | 172 | × | 25.4% | ○ | 583 | × | 9.0% | | | | | | | | |
| 17) | 257 | × | 73.2% | ○ | 480 | × | 43.1% | 09) | 4339/8800 | ○ | 3409/8643 | 19) | 3243/2434 | ○ | 10586/6909 |
| 18) | 695 | × | 21.7% | ○ | 595 | × | 29.1% | | | | | | | | |
| 19) | 432 | × | 93.9% | ○ | 776 | × | 54.9% | 10) | 1325/4524 | ○ | 1404/3995 | 20) | 3287/9740 | ○ | 3799/9380 |
| 20) | 769 | × | 51.0% | ○ | 881 | × | 40.1% | | | | | | | | |

■ 답안지

| | | 곱셈 | | | | | | 분수 | | | | | |
|---|---|---|---|---|---|---|---|---|---|---|---|---|---|
| | 좌측 | 우측 | | 좌측 | 우측 | | | 좌측 | 우측 | | | 좌측 | 우측 |
| 01) | 344.6 | 275.7 | 11) | 170.5 | 161.9 | | 01) | 2.10 | 2.41 | 11) | 0.68 | 0.55 |
| 02) | 227.0 | 261.1 | 12) | 570.1 | 598.6 | | 02) | 0.20 | 0.18 | 12) | 1.41 | 1.69 |
| 03) | 277.6 | 236.0 | 13) | 352.5 | 317.2 | | 03) | 1.06 | 1.21 | 13) | 0.76 | 0.88 |
| 04) | 565.5 | 650.3 | 14) | 29.9 | 32.9 | | 04) | 0.87 | 0.78 | 14) | 1.45 | 1.23 |
| 05) | 186.0 | 213.8 | 15) | 455.6 | 523.9 | | 05) | 0.27 | 0.24 | 15) | 2.64 | 2.51 |
| 06) | 548.9 | 658.7 | 16) | 43.7 | 52.4 | | 06) | 0.36 | 0.40 | 16) | 0.59 | 0.71 |
| 07) | 123.7 | 148.4 | 17) | 188.1 | 206.9 | | 07) | 0.27 | 0.31 | 17) | 3.82 | 4.59 |
| 08) | 47.7 | 40.6 | 18) | 150.8 | 173.4 | | 08) | 0.96 | 1.15 | 18) | 0.80 | 0.84 |
| 09) | 401.1 | 481.3 | 19) | 405.6 | 425.9 | | 09) | 0.49 | 0.39 | 19) | 1.33 | 1.53 |
| 10) | 192.9 | 163.9 | 20) | 392.2 | 353.0 | | 10) | 0.29 | 0.35 | 20) | 0.34 | 0.40 |

🔍 학습 목표 : 사칙연산에 익숙해지기.

## 1) 분수 빈칸 채우기

| 분수값＼분모값 | 10 | 20 | 30 | 40 | 50 | 60 | 70 | 80 | 90 |
|---|---|---|---|---|---|---|---|---|---|
| 10% | | | | | | | | | |
| | 10 | 20 | 30 | 40 | 50 | 60 | 70 | 80 | 90 |
| 20% | | | | | | | | | |
| | 10 | 20 | 30 | 40 | 50 | 60 | 70 | 80 | 90 |
| 30% | | | | | | | | | |
| | 10 | 20 | 30 | 40 | 50 | 60 | 70 | 80 | 90 |
| 40% | | | | | | | | | |
| | 10 | 20 | 30 | 40 | 50 | 60 | 70 | 80 | 90 |
| 50% | | | | | | | | | |
| | 10 | 20 | 30 | 40 | 50 | 60 | 70 | 80 | 90 |
| 60% | | | | | | | | | |
| | 10 | 20 | 30 | 40 | 50 | 60 | 70 | 80 | 90 |
| 70% | | | | | | | | | |
| | 10 | 20 | 30 | 40 | 50 | 60 | 70 | 80 | 90 |
| 80% | | | | | | | | | |
| | 10 | 20 | 30 | 40 | 50 | 60 | 70 | 80 | 90 |
| 90% | | | | | | | | | |
| | 10 | 20 | 30 | 40 | 50 | 60 | 70 | 80 | 90 |

| 분수값＼분모값 | 20 | 40 | 60 | 80 | 100 |
|---|---|---|---|---|---|
| 15% | | | | | |
| | 20 | 40 | 60 | 80 | 100 |
| 25% | | | | | |
| | 20 | 40 | 60 | 80 | 100 |
| 35% | | | | | |
| | 20 | 40 | 60 | 80 | 100 |
| 45% | | | | | |
| | 20 | 40 | 60 | 80 | 100 |
| 55% | | | | | |
| | 20 | 40 | 60 | 80 | 100 |
| 65% | | | | | |
| | 20 | 40 | 60 | 80 | 100 |
| 75% | | | | | |
| | 20 | 40 | 60 | 80 | 100 |
| 85% | | | | | |
| | 20 | 40 | 60 | 80 | 100 |
| 95% | | | | | |
| | 20 | 40 | 60 | 80 | 100 |

## 2) 덧셈과 뺄셈 연습하기

### ■ 문제지

| 01) | 439 | + | 198 | = |
| 02) | 338 | + | 421 | = |
| 03) | 411 | + | 567 | = |
| 04) | 560 | + | 461 | = |
| 05) | 651 | + | 735 | = |
| 06) | 448 | + | 295 | = |
| 07) | 952 | + | 511 | = |
| 08) | 482 | + | 741 | = |
| 09) | 615 | + | 425 | = |
| 10) | 887 | + | 131 | = |
| 11) | 530 | + | 916 | = |
| 12) | 493 | + | 853 | = |
| 13) | 928 | + | 513 | = |
| 14) | 816 | + | 105 | = |
| 15) | 422 | + | 418 | = |
| 16) | 792 | − | 492 | = |
| 17) | 322 | − | 114 | = |
| 18) | 665 | − | 539 | = |
| 19) | 634 | − | 486 | = |
| 20) | 940 | − | 745 | = |
| 21) | 466 | − | 271 | = |
| 22) | 963 | − | 322 | = |
| 23) | 710 | − | 391 | = |
| 24) | 423 | − | 158 | = |
| 25) | 569 | − | 222 | = |
| 26) | 624 | − | 384 | = |
| 27) | 471 | − | 252 | = |
| 28) | 544 | − | 156 | = |
| 29) | 331 | − | 215 | = |
| 30) | 762 | − | 463 | = |

### ■ 답안지

| 01) | 637 | 16) | 300 |
|---|---|---|---|
| 02) | 759 | 17) | 208 |
| 03) | 978 | 18) | 126 |
| 04) | 1021 | 19) | 148 |
| 05) | 1386 | 20) | 195 |
| 06) | 743 | 21) | 195 |
| 07) | 1463 | 22) | 641 |
| 08) | 1223 | 23) | 319 |
| 09) | 1040 | 24) | 265 |
| 10) | 1018 | 25) | 347 |
| 11) | 1446 | 26) | 240 |
| 12) | 1346 | 27) | 219 |
| 13) | 1441 | 28) | 388 |
| 14) | 921 | 29) | 116 |
| 15) | 840 | 30) | 299 |

 ※ 주의 아래의 풀이 방법에 정답은 없습니다. 많은 것을 시도해보세요.

## 2) 곱셈과 분수 연습하기 [※숫자를 그대로 보지 마시고 예쁘게 바꾸어 생각해보세요.]

### ■ 문제지

| | 곱셈 | | | | 분수 | | | |
|---|---|---|---|---|---|---|---|---|
| 01) | 526 | × | 67.8% | = | 01) | $\dfrac{3775}{9044}$ = | 11) | $\dfrac{9013}{6349}$ = |
| 02) | 617 | × | 52.3% | = | | | | |
| 03) | 144 | × | 94.7% | = | 02) | $\dfrac{4881}{4624}$ = | 12) | $\dfrac{3561}{5914}$ = |
| 04) | 290 | × | 39.7% | = | | | | |
| 05) | 702 | × | 16.5% | = | 03) | $\dfrac{8607}{3952}$ = | 13) | $\dfrac{3016}{6322}$ = |
| 06) | 179 | × | 67.4% | = | | | | |
| 07) | 118 | × | 43.7% | = | 04) | $\dfrac{9687}{9379}$ = | 14) | $\dfrac{1610}{8501}$ = |
| 08) | 433 | × | 42.2% | = | | | | |
| 09) | 572 | × | 67.9% | = | 05) | $\dfrac{6561}{6608}$ = | 15) | $\dfrac{2245}{5861}$ = |
| 10) | 423 | × | 13.1% | = | | | | |
| 11) | 387 | × | 77.7% | = | 06) | $\dfrac{2094}{2441}$ = | 16) | $\dfrac{5920}{3974}$ = |
| 12) | 194 | × | 77.8% | = | | | | |
| 13) | 675 | × | 11.7% | = | 07) | $\dfrac{4717}{9661}$ = | 17) | $\dfrac{1288}{9061}$ = |
| 14) | 955 | × | 39.1% | = | | | | |
| 15) | 726 | × | 75.5% | = | 08) | $\dfrac{3991}{3684}$ = | 18) | $\dfrac{9953}{9320}$ = |
| 16) | 500 | × | 22.8% | = | | | | |
| 17) | 594 | × | 39.9% | = | 09) | $\dfrac{1311}{5151}$ = | 19) | $\dfrac{8021}{9557}$ = |
| 18) | 163 | × | 32.9% | = | | | | |
| 19) | 933 | × | 77.4% | = | 10) | $\dfrac{3864}{6131}$ = | 20) | $\dfrac{6304}{3663}$ = |
| 20) | 815 | × | 12.7% | = | | | | |

### ■ 답안지

| | 곱셈 | | | | 분수 | | |
|---|---|---|---|---|---|---|---|
| 01) | 356.6 | 11) | 300.7 | 01) | 0.42 | 11) | 1.42 |
| 02) | 322.7 | 12) | 150.9 | 02) | 1.06 | 12) | 0.60 |
| 03) | 136.4 | 13) | 79.0 | 03) | 2.18 | 13) | 0.48 |
| 04) | 115.1 | 14) | 373.4 | 04) | 1.03 | 14) | 0.19 |
| 05) | 115.8 | 15) | 548.1 | 05) | 0.99 | 15) | 0.38 |
| 06) | 120.6 | 16) | 114.0 | 06) | 0.86 | 16) | 1.49 |
| 07) | 51.6 | 17) | 237.0 | 07) | 0.49 | 17) | 0.14 |
| 08) | 182.7 | 18) | 53.6 | 08) | 1.08 | 18) | 1.07 |
| 09) | 388.4 | 19) | 722.1 | 09) | 0.25 | 19) | 0.84 |
| 10) | 55.4 | 20) | 103.5 | 10) | 0.63 | 20) | 1.72 |

## 3) 배수, 증가율 연습하기 [※숫자를 그대로 보지 마시고 예쁘게 바꾸어 생각해보세요.]

### ■ 문제지

| | 문제지 | 어림셈 | 결과는? | | 문제지 | 어림셈 | 결과는? |
|---|---|---|---|---|---|---|---|
| 01) | $\dfrac{5337}{4988}$ = | | | 11) | $\dfrac{3563}{2839}$ = | | |
| 02) | $\dfrac{6036}{4183}$ = | | | 12) | $\dfrac{8643}{6178}$ = | | |
| 03) | $\dfrac{3949}{2690}$ = | | | 13) | $\dfrac{8566}{6494}$ = | | |
| 04) | $\dfrac{8711}{7955}$ = | | | 14) | $\dfrac{7736}{5185}$ = | | |
| 05) | $\dfrac{2640}{1841}$ = | | | 15) | $\dfrac{7169}{5070}$ = | | |
| 06) | $\dfrac{10329}{9305}$ = | | | 16) | $\dfrac{3172}{2425}$ = | | |
| 07) | $\dfrac{2988}{2175}$ = | | | 17) | $\dfrac{3681}{3424}$ = | | |
| 08) | $\dfrac{3086}{2112}$ = | | | 18) | $\dfrac{4777}{3170}$ = | | |
| 09) | $\dfrac{12006}{9980}$ = | | | 19) | $\dfrac{2768}{2029}$ = | | |
| 10) | $\dfrac{4979}{3403}$ = | | | 20) | $\dfrac{8431}{6387}$ = | | |

### ■ 답안지

| | | | |
|---|---|---|---|
| 01) | 107.0% | 11) | 125.5% |
| 02) | 144.3% | 12) | 139.9% |
| 03) | 146.8% | 13) | 131.9% |
| 04) | 109.5% | 14) | 149.2% |
| 05) | 143.4% | 15) | 141.4% |
| 06) | 111.0% | 16) | 130.8% |
| 07) | 137.4% | 17) | 107.5% |
| 08) | 146.1% | 18) | 150.7% |
| 09) | 120.3% | 19) | 136.4% |
| 10) | 146.3% | 20) | 132.0% |

※주의 아래의 풀이 방법에 정답은 없습니다. 많은 것을 시도해보세요.

## 4) 곱셈 비교와 분수 연습하기 [※숫자를 그대로 보지 마시고 예쁘게 바꾸어 생각해보세요.]

### ■ 문제지

| | 곱셈 | | | | | | 분수 | | | | |
|---|---|---|---|---|---|---|---|---|---|---|---|
| 01) | 151 | × | 40.9% | ○ | 659 | × | 8.4% | 01) | 5797/7973 ○ 6089/7613 | 11) | 3339/6900 ○ 2005/4361 |
| 02) | 407 | × | 86.5% | ○ | 337 | × | 94.0% | | | | |
| 03) | 831 | × | 57.5% | ○ | 406 | × | 94.2% | 02) | 7635/8564 ○ 6018/7500 | 12) | 2966/1322 ○ 8843/4927 |
| 04) | 591 | × | 67.4% | ○ | 422 | × | 108.6% | | | | |
| 05) | 911 | × | 60.4% | ○ | 559 | × | 108.3% | 03) | 4268/4907 ○ 5442/5959 | 13) | 5003/2100 ○ 6775/2473 |
| 06) | 615 | × | 66.6% | ○ | 611 | × | 73.7% | | | | |
| 07) | 871 | × | 97.2% | ○ | 365 | × | 185.6% | 04) | 6305/7716 ○ 1081/1557 | 14) | 2931/3012 ○ 6373/7277 |
| 08) | 398 | × | 59.8% | ○ | 598 | × | 43.8% | | | | |
| 09) | 259 | × | 41.7% | ○ | 371 | × | 30.6% | 05) | 8021/3955 ○ 14546/5977 | 15) | 6919/4122 ○ 12432/9258 |
| 10) | 496 | × | 94.3% | ○ | 321 | × | 160.3% | | | | |
| 11) | 615 | × | 73.4% | ○ | 239 | × | 207.8% | 06) | 9946/8520 ○ 7520/6135 | 16) | 3032/4404 ○ 3908/5975 |
| 12) | 674 | × | 21.8% | ○ | 347 | × | 44.5% | | | | |
| 13) | 293 | × | 61.7% | ○ | 394 | × | 36.7% | 07) | 8616/1686 ○ 38311/6519 | 17) | 7388/2867 ○ 10861/3665 |
| 14) | 556 | × | 89.5% | ○ | 535 | × | 83.7% | | | | |
| 15) | 981 | × | 15.7% | ○ | 272 | × | 45.3% | 08) | 8741/4326 ○ 13681/7523 | 18) | 7552/9926 ○ 2457/2936 |
| 16) | 132 | × | 35.8% | ○ | 235 | × | 23.1% | | | | |
| 17) | 429 | × | 17.2% | ○ | 456 | × | 17.0% | 09) | 8442/4541 ○ 7630/3420 | 19) | 9052/5511 ○ 8253/4568 |
| 18) | 903 | × | 20.3% | ○ | 676 | × | 29.8% | | | | |
| 19) | 377 | × | 89.3% | ○ | 324 | × | 114.3% | 10) | 3957/1966 ○ 15746/7112 | 20) | 2911/2804 ○ 6583/5765 |
| 20) | 838 | × | 26.4% | ○ | 293 | × | 64.2% | | | | |

### ■ 답안지

| | 곱셈 | | | | | | 분수 | | | | |
|---|---|---|---|---|---|---|---|---|---|---|---|
| | 좌측 | 우측 | | 좌측 | 우측 | | 좌측 | 우측 | | 좌측 | 우측 |
| 01) | 61.8 | 55.6 | 11) | 451.4 | 496.6 | 01) | 0.73 | 0.80 | 11) | 0.48 | 0.46 |
| 02) | 352.1 | 316.8 | 12) | 146.9 | 154.3 | 02) | 0.89 | 0.80 | 12) | 2.24 | 1.79 |
| 03) | 477.8 | 382.3 | 13) | 180.8 | 144.6 | 03) | 0.87 | 0.91 | 13) | 2.38 | 2.74 |
| 04) | 398.3 | 458.1 | 14) | 497.6 | 447.9 | 04) | 0.82 | 0.69 | 14) | 0.97 | 0.88 |
| 05) | 550.2 | 605.3 | 15) | 154.0 | 123.2 | 05) | 2.03 | 2.43 | 15) | 1.68 | 1.34 |
| 06) | 409.6 | 450.5 | 16) | 47.3 | 54.3 | 06) | 1.17 | 1.23 | 16) | 0.69 | 0.65 |
| 07) | 846.6 | 677.3 | 17) | 73.8 | 77.5 | 07) | 5.11 | 5.88 | 17) | 2.58 | 2.96 |
| 08) | 238.0 | 261.8 | 18) | 183.3 | 201.6 | 08) | 2.02 | 1.82 | 18) | 0.76 | 0.84 |
| 09) | 108.0 | 113.4 | 19) | 336.7 | 370.3 | 09) | 1.86 | 2.23 | 19) | 1.64 | 1.81 |
| 10) | 467.7 | 514.5 | 20) | 221.2 | 188.0 | 10) | 2.01 | 2.21 | 20) | 1.04 | 1.14 |

학습 목표 : 숫자 암기 모음집을 모두 외우자.

## 1) 10을 만드는 숫자 쌍과 9를 만드는 숫자 쌍

| 10을 만드는 숫자 쌍 | | 9를 만드는 숫자 쌍 | |
|---|---|---|---|
| 1 | 9 | 1 | 8 |
| 2 | 8 | 2 | 7 |
| 3 | 7 | 3 | 6 |
| 4 | 6 | 4 | 5 |
| 5 | 5 | | |

## 2) 덧셈에서 자리올림을 발생시키는 숫자 쌍

| 0 | – |
|---|---|
| 1 | 9 |
| 2 | 8,9 |
| 3 | 7,8,9 |
| 4 | 6,7,8,9 |
| 5 | 5,6,7,8,9 |
| 6 | 4,5,6,7,8,9 |
| 7 | 3,4,5,6,7,8,9 |
| 8 | 2,3,4,5,6,7,8,9 |
| 9 | 1,2,3,4,5,6,7,8,9 |

## 3) 뺄셈에서 자리내림을 발생시키는 숫자 쌍

| 앞 숫자 | 뒷 숫자 |
|---|---|
| 9 | – |
| 8 | 9 |
| 7 | 8,9 |
| 6 | 7,8,9 |
| 5 | 6,7,8,9 |
| 4 | 5,6,7,8,9 |
| 3 | 4,5,6,7,8,9 |
| 2 | 3,4,5,6,7,8,9 |
| 1 | 2,3,4,5,6,7,8,9 |
| 0 | 1,2,3,4,5,6,7,8,9 |

## 4) 100을 만드는 숫자 쌍

| 1 | 99 | 11 | 89 | 21 | 79 | 31 | 69 | 41 | 59 |
|---|---|---|---|---|---|---|---|---|---|
| 2 | 98 | 12 | 88 | 22 | 78 | 32 | 68 | 42 | 58 |
| 3 | 97 | 13 | 87 | 23 | 77 | 33 | 67 | 43 | 57 |
| 4 | 96 | 14 | 86 | 24 | 76 | 34 | 66 | 44 | 56 |
| 5 | 95 | 15 | 85 | 25 | 75 | 35 | 65 | 45 | 55 |
| 6 | 94 | 16 | 84 | 26 | 74 | 36 | 64 | 46 | 54 |
| 7 | 93 | 17 | 83 | 27 | 73 | 37 | 63 | 47 | 53 |
| 8 | 92 | 18 | 82 | 28 | 72 | 38 | 62 | 48 | 52 |
| 9 | 91 | 19 | 81 | 29 | 71 | 39 | 61 | 49 | 51 |
| 10 | 90 | 20 | 80 | 30 | 70 | 40 | 60 | 50 | 50 |

## 5) 곱셈 암기

| 2단 | 1X | 2X | 3X | 4X | 5X | 6X | 7X | 8X | 9X |
|---|---|---|---|---|---|---|---|---|---|
| X0 | 20 | 40 | 60 | 80 | 100 | 120 | 140 | 160 | 180 |
| X1 | 22 | 42 | 62 | 82 | 102 | 122 | 142 | 162 | 182 |
| X2 | 24 | 44 | 64 | 84 | 104 | 124 | 144 | 164 | 184 |
| X3 | 26 | 46 | 66 | 86 | 106 | 126 | 146 | 166 | 186 |
| X4 | 28 | 48 | 68 | 88 | 108 | 128 | 148 | 168 | 188 |
| X5 | 30 | 50 | 70 | 90 | 110 | 130 | 150 | 170 | 190 |
| X6 | 32 | 52 | 72 | 92 | 112 | 132 | 152 | 172 | 192 |
| X7 | 34 | 54 | 74 | 94 | 114 | 134 | 154 | 174 | 194 |
| X8 | 36 | 56 | 76 | 96 | 116 | 136 | 156 | 176 | 196 |
| X9 | 38 | 58 | 78 | 98 | 118 | 138 | 158 | 178 | 198 |

| 3단 | 1X | 2X | 3X | 4X | 5X | 6X | 7X | 8X | 9X |
|---|---|---|---|---|---|---|---|---|---|
| X0 | 30 | 60 | 90 | 120 | 150 | 180 | 210 | 240 | 270 |
| X1 | 33 | 63 | 93 | 123 | 153 | 183 | 213 | 243 | 273 |
| X2 | 36 | 66 | 96 | 126 | 156 | 186 | 216 | 246 | 276 |
| X3 | 39 | 69 | 99 | 129 | 159 | 189 | 219 | 249 | 279 |
| X4 | 42 | 72 | 102 | 132 | 162 | 192 | 222 | 252 | 282 |
| X5 | 45 | 75 | 105 | 135 | 165 | 195 | 225 | 255 | 285 |
| X6 | 48 | 78 | 108 | 138 | 168 | 198 | 228 | 258 | 288 |
| X7 | 51 | 81 | 111 | 141 | 171 | 201 | 231 | 261 | 291 |
| X8 | 54 | 84 | 114 | 144 | 174 | 204 | 234 | 264 | 294 |
| X9 | 57 | 87 | 117 | 147 | 177 | 207 | 237 | 267 | 297 |

| 4단 | 1X | 2X | 3X | 4X | 5X | 6X | 7X | 8X | 9X |
|---|---|---|---|---|---|---|---|---|---|
| X0 | 40 | 80 | 120 | 160 | 200 | 240 | 280 | 320 | 360 |
| X1 | 44 | 84 | 124 | 164 | 204 | 244 | 284 | 324 | 364 |
| X2 | 48 | 88 | 128 | 168 | 208 | 248 | 288 | 328 | 368 |
| X3 | 52 | 92 | 132 | 172 | 212 | 252 | 292 | 332 | 372 |
| X4 | 56 | 96 | 136 | 176 | 216 | 256 | 296 | 336 | 376 |
| X5 | 60 | 100 | 140 | 180 | 220 | 260 | 300 | 340 | 380 |
| X6 | 64 | 104 | 144 | 184 | 224 | 264 | 304 | 344 | 384 |
| X7 | 68 | 108 | 148 | 188 | 228 | 268 | 308 | 348 | 388 |
| X8 | 72 | 112 | 152 | 192 | 232 | 272 | 312 | 352 | 392 |
| X9 | 76 | 116 | 156 | 196 | 236 | 276 | 316 | 356 | 396 |

| 5단 | 1X | 2X | 3X | 4X | 5X | 6X | 7X | 8X | 9X |
|---|---|---|---|---|---|---|---|---|---|
| X0 | 50 | 100 | 150 | 200 | 250 | 300 | 350 | 400 | 450 |
| X1 | 55 | 105 | 155 | 205 | 255 | 305 | 355 | 405 | 455 |
| X2 | 60 | 110 | 160 | 210 | 260 | 310 | 360 | 410 | 460 |
| X3 | 65 | 115 | 165 | 215 | 265 | 315 | 365 | 415 | 465 |
| X4 | 70 | 120 | 170 | 220 | 270 | 320 | 370 | 420 | 470 |
| X5 | 75 | 125 | 175 | 225 | 275 | 325 | 375 | 425 | 475 |
| X6 | 80 | 130 | 180 | 230 | 280 | 330 | 380 | 430 | 480 |
| X7 | 85 | 135 | 185 | 235 | 285 | 335 | 385 | 435 | 485 |
| X8 | 90 | 140 | 190 | 240 | 290 | 340 | 390 | 440 | 490 |
| X9 | 95 | 145 | 195 | 245 | 295 | 345 | 395 | 445 | 495 |

## 6) 10을 만드는 숫자 쌍과 9를 만드는 숫자 쌍

| | | | |
|---|---|---|---|
| 1 | – | 51 | 3×17 |
| 2 | – | 52 | 4×13 |
| 3 | 2×1.5 | 53 | – |
| 4 | 2×2 | 54 | 3×18, 6×9 |
| 5 | 2×2.5 | 55 | 5×11 |
| 6 | 2×3 | 56 | 4×14, 8×7 |
| 7 | 2×3.5 | 57 | 3×19 |
| 8 | 2×4 | 58 | – |
| 9 | 3×3 | 59 | – |
| 10 | 2×5, 4×2.5 | 60 | 3×20, 5×12, 6×10 |
| 11 | – | 61 | – |
| 12 | 2×6, 3×4 | 62 | – |
| 13 | – | 63 | 7×9 |
| 14 | 2×7 | 64 | 4×16, 8×8 |
| 15 | 3×5 | 65 | 5×13 |
| 16 | 2×8, 4×4 | 66 | 6×11 |
| 17 | – | 67 | – |
| 18 | 2×9, 3×6 | 68 | 4×17 |
| 19 | – | 69 | – |
| 20 | 2×10, 4×5 | 70 | 5×14, 7×10 |
| 21 | 3×7 | 71 | – |
| 22 | 2×11 | 72 | 4×18 6×12 8×9 |
| 23 | – | 73 | – |
| 24 | 2×12, 3×8, 4×6 | 74 | – |
| 25 | 5×5 | 75 | 5×15 |
| 26 | 2×13 | 76 | 4×19 |
| 27 | 3×9 | 77 | 7×11 |
| 28 | 2×14, 4×7 | 78 | – |
| 29 | – | 79 | – |
| 30 | 3×10, 5×6 | 80 | 4×20, 5×16, 8×10 |
| 31 | – | 81 | 9×9 |
| 32 | 2×16, 4×8 | 82 | – |
| 33 | 3×11 | 83 | – |
| 34 | 2×17 | 84 | 7×12 |
| 35 | 5×7 | 85 | 5×17 |
| 36 | 2×18, 3×12, 4×9, 6×6 | 86 | – |
| 37 | – | 87 | – |
| 38 | 2×19 | 88 | 8×11 |
| 39 | 3×13 | 89 | – |
| 40 | 2×20, 4×10, 8×5 | 90 | 5×18 9×10 |
| 41 | – | 91 | – |
| 42 | 3×14, 6×7 | 92 | – |
| 43 | – | 93 | – |
| 44 | 4×11 | 94 | – |
| 45 | 3×15, 5×9 | 95 | 5×19 |
| 46 | – | 96 | 6×16 8×12 |
| 47 | – | 97 | – |
| 48 | 4×12, 6×8 | 98 | 7×14 |
| 49 | 7×7 | 99 | 9×11 |
| 50 | 5×10 | 100 | 5×20, 10×10 |

## 7) 분수 암기

| 분모 | 분수 값 | | | |
|---|---|---|---|---|
| 2 | $\frac{1}{2}$=50.00% | | | |
| 3 | $\frac{1}{3}$=33.33% | $\frac{2}{3}$=66.66% | | |
| 4 | $\frac{1}{4}$=25.00% | $\frac{3}{4}$=75.00% | | |
| 5 | $\frac{1}{5}$=20.00% | $\frac{2}{5}$=40.00% | $\frac{3}{5}$=60.00% | $\frac{4}{5}$=80.00% |
| 6 | $\frac{1}{6}$=16.66% | $\frac{5}{6}$=83.33% | | |
| 7 | $\frac{1}{7}$=14.2857% | $\frac{2}{7}$=28.5714% | $\frac{3}{7}$=42.8571% | |
| | $\frac{4}{7}$=57.1428% | $\frac{5}{7}$=71.4285% | $\frac{6}{7}$=85.7142% | |
| 8 | $\frac{1}{8}$=12.50% | $\frac{3}{8}$=37.50% | $\frac{5}{8}$=62.50% | $\frac{7}{8}$=87.50% |
| 9 | $\frac{1}{9}$=11.11% | $\frac{2}{9}$=22.22% | $\frac{3}{9}$=33.33% | $\frac{4}{9}$=44.44% |
| | $\frac{5}{9}$=55.55% | $\frac{6}{9}$=66.66% | $\frac{7}{9}$=77.77% | $\frac{8}{9}$=88.88% |
| 11 | $\frac{1}{11}$=9.09% | $\frac{5}{11}$=45.45% | $\frac{6}{11}$=54.54% | $\frac{10}{11}$=90.90% |
| 12 | $\frac{1}{12}$=8.33% | $\frac{5}{12}$=41.66% | $\frac{7}{12}$=58.33% | $\frac{11}{12}$=91.66% |
| 13 | $\frac{1}{13}$=7.69% | $\frac{6}{13}$=46.15% | $\frac{7}{13}$=53.85% | $\frac{12}{13}$=92.31% |
| 14 | $\frac{1}{14}$=7.14% | | | $\frac{13}{14}$=92.86% |
| 15 | $\frac{1}{15}$=6.66% | $\frac{7}{15}$=46.66% | $\frac{8}{15}$=53.33% | $\frac{14}{15}$=93.33% |
| 16 | $\frac{1}{16}$=6.25% | $\frac{7}{16}$=43.75% | $\frac{9}{16}$=56.25% | $\frac{15}{16}$=93.75% |
| 17 | $\frac{1}{17}$=5.88% | $\frac{8}{17}$=47.06% | $\frac{9}{17}$=52.94% | $\frac{16}{17}$=94.12% |
| 18 | $\frac{1}{18}$=5.55% | | | $\frac{17}{18}$=94.44% |
| 19 | $\frac{1}{19}$=5.26% | $\frac{9}{19}$=47.37% | $\frac{10}{19}$=52.63% | $\frac{18}{19}$=94.74% |
| 20 | $\frac{1}{20}$=5.00% | | | $\frac{19}{20}$=95.00% |

## 8) 0% 암기

| 분모값<br>분수값 | 10 | 20 | 30 | 40 | 50 | 60 | 70 | 80 | 90 |
|---|---|---|---|---|---|---|---|---|---|
| 10% | 1 | 2 | 3 | 4 | 5 | 6 | 7 | 8 | 9 |
|  | 10 | 20 | 30 | 40 | 50 | 60 | 70 | 80 | 90 |
| 20% | 2 | 4 | 6 | 8 | 10 | 12 | 14 | 16 | 18 |
|  | 10 | 20 | 30 | 40 | 50 | 60 | 70 | 80 | 90 |
| 30% | 3 | 6 | 9 | 12 | 15 | 18 | 21 | 24 | 27 |
|  | 10 | 20 | 30 | 40 | 50 | 60 | 70 | 80 | 90 |
| 40% | 4 | 8 | 12 | 16 | 20 | 24 | 28 | 32 | 36 |
|  | 10 | 20 | 30 | 40 | 50 | 60 | 70 | 80 | 90 |
| 50% | 5 | 10 | 15 | 20 | 25 | 30 | 35 | 40 | 45 |
|  | 10 | 20 | 30 | 40 | 50 | 60 | 70 | 80 | 90 |
| 60% | 6 | 12 | 18 | 24 | 30 | 36 | 42 | 48 | 54 |
|  | 10 | 20 | 30 | 40 | 50 | 60 | 70 | 80 | 90 |
| 70% | 7 | 14 | 21 | 28 | 35 | 42 | 49 | 56 | 63 |
|  | 10 | 20 | 30 | 40 | 50 | 60 | 70 | 80 | 90 |
| 80% | 8 | 16 | 24 | 32 | 40 | 48 | 56 | 64 | 72 |
|  | 10 | 20 | 30 | 40 | 50 | 60 | 70 | 80 | 90 |
| 90% | 9 | 18 | 27 | 36 | 45 | 54 | 63 | 72 | 81 |
|  | 10 | 20 | 30 | 40 | 50 | 60 | 70 | 80 | 90 |

## 9) 5% 암기

| 분모값<br>분수값 | 20 | 40 | 60 | 80 | 100 |
|---|---|---|---|---|---|
| 15% | 3 | 6 | 9 | 12 | 15 |
|  | 20 | 40 | 60 | 80 | 100 |
| 25% | 5 | 10 | 15 | 20 | 25 |
|  | 20 | 40 | 60 | 80 | 100 |
| 35% | 7 | 14 | 21 | 28 | 35 |
|  | 20 | 40 | 60 | 80 | 100 |
| 45% | 9 | 18 | 27 | 36 | 45 |
|  | 20 | 40 | 60 | 80 | 100 |
| 55% | 11 | 22 | 33 | 44 | 55 |
|  | 20 | 40 | 60 | 80 | 100 |
| 65% | 13 | 26 | 39 | 52 | 65 |
|  | 20 | 40 | 60 | 80 | 100 |
| 75% | 15 | 30 | 45 | 60 | 75 |
|  | 20 | 40 | 60 | 80 | 100 |
| 85% | 17 | 34 | 51 | 68 | 85 |
|  | 20 | 40 | 60 | 80 | 100 |
| 95% | 19 | 38 | 57 | 76 | 95 |
|  | 20 | 40 | 60 | 80 | 100 |

# 〈세팅편〉 최종 요약

자료를 통한 정보 확인 (지도 확인) ▶ 설명을 읽고 목적 잡기 (동선 만들기) ▶ 목적을 잡고 필요한 정보 찾기 (실제 이동하기) ▶ 정보를 찾아 정오의 판단 (정오 판단)

1) 자료를 먼저 보며 지도를 확인하자.

2) 설명의 재구성을 통해 목적을 잡아 동선을 만들자.
   → 가정파트는 목적에 영향을 주지 않는다. 단지, 추가적인 정보일 뿐이다.

3) 잡은 목적에 맞게 정보를 찾아 동선에 따라 이동하자.

4) 숫자감각을 이용하여 설명의 정오를 판단하자.
   → 만약, 고정된 숫자가 존재한다면, 고정된 숫자를 이용하여 비교한다.
      만약, 고정된 숫자가 없다면, 고정된 숫자를 만들어 비교한다.
      단, 숫자를 볼 때는 자신이 알고 있는 예쁜 숫자를 최대한 활용하자.

# 자료통역사의 통하는 자료해석

## ①권 세팅편

# VII. 후기

01. 베타테스터의 후기

# VII 후기

## 01 베타테스터의 후기

대부분의 수험생들이 그러하듯 수 많은 계산연습과 '양치기'로 자료해석 과목을 공부하지만 한편으로는 이것이 비효율적이거나 나에게 있어서는 잘못된 방향일 수 있다는 우려가 수험생의 필연적인 고민으로 항상 자리잡고 있을 겁니다. 저 역시도 그랬습니다. 그런 저에게 이 책은 자료해석의 체계적인 학습단계를 알려주었습니다. 또 저처럼 그 이후의 대비를 어떻게 해야 할지 막연하게 느껴지시는 경우일 수도 있을 겁니다. 이 책은 그것에 대한 실마리를 제시해 줄 수 있는 책인 것 같습니다. 자료해석뿐만 아니라 PSAT이라는 시험 자체에 대해 새롭게 생각하는 계기가 되었습니다. 자료해석과 통하고 싶은 분들께 추천드립니다.

**우OO의 후기**

단언컨대 시중에 이런 교재 없습니다!! 정말로 자료해석이 독학이 가능하다니!!
자료해석을 새로운 설명 방식과 구성으로 색다르게 배울 수 있습니다!
정해진 분량을 따라서 공부하고나니, 깜깜하던 계산의 세계에서! 자료해석 고수의 세계로!!
자료해석을 가르쳐주는 교재는 많지만, 계산에 대한 시각을 바꿔주는 교재는 처음입니다..!
숫자는 그저 계산할 뿐..이던 제게, 숫자를 가지고 노는 사람들의 시각을 알려주었습니다!
저처럼 계산에 들이는 시간이 두려우신 분이라면 숫자에, 계산에, 자료해석에, 새로운 눈을 뜨시게 될 겁니다!
일찍이 해당 책을 접했다면 숫자 사이에서 헤매지 않았을텐데...
'나만 알고 싶은 책'이라고 표현하면 와닿으시려나요..ㅎㅎ

**이OO의 후기**

저에게 길라잡이가 되어준 책입니다.
자료해석의 의도를 고민해 보면서 제가 문제를 어떻게 읽어야 할지 감이 생긴 것 같습니다.
또한, 이전에는 분모도 다르고 큰 숫자들을 어떻게 비교해야 되나 막막했는데
이 책의 계산 연습을 통해 효율적인 계산법을 알게 되었습니다.
여러모로 처음 피셋을 준비하는 저에게 큰 도움이 되었습니다 :)

**김OO의 후기**

항상 자료해석을 보면 머리가 아팠습니다. 매번 어떻게 해야할지 모르고 멍때리기만 하던 저였습니다.
그러나 이 교재를 통해서 자료해석이 이렇게 재밌구나라는 것을 처음 느꼈습니다.
마치 애인과 카톡하는 느낌으로 웃으며 공부하고 있습니다.
쏠로 고시생 여러분 이 교재로 자료해석과 함께 데이트 하세요

**고OO의 후기**

자료해석 문제를 맞닥뜨리면 항상 1,2초간 멈칫하던 저에게 무엇을 해야할지 "목적"을 알려준 책입니다.
정직하게 있는대로 계산해서 느려터진 저에게 빨라질 수 있는 방법도 알려주고 훈련도 시켜주었습니다.
책에서 시키는대로 하다보니 표를 볼 때 뭘 봐야할지가 보이고, 숫자감각도 생기면서 별로 안친했던 숫자들과 조금은 친해진 느낌이네요.
Day1, 2로 하루치 양이 정해져있어 매일매일 공부하기에 편합니다.
자료해석을 공부했었더라도 문제풀 때 뼈대나 틀이 없다고 생각되시는 분들!!
숫자가 막연하게 멀게만 느껴지시는 분들!!에게 가장 추천합니다!

**최OO의 후기**

저에게 psat 자료해석은 그야말로 피할 수 있으면 피하고 싶은 과목이었습니다. 왜냐하면 저는 태생적으로 적성시험류와는 맞지 않는 사람이라고 생각했을 정도로 좌절한 적도 있었습니다. 그러다 우연한 기회에 자료통역사 선생님의 신상 교재를 미리 접해볼 수 있는 기회가 생겼고, 제가 자료통역사님의 '세팅편'교재를 학습한 이후 느낀점들을 몇자 적어보면 다음과 같습니다.

[교재의 특징'으로부터 느낀점]
특징1) 기존에 자료해석 기출문제를 조금이라도 접해본 사람이라면, 자료해석이란 시험에서 문제가 어떻게 생겼고, 구성되어 있는지는 아실 것입니다. 이 교재는 기본서를 표방함에도 불구하고, 교재 처음부터 기출문제를 통으로 싣는 여타의 시중 기본서들과는 차별화 되어 있습니다. 기출문제를 조각조각 체계적으로 해체시켜, 단계적으로 학습할 수 있도록 구성되어 있는 것이 매우 큰 강점이었습니다. 1회독을 한 이후에 다시 처음으로 돌아가 2회독을 할 때, 저자가 독학이 가능한 교재를 위해 얼마나 순서배치에 신경썼는지 더 크게 와닿았습니다.

특징2) 풍문에 의하면 자료해석은 자료'계산' 과목이 아니라 자료'해석'이란 과목이니 계산에 치중할 필요 없다고 말합니다. 그러나 저와 같이 수리적 센스가 부족한 사람이거나 수포자였던 분들에게는 이 기초적인 '숫자감각'이란 것 자체가 전무할 것입니다. 자전거를 탈줄도 모르는데 자전거 묘기를 할 수 없듯이, 숫자감각을 키우지 않은 상태에서 자료해석 안정적 고득점이란 불가능할 것입니다. 저와 같이 숫자에 대한 감각이 부족한 수험생들에게는 '세팅편-계산'에서 특히 많은 것을 얻어가실 수 있을 것입니다.

['교재의 구성'으로부터 느낀점]
세팅편 - 이론
저와 같이 자료해석 초심자가 자료해석 문제를 처음 접하면 어찌저찌 우당탕탕해서 답이 맞는 경우도 간혹 있습니다. 하지만 psat이란 시험의 특성상 시간제약이 있으므로, 문제를 '빠르고 정확하게' 푸는 것이 중요할 것입니다. '세팅편-이론'에서는 자료해석 문제를 처음 접해도 누구나 적용 가능한 '최적화된 풀이법'을 step by step으로 배우게끔 되어 있습니다. 또한 이론 부분에서 배운 내용에 바로 이어 예시를 보여주므로 내용을 이해하는데 한결 수월했습니다.

세팅편 - 계산
처음에 이 교재의 '세팅편-계산'부분을 풀때의 느낌은 어린 시절의 산수 학습지를 푸는 느낌입니다. '다 큰 성인이 되어서 산수 학습지를 왜 풀고 있는거지??'라는 생각이 초반에 드실 수 있습니다. 하지만 day10을 마무리 한 시점에서 보면 자료통역사 선생님께서 괜히 이 순서대로 컨텐츠를 배치한 것이 아니라는 것을 아실 수 있을 것입니다.

[완독 이후 느낀점]
혹시나 자료해석을 처음 시작하시는 분이시거나 이미 자료해석이란 과목을 접해봤지만 점수가 일정 정도에서 정체되신 분들이면, 한 번쯤 '숫자감각'의 관점에서 부족한 것은 아닌지 생각해보시는 것도 좋을 것 같습니다. 아무리 성능이 좋은 스포츠카라 해도 연료를 주입하지 않으면 차는 출발 자체를 하지 못할 것입니다. 자료해석이란 과목에서 '숫자감각'이란 것은 자동차의 연료와 같은 것이라 생각합니다. 자료해석에서 합격권 이상의 점수가 나오시는 분들은 이미 숫자감각이란 연료가 차에 들어있을 것입니다. 그러나 저와 같은 자료해석에 약점이 있었던 분들이시라면 일단 숫자감각이란 연료를 채우는 것이 안정적 고득점의 밑거름이 될 것입니다. '숫자감각'에서 학습하고 연습한 내용이 실제 기출문제에서 어떻게 적용되는지 알게 되면, '세팅편' 전체를 배우느라 들인 노력이 결코 헛된 것이 아님을 아실 수 있을 것입니다.

봉○○의 후기

먼저 책에서 수험 적합도에 맞는 자료해석 전략을 제시합니다.
가장 마음에 들었던 점은 책의 초반부에서 알려주던 자료해석에 대한 전반적인 개요입니다.
이 부분에서 자료해석 과목에 대한 깊은 이해가 책에서부터 깊은 이해가 강하게 느껴졌습니다.
같은 수를 보더라도 막연히 대충 주먹구구식으로 때려 맞추던 과거와는 달리 먼저 실제값을 구해야 하는지 혹은 그 상태로 두고 비교를 할 것인지를 판별하여 보다 더 효율적으로 접근할 수 있었습니다. 이에 더하여 하루하루 진도에 맞춰 계산연습 파트를 통해 그 날 배운 것들을 복습하는 것도 매우 좋았습니다.
사후적 강평이 아닌 '수험에 적합한 자료해석 접근법'이 필요하시다면 강추입니다 ㅎㅁㅎ!

연○○의 후기

이 책의 내용 중 설명이란? 이라는 부분을 통해서 항상 문제를 보고 답을 도출하는데에 급급해하던 저에게 접근의 순서를 만들어 주었습니다. 이를 통해 문제의 함정을 눈치채고 올바른 방향으로 사고할 수 있게 되었습니다.
또한 분수계산을 할 때 곱셈의 역, 여집합적 사고, 단위조절, 플마찢기, 곱셈찢기 등 다양한 관점으로 접근하는 방법을 배워 든든한 마음이 들었습니다.

박OO의 후기

원래부터 피셋형 인간에 가까운 사람이라, 특별하게 배울 것이 있을까? 라고 생각하고, 자료통역사님께 도움을 드리고자 큰 기대 없이 참여했는데, 오히려 배울 것이 많아서 덕분에 많이 배웠습니다.

김OO의 후기
[2022년 5급 일행직렬
1차 합격 - 자료 82.5점]

김OO의 후기
[2022년 5급 일행직렬
1차 합격]

5급 행정고시를 합격하는데 자료해석 점수가 지장을 주지 않아서 추가적인 공부가 필요 없다고 생각했었습니다. 하지만 이 책 덕분에 제가 부족을 발견했고 고득점도 노려볼 수 있겠다는 생각이 들었습니다. 자료해석을 고득점 전략과목으로 노리는 분들께 추천드립니다.

성경이 제 인생의 한줄기 빛이라면, 이 교재는 제 자료해석 공부의 없어서는 안될 소금같은 존재입니다. 문제를 바라보는 기본원칙을 세우고, 이를 반복 훈련하게 함으로써 기본기를 함양하는데 좋은 책입니다. 개강하시면 김은기 강사님과 비트위에 플로우로 자료해석을 즐겁게 공부할게요. 후후

조OO의 후기

숫자만 보면 마음이 답답했던 저에게 한 줄기 빛이 된 책입니다. 그동안 알지 못했던 다양한 계산 방법들을 통해서 계산에 조금 더 쉽게 접근할 수 있게 되었습니다. 뿐만 아니라 자료를 바라보는 거시적 시각을 알 수 있어 계산이라는 나무와 숲을 동시에 잡을 수 있었습니다. 하루 해야할 분량이 정해져 있어서 따로 공부 계획을 세우지 않아도 되는 점도 수험생 입장에서는 편했던 것 같습니다. 자료가 처음이신 분들이나 숫자에 약하신 분들, 그리고 스킬을 통해 더 고득점을 하시고 싶은 분들께 추천드립니다~!

황OO의 후기

최근 피셋 문제들이 점점 어려워지는 추세라 피셋도 강의가 필요한가? 그냥 기출 좀 풀어보고 문제 풀어보고 들어가면 되지 않나? 하는 안일한 태도로는 더 이상 안전하게 공부할 수 없다는 생각이 들었습니다. 특히 시간 부족 문제가 컸는데 이를 단축하기 위해서는 기존에 풀던 나의 방식이 아니라 좀 더 효율적인 방식을 배워야만 하겠다는 필요성이 느껴졌습니다. 기본적인 자료해석 습관을 교정하는 것이 실제로 가능한가? 싶었는데, 숫자를 보는 방식을 배우고 끝이 아니라 반복연습을 하고 문제에 적용까지 해보니 다르게 보이는 것이 체감되어 신기했습니다. 혼자서는 보지 못할 천재적인 시각의 해설들의 경우 볼 때는 획기적이지만 실질적으로 도움이 된다는 생각이 들지 않아 피셋강의는 뜬구름이나 잡는 낭비라고 생각했는데 크게 어려운 무언가를 힘들게 배운 것도 아닌데도 뭔가 달라지는게 느껴져서 열심히 커리큘럼을 따라간 것에 만족합니다. 스스로의 습관을 교정하는 것인 만큼 암기와 자습은 필수적이지만 문제 풀이 속도가 달라지는 것을 체감하며 뿌듯하니 다들 포기하지마시고 자료로 합격합시다!

장OO의 후기
[2022년 5급 일행직렬
1차 합격]

4개의 단어로 이 교재를 표현하자면 독립적, 체계적, 사고력, 계산력이다.

1. 독립적
    단순히 강의를 위한 교재가 아닌 독학으로도 충분히 가능한 교재다. 독학을 한다면 학습 목표와 방향
    성부터 계산연습까지 한 글자, 한글자 놓치지 말고 읽어야 한다.

2. 체계적
    단순히 목차만 있는 것이 아닌 일일 학습 진도를 제시하며 10일 간 어떤 방식으로 이 교재를 활용해
    야 가장 높은 성취도를 얻을 수 있을지 저자가 알려주고 있다.

3. 사고력
    단순히 지식을 전달하고 주입하는 것이 아닌 스스로 질문에 대한 답을 찾는 과정을 만들어 놓았다.
    거기에 저자의 관점까지 곁들인다면 더욱 가치 있을 것이다.

4. 계산력
    단순히 답만 있거나 계산기 풀이만 있는 것이 아닌 그 방식을 찬찬히 따라올 수 있게 서술해 놓았다.
    물고기를 스스로 잡으며 실력을 높일 수 있을 것이다.

그누애의 후기
[유투버 그누애]

# PSAT 자료통역사의 통하는 자료해석 ①권 세팅편

초판발행 | 2022년 10월 04일
편 저 자 | 김은기
발 행 처 | 오스틴북스
등록번호 | 제 396-2010-000009호
주    소 | 경기도 고양시 일산동구 백석동 1351번지
전    화 | 070-4123-5716
팩    스 | 031-902-5716

정    가 | 20,000원
I S B N | 979-11-88426-49-2(13320)